Andreas Engelhardt

Schwarzbuch Baumwolle

Was wir wirklich auf der Haut tragen

Deuticke

1 2 3 4 5   16 15 14 13 12

ISBN 978-3-552-06197-2
Alle Rechte vorbehalten
© Deuticke im Paul Zsolnay Verlag Wien 2012
Satz: Eva Kaltenbrunner-Dorfinger, Wien
Umschlaggestaltung und Motiv: David Hauptmann,
Hauptmann & Kompanie Werbeagentur, Zürich
Druck und Bindung: CPI – Ebner & Spiegel, Ulm
Printed in Germany

MIX
Papier aus verantwortungsvollen Quellen
FSC
www.fsc.org   FSC® C006701

Inhalt

Vorwort 7

1. Textil- und Bekleidungsindustrie heute – zum aktuellen Stand 11
   Bedeutende Fasertypen 11
   Fasereigenschaften 21
   »Kleider machen Leute« 26
   2010: Die Situation auf dem Weltmarkt 31
   Entwicklung und aktueller Stand der Rohstoffe 32
   Gegenwärtige Situation des Textilmarktes 58
   Globalisierung und Welthandel 65
   Textile Einsatzgebiete 70

2. Strukturelle Veränderungen im Textilmarkt 74
   Landwirtschaftlich nutzbare Landflächen 74
   Baumbestand 93
   Erdöl 97
   Was bedeutet »Peak Cotton«? 102

3. Textil- und Bekleidungsindustrie im Jahr 2030 108
   Wachstumsfaktoren der Fasernachfrage 109
   Volumen des Fasermarktes 2030 130
   Welche Faktoren beeinflussen das Wachstum
   der verschiedenen Fasertypen? 142
   Kann die Substitution eines natürlichen Rohstoffs
   durch einen anderen nachhaltig sein? 144

4. Kann Wachstum nachhaltig sein? 147
   Der ökologische Vergleich macht sicher 150
   Wasser 156

Flächenbedarf 161
Energie 167
Globale Erderwärmung 170
Relative Umweltbelastung 172

5. Was erwartet uns auf dem Weg ins Jahr 2030? 179
Was gilt es für die Zukunft zu beachten? 184
Zukünftige Situation des Textilmarktes 189
Hindernisse der Nachhaltigkeit 194

Anmerkungen 199
Abbildungsverzeichnis 220

Vorwort

Die Zeiten billiger Bekleidungstextilien nähern sich dem Ende, weil Baumwolle, ein bedeutender Rohstoff in der Textilindustrie, zukünftig nicht mehr in ausreichendem Maße zur Verfügung stehen wird. Einen ersten Vorgeschmack haben wir bereits um die Jahreswende 2010/11 erlebt. Explodierende Preise bei der Baumwolle und ihre Auswirkungen haben ein breites Medienecho erfahren. Ein in der rund 140-jährigen Historie des Handels mit Baumwolle nicht einmal annähernd erreichtes Rekordniveau von deutlich über fünf US-Dollar pro Kilogramm, bei einem langjährigen Durchschnittswert der Vorjahre von etwa 1,50 Dollar, hat das weltweite Preisniveau aller Fasermaterialien nach oben korrigiert.

Das Allzeithoch, um es exakt zu bestimmen, belief sich auf 5,37 Dollar pro Kilogramm am 8. März 2011. Für die allermeisten ein Tag im Leben wie viele andere eben auch, für mich hingegen leicht zu merken, da es mein Geburtstag ist.

Spontan mögen Branchenkenner den Einwand erheben, dass der Zusammenhang zwischen den Kosten des Rohstoffes und dem Verkaufspreis im Laden stark vereinfacht und auch nicht so ausgeprägt ist. Da der Anspruch des Buches darin besteht, nicht nur Leser mit Hintergrundwissen anzusprechen, mögen mir die »Textilexperten« verzeihen, wenn grundlegendes Wissen vorzugsweise bei den einführenden Bemerkungen des ersten Kapitels zum allgemeinen Verständnis eingearbeitet ist.

Richtig ist, dass der Anteil der Rohstoffkosten von untergeordneter Bedeutung ist. Zudem können wir für die Zukunft weiter technologischen Fortschritt annehmen, der zu einer fortgesetzten Reduzierung der Stückkosten führt. Auch ist zu berücksichtigen, dass diese Branche konsequent auf die günstigsten Lohnkosten ausgerichtet ist. Im Zuge der Globalisierung wird dieser geografische Wandel eher noch an Dynamik zunehmen. Doch fehlen kommerziell belastbare Alternativen zum heutigen Marktführer, der Volksrepublik China. Unbestritten werden Länder wie beispielsweise Vietnam, Kambodscha und Laos ihre Produktionstätigkeit stark ausbauen, auf längere Sicht ist auch Afrika und Zentralasien ein gewisses Potenzial zuzuordnen. Doch fehlt es allen möglichen Optionen an ausreichenden Arbeitskräften, um die Welt einzukleiden. In Medienberichten wird vielfach auf steigende Kosten in China als Folge der rasanten wirtschaftlichen Entwicklung hingewiesen. Diese Tatsache hat selbstverständlich auch einen unmittelbaren Einfluss auf die Produktionskosten für textile Produkte. Ein jüngst publizierter Bericht der Weltbank mit dem Titel »China 2030« beleuchtet die Möglichkeiten und Herausforderungen auf dem Weg zur weltgrößten Wirtschaft vor dem Jahr 2030. Die Zeiten niedriger Lohnkosten nähern sich dem Ende. Es ist nicht davon auszugehen, dass technologischer Fortschritt allein diese Kostentreiber zu kompensieren in der Lage sein wird.

Bei alledem hat hingegen ein Trend noch keine Berücksichtigung gefunden. Das ökologische Bewusstsein hat weltweit wahrnehmbar an Bedeutung gewonnen. Forderungen nach umweltschonenden, nachwachsenden und natürlichen Produkten werden lauter. Wir werden uns unserer Verantwortung gegenüber den nachfolgenden Generationen in stärkerem Maße bewusst, denn wir haben nur diesen einen Planeten für mehr als acht Milliarden Menschen in absehbarer Zeit.

Das Modewort der heutigen Zeit ist Nachhaltigkeit, doch diese gibt es nicht zum Nulltarif. Aber wir haben gute Chancen, umweltpolitische Ansprüche mit wirtschaftlichen Notwendigkeiten zu verknüpfen. Es gilt einfach, im Überfluss vorhandene Materialien mit unerschöpflicher Rohstoffbasis stärker in den Fokus der persönlichen Kaufentscheidung zu rücken.

Zu diesem Zweck beleuchtet das Buch die aktuelle Situation des weltweiten Textilmarktes. Es behandelt auch die Frage, ob ein gegenwärtiges Nachfragevolumen von achtzig Millionen Tonnen

Fasern überhaupt noch signifikant zu erhöhen sein wird. Das entspricht einem durchschnittlichen Pro-Kopf-Bedarf von annähernd
zwölf Kilogramm im Jahr. Wir können aber doch nur eine Hose
und ein Hemd gleichzeitig tragen. Was kann daher einen weiteren
Anstieg der Nachfrage rechtfertigen? Antworten gibt ein Ausblick
auf die zukünftige Entwicklung des Textilmarktes mit Blickrichtung auf das Jahr 2030. Daraus lassen sich gleichzeitig Gründe für
grundlegende Veränderungen im Textilmarkt ableiten, die auf ihre
Vereinbarkeit mit Forderungen hinsichtlich Nachhaltigkeit untersucht werden.

Im Rahmen meiner Recherchen zu diesem Buch habe ich be-
merkt, dass sich durchaus auch für ein Alltagsprodukt wie Bekleidung Perspektive und Wertschätzung allmählich verändern
können. Die gedankliche Verbindung von dem, was seitens der
Rohstoffe möglich, mit dem, was seitens der Umweltschonung
wünschenswert wäre, lässt Textilprodukte für mich in einem anderen Licht erscheinen. Auf diesem Wege habe ich zugegebener-
maßen Rückschläge erlebt, wenn ich in Bekleidungsgeschäften
mehr über nachhaltige Textilien erfahren wollte. Umso mehr be-
stätigte es mich in meiner Ansicht, tiefer in diese Thematik einzu-
steigen. Ich empfinde es als ein gutes Gefühl zu wissen, was ich auf
der Haut trage, und dabei der Umwelt noch einen Dienst erweisen zu können. Wir alle kennen die gängigen Vorurteile gegenüber
umweltschonenden Bekleidungsartikeln, nur treffen sie aus mo-
dischem Blickwinkel schon lange nicht mehr zu. Trotzdem, wie es
im Schwäbischen so niedlich heißt, ein Gschmäckle im übertrage-
nen Sinne haftet ihnen weiter an. Es wäre schön, wenn dieses Buch
zum Nachdenken anregt und im besten Falle virtueller Begleiter
beim zukünftigen Einkauf ist.

1. Textil- und Bekleidungsindustrie heute – zum aktuellen Stand

Vielfach herrscht die Meinung vor, die Textilindustrie sei gesättigt und liefere keine nachhaltigen Wachstumsraten. Zugegeben, mit den rasanten Absatzzunahmen von beispielsweise mobilen Telefonen in der Vergangenheit konnte die Textilindustrie bei weitem nicht mithalten. Doch wie sieht der Vergleich heute aus? Ein langfristiges durchschnittliches Jahreswachstum von mehr als drei Prozent ist nicht zu verachten, im Besonderen, wenn einem beispielsweise das Platzen der Internetblase vor rund zehn Jahren in den Sinn kommt.

Bedeutende Fasertypen

Wir kennen Fasern für Bekleidung schon seit Jahrtausenden. Waren es früher ausschließlich Naturfasern, so führten unzählige Versuche in der zweiten Hälfte des 19. Jahrhunderts zur schrittweisen Entwicklung von auf Holz basierenden Zellulosefasern. Synthesefasern wurden in den 1930er und 1940er Jahren entwickelt und basieren auf Öl. Sie konnten seither ihre Produktionsmenge rasch erhöhen und sind seit Jahren das bedeutendste Fasermaterial (Abbildung 1).

Nach der DIN-Norm 60001 werden Faserstoffe in Naturfasern und Chemiefasern unterteilt. Die Übersicht auf Seite 13 gibt diese Typisierung auszugsweise wieder. Sie erhebt keinen Anspruch auf Vollständigkeit, sondern dient vielmehr als eine Hinführung zu den heute gängigen Faserarten.[1]

Die Fasern von Pflanzen und Tieren bilden die Gruppe der Naturfasern. Wie später noch beschrieben wird, nimmt Baumwolle volumenmäßig in der Größenordnung von 25 Millionen Tonnen

Abbildung 1
Faserarten und Marktbedeutung

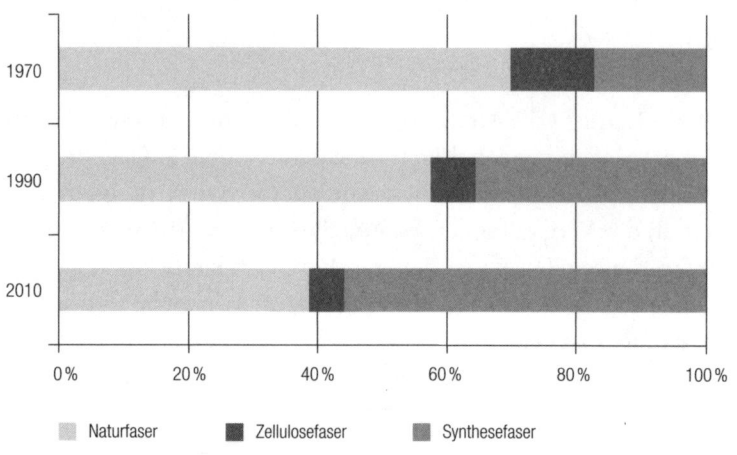

eine dominante Position ein und bedient rund ein Drittel des Marktes. Einzig die Jahreserzeugung von Jute und Wolle ist noch jenseits der Millionengrenze anzusiedeln. Die übrigen Naturfasern besetzen mittlerweile nur noch Nischensegmente, da sie zumeist von den preisgünstigeren Chemiefasern (früher: Kunstfasern) ersetzt wurden. Allerdings scheinen nicht nur ihr Preis sowie ihre im Zeitverlauf deutlich verbesserten Eigenschaften für diese Entwicklung verantwortlich zu sein, wie am nachfolgenden Beispiel von Hanf gezeigt wird.

Hanf gehört zu einer der ältesten Pflanzen der Welt. Die Verwendung von Hanffasern lässt sich bereits im Jahr 2800 vor Christus belegen. Die Einsatzmöglichkeiten von Hanf gehen weit über ausschließlich textile Anwendungen hinaus, wo er sogar vielfach bessere Eigenschaften als Baumwolle aufweist. Er fand auch Verwendung für Seile, Schnüre, Netze, Segeltücher, und auch das erste nachgewiesene Papier der Welt war aus Hanf.[2] Die stetige Reduzierung der Hanfvolumina in der zweiten Hälfte des letzten Jahrhunderts resultiert aus der erfolgreichen Etablierung von Chemie-

Naturfasern		Chemiefasern	
1. Pflanzliche Fasern (Zellulose)		**1. aus natürlichen Polymeren**	
Samenfasern	Baumwolle	Zellulose	Viskose
	Kapok		Modal
Bastfasern	Flachs		Lyocell
	Hanf		Cupro
	Jute		Acetat
	Ramie		Triacetat
Hartfasern	Sisal		
	Manila	**2. aus synthetischen Polymeren**	
	Kokos	Polyolefin	Polypropylen
			Polyethylen
2. Tierische Fasern (Eiweiß)		Polyvinyl	Polyacryl
Wolle und Haare	Schafwolle		Modacryl
	Mohair	Polykondensat	Polyester
	Alpaka		Polyamid
	Kamelhaar	Polyaddition	Polyurethan
	Kaschmir		Elasthan
Seiden	Seide		
3. Mineralische Fasern		**3. Sonstige**	
Gesteinsfasern	Asbest	Kohlenstoff	Kohlenstoff
		Glas	Glas

fasern am Markt für Bekleidungszwecke unter der Federführung der US-amerikanischen DuPont[3], flankiert von jahrzehntelangen Bemühungen von Harry Jacob Anslinger, Vorsitzender des Federal Bureau of Narcotics und einer der schärfsten Befürworter einer Cannabis-Prohibition. Er erreichte als Mitglied der Drogenkommission der Vereinten Nationen im Jahr 1961 ein weltweites Verbot des Cannabisanbaus.

Auf einen interessanten Zusammenhang weist das nachfolgende Zitat hin: »… Harry Jacob Anslinger, der 1930 zum Chef des ›Federal Bureau of Narcotics‹ ernannt wurde. Dies wurde er vom damaligen Finanzminister und Bankier Andrew Mellon, der nebenbei auch sein (angeheirateter) Onkel war. Nach eigener Aussage Anslingers, nach seinem Rücktritt über dreißig Jahre später, ging es ihm nie um die Gesundheit der Bevölkerung, sondern immer nur um die Durchsetzung politischer Ziele, für die das Instrument Drogenpolitik, nach Aufhebung der Prohibition, gerade recht kam. Mit Hilfe der Presse verbreitete Anslinger über Jahre hinweg die schauerlichsten Geschichten über Cannabis und sorgte so nicht nur zum Anbauverbot von Hanf, sondern mit der Zeit zu einem völlig falschen und verzerrten Bild der Pflanze, von der es schon damals und auch heute genug Sorten gibt, die keinerlei berauschende Wirkung haben. Dass es dabei nur um die Festigung seiner politischen Position ging, kann man sich eigentlich kaum vorstellen, denn warum sollte man den Anbau eines derart großartigen Rohstoffs, der im Zweiten Weltkrieg noch einer der wichtigsten zur Herstellung von Seilen, Segeln, Fallschirmen und vielem mehr war, verbieten wollen? Es muss da wohl noch einen anderen Grund gegeben haben, der darin gelegen haben könnte, dass Anslingers Onkel, Finanzminister Mellon, in seiner Eigenschaft als Bankier, der Geldgeber des damaligen Chemie-Giganten Dupont war. Die Firma hatte das weltweite Monopol für Chemikalien zur Herstellung von Papier aus Holz und für Synthetikfasern, aus denen vor allem Nylon hergestellt wurde. Vielleicht erinnert sich der eine oder andere noch an die ›Revolution der Nylon-Strumpfhose‹. Auch dafür hatte die Firma Dupont das Weltmonopol. Hanf war der Hauptkonkurrent der Synthetikfasern und hätte der Firma Dupont nicht nur beträchtliche Gewinneinbußen gebracht, sondern auch den Zulieferern von chemischen Zusätzen zur Textilherstellung und Holzbehandlung kein Geschäft ermöglicht.«[4]

Verständlicherweise hat die jahrzehntelange Anbaupause dazu geführt, dass landwirtschaftliches und industrielles Wissen über diese Faserpflanzen in Europa völlig verloren gingen. Im Rahmen eines Projektes in den 1990er Jahren wurde der Wissensstand aktualisiert und die Möglichkeiten einer Markt(wieder)einführung untersucht. Dabei lag der Gehalt an psychoaktiven Substanzen (THC[5]) immer deutlich unter dem Grenzwert der von der Europäischen Union und der Schweiz zugelassenen Sorten. In der Sortenliste der EU waren Ende 2000 nur noch monözische Sorten (weibliche und männliche Blüten auf einer Pflanze) mit einem Gehalt von weniger als 0,2 Prozent THC aufgelistet.[6] Vorteilen bei der Ernte dieser Sorte stehen allerdings geringere Erträge gegenüber. Hanfanbau, der wegen seines raschen Wachstums sowohl Unkrautbekämpfung als auch Pflanzenschutz überflüssig macht, kann infolge seiner überaus langen Wurzeln auch dazu dienen, Böden zu lockern für den späteren Anbau anspruchsvollerer Pflanzen. Heute ist der Anbau THC-armer Hanfsorten in allen europäischen Ländern sowie zum Beispiel in Kanada oder Australien wieder erlaubt. Nur in den USA ist der Hanfanbau immer noch grundsätzlich untersagt.

Zusammengenommen mag die Renaissance dieser Faserpflanze also nicht überraschen, wie auch ein Experte dieser Branche bestätigt: »Die Umsätze mit Textilien aus Hanffasern wachsen stetig. Das Interesse und die Nachfrage bei den Kunden hinsichtlich nachhaltiger, ökologischer und gesunder Bekleidung wird dieses Wachstum auch in den nächsten Jahren sicherstellen. Hanffasern sind eine großartige Alternative zu reiner Baumwolle oder Synthetik. Das Potenzial ist lange noch nicht ausgeschöpft.«[7]

Typische Fasereigenschaften können aber auch den Niedergang begründen wie das am Beispiel von Asbestfasern deutlich wird. Asbest ist ein seit mehr als zweitausend Jahren bekanntes Mineral, das hohe Wertschätzung erfuhr infolge seiner überragenden Eigenschaften in Bezug auf Festigkeit, Hitze- und Säurebeständigkeit sowie Isolation. Doch infolge seiner nachgewiesenen Gesundheitsgefahren sind Asbestprodukte seit den 1990er Jahren in Deutschland, Österreich und der Schweiz verboten. Seit 2005 gilt ein EU-weites Verbot. Während in den meisten Industrienationen ein entsprechendes Verbot in Kraft ist, findet Asbest in zunehmendem Maße Verwendung in Entwicklungs- und Schwellenländern. Ungeachtet der bekannten gesundheitsgefährdenden Risiken erfolgt weiterhin die Förderung. Zu den führenden Produktionsländern gehören Russland, China, Kasachstan, Brasilien und Kanada.[8] Zusammen förderten sie im Jahr 2007 geschätzte 2,1 Millionen Tonnen, was einem über neunzigprozentigen Weltmarktanteil entspricht. Fast die gesamte Fördermenge Kanadas, als einziger westlicher Produzent, ist für den Export bestimmt. Zweifel scheinen angebracht, ob ein entsprechender Umgang mit Asbest in Entwicklungs- und Schwellenländern gewährleistet ist. Nach Angaben der Weltgesundheitsorganisation (WHO)[9] sind weltweit 125 Millionen Menschen Asbest am Arbeitsplatz ausgesetzt, und Schätzungen der WHO zufolge sterben jährlich mehr als 107 000 Menschen weltweit an den Folgen asbestbedingter Krankheiten. Dabei stehen heute verschiedene natürliche wie auch künstliche Ersatzstoffe bereit. In Abhängigkeit von den geforderten Fasereigenschaften seien hier genannt das natürliche Mineral Wollastonit oder synthetische Materialien wie Aramid-, Keramik- oder auch Grafitfasern. Infolge der extremen Preissensibilität entlang der gesamten textilen Wertschöpfungskette ist hier wohl weniger Verfügbarkeit als der höhere Preis als Limitation anzusehen.

Weitere Beispiele vom mengenmäßigem Rückgang bei einzelnen Naturfasern ließen sich anführen, sind aber maßgeblich auf die stark gestiegene Verfügbarkeit von Chemiefasern in den letzten Jahrzehnten und die damit verbundenen wettbewerbsfähigen Preise zurückzuführen.[10]

Die Gruppe der Chemiefasern (englisch manmade oder auch manmade fibers) unterteilt sich zum einen in Fasern mit natürlichen Polymeren. Zellulosische Chemiefasern werden aus Zellulose, einem wichtigen Rohstoff zur Papierherstellung, gewonnen.[11] Nachwachsende Laub- und Nadelhölzer bilden typischerweise den Rohstoff für die Produktion von Zellstoff, wobei zunehmend auch andere Naturfasern mit hohem Zelluloseanteil an Bedeutung gewinnen. Im Gegensatz dazu basieren synthetische Chemiefasern auf Erdöl oder Erdgas.[12] Sowohl Erdöl wie auch Erdgas werden in mehreren Verarbeitungsstufen zu Materialien aufbereitet, die anschließend Spinnanlagen zur Garn- oder Fasererzeugung zugeführt werden. Im weiteren Fortgang werden fast ausnahmslos Aussagen zu Polyesterfasern gemacht, die heute fast drei Viertel der Chemiefasern ausmachen.

Ein kurzer Hinweis zu den manchmal synonym verwendeten Begriffen *Garn* und *Faser* sei an dieser Stelle erlaubt. Garne haben eine quasi »endlose« Länge, müssen aber nach DIN 60001 mindestens eine Länge von einem Meter aufweisen. Dazu zählen alle Chemiefasern (Filamentgarn) wie auch Naturseide. Zu Fasern oder auch Stapelfasern gehören alle übrigen Naturfasern und geschnittene Chemiefasern, die nachfolgend zumeist in Mischungen zu Garnen (Spinnfaser- oder Stapelfasergarn) versponnen werden. Jedweder Garntyp kann grundsätzlich der nächsten Verarbeitungsstufe für Web-, Wirk- oder Strickwaren zugeführt werden. Auf eine kleine Besonderheit bei Filamentgarnen gehen wir später ein. Demgegenüber müssen Fasern, es sei denn, sie werden beispielsweise als Füllstoff verwendet, erst noch zu einem Garn versponnen werden. Im weiteren Verlauf benutzen wir den Begriff *Faser* als allgemeinen Oberbegriff.

»Die Menschheit hegte lange den Wunsch, nebst den natürlich gewachsenen Fasern, den Naturfasern, wie zum Beispiel Baumwolle, Flachs, Hanf, Ramie, Schafwolle etc. auch über künstliche, durch den Menschen hergestellte, Fasern, den Kunstfasern, zu verfügen.

Der erste Schritt dazu erfolgte im 19. Jahrhundert mittels eines Verfahrens, bei dem man aus Holz Zellulose herstellte und daraus in einem speziellen Spinnverfahren endlose Fäden spann. Diese Fasern wurden auch häufig als Rayon, Viskose oder Zellwolle bezeichnet. Mit dem Aufkommen der petrochemischen Industrie im 20. Jahrhundert erfolgte dann der sehr bedeutende zweite Schritt. Zuerst wurde Polyamid, wie zum Beispiel Tactel™ von DuPont®, häufig als Kunstseide bezeichnet, dann Polyester, wie zum Beispiel Trevira® von Trevira ehemals Hoechst, gefolgt von Polypropylen und anderen Polymeren in chemischen Herstellungsverfahren entwickelt. Häufig werden deshalb diese Fasern auch als Chemiefasern bezeichnet. Diese Polymere werden in der Chemiefaserspinnerei zu Garnen für Bekleidung, technische und industrielle Anwendungen, wie zum Beispiel Airbags, Fahrzeugplanen, Reifencord, Sicherheitsgurte, Transportbänder und -riemen etc., sowie Teppichen verarbeitet. In der Chemiefaserspinnerei werden die Polymere meist zuerst einem Extruder, einer Art überdimensionalen Teigwarenpresse, zugeführt, in dem das Polymer kontinuierlich verflüssigt und der notwendige Druck aufgebaut wird. Danach wird das flüssige Polymer durch die Spinndüsen gedrückt, aus denen dann das Polymer in einer bestimmten Anzahl einzelner Endlosfäden austritt ähnlich der Teigwarenherstellung. Diese einzelnen Endlosfäden werden nach der Abkühlzone zu einem Faserverband gebündelt, den gewünschten Garneigenschaften entsprechend behandelt und danach auf einer Spule aufgewickelt. Die Aufwickelgeschwindigkeit ist um die Faktoren drei- bis zwölfmal schneller als die produktivsten Spinnverfahren im Bereich der Naturfasern. Nicht selten werden Aufwickelgeschwindigkeiten von bis zu 400 Kilometern pro Stunde gefahren, die heute nur von Hochgeschwindigkeitszügen erreicht werden. Durch die Wahl des Polymers, die Anzahl und Feinheit der einzelnen zu einem Gesamtgarn gebündelten Endlosfäden sowie der Behandlung im Herstellungsprozess entstehen vielfältige der Weiterverarbeitung angepasste Garne zur Erzielung der gewünschten Endartikeleigenschaften. Die Menschheit erfüllte sich damit den Traum, maßgeschneiderte Fasern herstellen zu können, ohne die eine moderne Gesellschaft in der heutigen Form gar nicht mehr bestehen könnte.«[13]

Für den Einstieg möglicherweise von Interesse, zwar mit geringer heutiger Mengenbedeutung, jedoch überdurchschnittlichen Wachstumsraten, mögen die folgenden Beispiele aus anorganischen Stoffen wie beispielsweise Glas und auch aus Kohlenstoff sein. Glasfasern sind vor allem bekannt durch ihre hervorragenden Eigenschaften zur rasanten Datenübertragung. Sie finden auch Verwendung als Material zur Dämmung von Wärme und Schall sowie in glasfaserverstärkten Kunststoffen. Die ungebremste technische Weiterentwicklung bei Sprach-, Daten- und Videoservices mit zunehmenden Datenvolumina macht die Umstellung auf reine Glasfasernetze erforderlich, wobei heute überwiegend eine Mischung aus Glasfaser- und Kupferkabel anzutreffen ist.

Fasern aus Kohlenstoff, eine technologisch extrem anspruchsvolle und gleichzeitig leistungsfähige Variante, haben sich im Bewusstsein der breiten Öffentlichkeit stark verankert in Zusammenhang mit den neuen Flugzeugmodellen von Airbus und Boeing.[14] Beide Unternehmen, führend in der Herstellung von mehr als hundertsitzigen Passagierflugzeugen, setzen bei ihren jüngsten Modellen zunehmend diese Faser ein. Verbundwerkstoffe aus Kohlenstofffasern erlauben beträchtliche Gewichtseinsparungen bei Flugzeugzelle, Flügeln sowie Seitenleitwerk, reduzieren Wartungskosten und verlängern Serviceintervalle. Allerdings machten beide Firmen in den vergangenen Jahren auch Schlagzeilen durch Lieferverzögerungen, die jedoch nicht notwendigerweise allein mit dem neuen Werkstoff in Verbindung zu bringen sind. So musste Airbus die Auslieferung seines A380, dem größten Passagierflugzeug mit maximal rund 850 Sitzplätzen in Einklassenbestuhlung, nach hinten verschieben. Die Boeing 787, der sogenannte Dreamliner, musste gar eine mehr als dreijährige Lieferverzögerung verkraften. Mit der ersten Auslieferung im dritten Quartal 2011 wurde es das erste Großraumflugzeug, dessen Rumpf mehrheitlich aus kohlenstofffaserverstärktem Kunststoff besteht. Airbus plant in den nächsten Jahren mit dem A350 ein Langstreckenmodell mit vergleichbarem Anteil an Faserverbundbauteilen.

Aber auch im täglichen Leben gibt es zahlreiche Berührungspunkte mit dieser Hochleistungsfaser. Beispielsweise gibt es ein umfangreiches Sortiment an Sportgeräten wie zum Beispiel hochwertige Fahrräder, Golfschläger, Tennisschläger, Angelruten, Skier und anderes.

Auch in Bezug auf Energiegewinnung nimmt diese Faser einen kontinuierlich prominenteren Platz ein. Im Bereich der Windenergie, nicht erst seit dem tragischen Unfall in Fukushima weltweit auf dem Vormarsch, ersetzt diese Faser mit zunehmender Länge der Rotorblätter traditionelle Materialien. Die Kapazität der weltweit installierten Windparks hat sich von 17,4 Gigawatt (GW) im Jahr 2000 auf 194 GW im Jahr 2010 mehr als verzehnfacht.[15]

Ein letztes Beispiel mag die überlegen Fasereigenschaften unterstreichen. Wer erinnert sich nicht an den schlimmen Unfall des BMW-Sauber-Piloten Robert Kubica in Montreal gegen eine Betonmauer in der Saison 2007? Nach Aussage von Florian Kramer, Professor für Kfz-Sicherheit und Unfallanalytik in Dresden, war der glimpfliche Ausgang maßgeblich auf das aus Kohlefasern bestehende Monocoque zurückzuführen. »Die Struktur der Kohlefaserkonstruktionen ist so ausgerichtet, dass sie kaum Energie aufzunehmen vermag – im Gegensatz zu hochfesten Blechen, die nicht wegknicken, aber Energie aufnehmen und irgendwann brechen«, erklärt Kramer.[16]

Fasereigenschaften

Ein textiles Produkt setzt sich aus einem Fasertyp, gleichwohl aber auch aus Fasermischungen zusammen. Dies kann sowohl bei der Herstellung von Garnen als auch von Flächengebilden erfolgen. Grundsätzlich lassen sich sowohl Naturfasern als auch Chemiefasern jeweils untereinander sowie miteinander mischen. Hierbei versucht man, die jeweils positiven Eigenschaften zu kombinieren. Angesichts der Preissensibilität der Branche und seiner Kunden werden wohl zumeist wirtschaftliche Interessen im Vordergrund stehen. Jedoch dürfen produktspezifische Anforderungen dabei nicht unberücksichtigt bleiben.

Ein Beispiel aus der Automobilindustrie mag dies veranschaulichen. Heutiger Standard in fast jedem Auto sind Airbags, um Fahrzeuginsassen bei einem Unfall vor dem Aufprall auf harte Teile zu schützen. Als Folge steigender Unfallzahlen in den 1960er Jahren wuchs der Druck auf die Politik und die Automobilindustrie, verbesserte Schutzsysteme für Fahrzeuginsassen zu integrieren. Der Verlauf hinsichtlich der Einführung zur Serienreife und verbindlicher gesetzlicher Vorschriften in den USA und Europa war recht unterschiedlich. So erließ das Verkehrsministerium der Vereinigten Staaten im Jahr 1984 ein entsprechendes Gesetz, das alternativ den automatischen Sicherheitsgurt oder Airbag als ausreichenden Schutz vorsah.[17] Währenddessen erlangten Airbags in Europa bereits Anfang der 1980er Jahre Serienreife. Heutzutage sind die ursprünglichen Fahrer- und Beifahrerairbags durch eine Vielzahl von weiteren Typen ergänzt worden für die Seite, den Kopf, die Knie, die Rücksitze und weitere neue Entwicklungen. Airbags können über Leben und Tod entscheiden, daher sind Verarbeitungsprobleme oder Materialbeschädigungen nicht tolerabel. »Null-Fehler-Produktion« und nicht Kostenminimierung ist deshalb oberstes Ziel. Nichtsdestotrotz wurden und werden wirtschaftliche Überlegungen zur Verbesserung der Rentabilität angestellt, das vergleichsweise teure Polyamid, bis vor kurzem alleiniger

Faserrohstoff, durch preiswertere Alternative zu substituieren. So beschäftigt sich Teijin Ltd., führender japanischer Hersteller von Chemiefasern, bereits seit zwanzig Jahren mit Polyester-Airbags, wie in einem Vortrag auf der 36. Chemiefasertagung in Dornbirn berichtet wurde.[18] Erfolgreiche Forschung und Entwicklung haben jüngst zu ersten Airbags aus Polyester geführt, zum Beispiel in der VW-Gruppe beim Passat, Touran und der neuen Golf-Plattform. Angesichts einer weltweiten Nachfrage nach Airbaggarnen von rund 100 000 Tonnen im Jahr 2010[19], was gut zehn Prozent des globalen Bedarfs an Polyamid-Technischgarn bedeutet, gewinnen bei zumindest gleichbleibender Produktqualität und -zuverlässigkeit in stärkerem Maße Rentabilitätsüberlegungen die Oberhand. Dies bedeutet aber nicht unbedingt, dass Produkte dadurch auch preiswerter werden müssen. Am hier vorgestellten Beispiel sind die Kosten für ein fertiggestelltes Airbag-System unabhängig von dem verwendeten Garntyp nahezu identisch. Lukrativ ist diese Substitution für Hersteller von Polyestergarnen, im Besonderen für Großkonzerne aus Fernost. Vorteile beim Garnpreis für Polyester werden hingegen kompensiert durch erhöhte Verarbeitungskomplexität infolge einer zusätzlichen Beschichtung beziehungsweise Laminierung mit einem modifizierten Silikon. Unabhängig vom verwendeten Material muss die grundlegende Anforderung an einen Airbag gewährleistet sein: »die volle Funktionsfähigkeit zu jeder Zeit, in jedem Klimabereich und jedem Lebensalter des betroffenen Autos. Die Forderung der Automobilindustrie nach Gewichtseinsparung macht auch beim Luftsack nicht halt. Dies bedeutet die Verwendung leichterer Materialien, die besser packbar sind, damit sie weniger Platz einnehmen. Wegen des geringeren Platzbedarfes werden zum Teil die günstigeren, kleineren heißen Gasgeneratoren eingesetzt, die aber dem Gewebe und so auch dem Garn eine zumindest kurzzeitige bessere Hitzebeständigkeit abverlangen. Polyamid 6.6 stellt aufgrund seiner geringeren Dichte, seiner speziellen Kraft-/Dehnungseigenschaften im breiten ›Automobiltemperaturbereich‹ von minus zwanzig bis plus achtzig Grad Celsius sowie seiner besseren Hitzestabilität aus technischer Sicht nach wie vor die erste Wahl dar für die Anwendung Airbag.«[20]

Dieses Beispiel für eine technische Anwendung aus Fasermaterialien – Gewebe für den Luftsack und hochwertigen Nähfäden – zeigt uns, dass letzten Endes immer der Preis beziehungsweise seine relative Position zum Wettbewerbsprodukt entscheidend für die Verwendung von Materialien ist. Zudem erkennen wir, dass hier sehr anwendungsspezifische Anforderungen an die Fasermaterialien gestellt werden in Bezug auf Festigkeit der Garne und Luftdurchlässigkeit des Gewebes. Die erforderlichen Eigenschaften und Anforderungen an ein anderes Produkt aus technischen Textilien, zum Beispiel Autoreifen, Förderbänder oder Schmal- und Breitgewebe sowie Seile, mögen wieder vollkommen anders sein. Diese Feststellung trifft in gleichem Maße auf Anwendungen aus dem Bereich der Bekleidung, Heimtextilien und Teppiche zu. Um nicht den Charakter eines Lehrbuches anzunehmen, werden wir nicht den Versuch einer umfassenden Darstellung der Fasereigenschaften für sämtliche Einsatzgebiete unternehmen. Vielmehr sei hier auf weiterführende Lektüre verwiesen.[21]

Es stehen eine Reihe von Prüfmethoden zur Identifikation und Klassifizierung von Faserstoffen zur Verfügung. Ihr Zweck besteht darin, Eigenschaften wie Feinheit, Faserlänge und -dichte, Festigkeit, Dehnbarkeit, Elastizität, Brennverhalten und viele andere Merkmale zu erheben. Die entsprechenden Ausprägungen der verschiedenen Fasertypen sind allerdings nur von untergeordneter Bedeutung für den weiteren Verlauf. In gebotener Kürze wird hier nur auf die Faserfeinheit verwiesen, weil sie gleichermaßen überraschend wie auch vorstellbar erscheint. »Die Faserfeinheit (der Titer) ist die auf die Länge bezogene Masse einer Faser.«[22] Gebräuchliche Einheit ist dtex, die das Gewicht der Faser auf einer Länge von zehn Kilometern angibt. Während bei Naturfasern die Zahlenwerte innerhalb gewisser Bandbreiten schwanken, sind sie bei Chemiefasern bedarfsabhängig einstellbar. Im allgemeinen

Sprachschatz dürften sogenannte Mikrofasern mittlerweile verankert sein. Diese üblicherweise Chemiefasern haben einen Titer von weniger als ein dtex, wiegen somit weniger als ein Gramm pro zehn Kilometer. Sie zeichnen sich durch besondere Atmungsaktivität und weichen Griff aus.

Für den Anspruch dieses Buches erscheint es angeraten, den Blick vor allem auf bekleidungsphysiologische Aspekte zu richten. Denn wir wollen hier grundlegende Strukturveränderungen im textilen Markt, ausgelöst durch zukünftige Limitationen in der Baumwollversorgung, thematisieren, und der weitaus größte Teil der Baumwolle wird für Bekleidungszwecke eingesetzt. Also konzentrieren wir uns auf die physiologischen Eigenschaften der Bekleidung, die sich im Wohlbefinden, der Leistungsfähigkeit und der Gesundheit des Trägers äußern. Wir kommen zwar täglich mit Bekleidung in Berührung, doch wahrscheinlich denken wir bei der Auswahl weniger an diese Zusammenhänge. Doch »guter Tragekomfort« stellt heute ein entscheidendes Verkaufsargument dar und ist wesentlich für die Akzeptanz eines Textilproduktes am Markt. Umso mehr, als er überwiegend nicht dem rein individuellen Empfinden entspricht, wie die heute wohl im Vordergrund bei Kaufentscheidungen stehenden Kriterien bezüglich Passform und Farbe, sondern objektiv messbar und quantifizierbar ist.[23]

Eine weltweit führende Stellung auf diesem Gebiet nehmen die Hohenstein Institute ein, die sich bereits seit mehr als sechzig Jahren mit den Zusammenhängen zwischen Körper, Klima und Kleidung beschäftigen.[24] Nach Auskunft von Professor Dirk Höfer, Leiter des Instituts für Hygiene und Biotechnologie an den Hohenstein Instituten, belegen jüngste Studien, dass hochwertige Mehrwegbekleidung Arbeitsergebnisse positiv zu beeinflussen vermag in Bezug auf Konzentrationsfähigkeit, Reaktionsgeschwindigkeit und Fehlerrate.[25] »Aus der Sportwissenschaft stammt zudem die Erkenntnis, dass sich die Leistungsfähigkeit durch Kleidung mit hohem physiologischem Komfort effektiv steigern lässt. Schlechter Komfort korreliert dagegen direkt mit einer Abnahme der Kon zentration und Kondition, körperlichen Ausfallerscheinungen, anhaltenden Gesundheitsschäden bis hin zum Tod.«[26] Wir wissen, dass der weitaus größte Teil der im Körper produzierten Wärme über die Kleidung abgeführt wird. Insofern stellt Bekleidung einen wichtigen Beitrag zur Thermoregulierung dar. »Unter diesem Begriff werden alle physiologischen Vorgänge zusammengefasst, die dem Körper dabei helfen, die Temperatur im Körperinneren bei circa 37 Grad Celsius konstant zu halten. Dazu zählt zum Beispiel das Schwitzen bei Hitze oder das Zusammenziehen der Blutgefäße der Haut bei Kälte.«[27] Wir könnten auch die Frage nach dem Geruch von Textilien in Verbindung mit Schweiß aufwerfen. Ergebnisse der Hohenstein Institute »bestätigten einen geringeren Geruch der T-Shirts aus Baumwolle im Vergleich zu Polyester«.[28] Weiter gewinnt der Schutz vor gefährlicher UV-Strahlung zunehmend an Bedeutung. Wie Sabrina Köher von den Hohenstein Instituten ausführt, verfügen Chemiefasern im Gegensatz zu Naturfasern beispielsweise durch Beimischungen quasi über einen »eingebauten« Sonnenschutz.[29] Aus Verbrauchersicht mag es vorteilhaft sein, dass Textilien diese Schutzfunktion besitzen können. Doch wie sieht es im Alltag aus, wenn wir auf ein entsprechendes Textilprodukt Wert legen? Können wir auf eine qualifizierte Fachberatung im Laden hoffen oder diese gar erwarten? Vereinzelt wird dies der Fall sein, aber in der überwiegenden Mehrzahl werden wir wohl vergebens auf Antworten warten. »Diese Fragen können die Hersteller von UV-Schutztextilien mit einem neuen Hangtag in übersichtlicher und eingängiger Form beantworten.«[30]

»Kleider machen Leute«[31]

Bekleidung erfüllt nicht nur ihren Zweck zum Schutz vor Umwelteinflüssen, sondern ist auch Ausdruck der Individualität, sozialen Stellung, persönlichen Gesinnung und Mode. Ihre Rolle hat sich im Zeitverlauf verändert, dabei die originäre Funktion nicht verloren, aber ihre psychologische Funktion und soziale Bedeutung stark ausgebaut. Schon im Mittelalter war sie ein Abbild der Zugehörigkeit zu Ständen. Damalige Materialien waren im Wesentlichen Leinen, Hanf, Nessel, Schafwolle und für den höheren Stand auch teure Seide.

Seit wann kennt man überhaupt Bekleidung? Dem Anthropologen Alexander Pashos zufolge trägt die Menschheit regelmäßig seit rund 75 000 Jahren Kleidung.[32] Einfache Fellkleidung zum Schutz vor Kälte wurde wahrscheinlich schon einige zehntausend Jahre früher getragen, zumindest sind Werkzeuge zur Anfertigung solcher Kleidung überliefert. Seither haben sich selbstverständlich nicht nur die zur Verfügung stehenden Materialien zur Textilherstellung vehement ausgeweitet, auch die Weltbevölkerung hat rapide zugenommen.

Der Gedanke an die Textilindustrie ist stark verknüpft mit Bekleidung, sicherlich überwiegend zu Recht, doch wie später noch gezeigt wird, deckt das nur einen Teil der möglichen Anwendungen ab. Zudem sind nicht alle Textilien Kleidungsstücke (zum Beispiel Vorhänge) und umgekehrt sind nicht alle Kleidungsstücke auch Textilien (zum Beispiel Lederröcke).

Wenn geschätzte 300 Millionen Menschen zur Zeit Christi Geburt lebten, so waren es um 1650 ungefähr 500 Millionen. Die Mitte des 18. Jahrhunderts in England beginnende Industrielle Revolution führte nicht nur zu deutlichen Produktivitätsfortschritten, beispielhaft als Folge der Entwicklung der Dampfmaschine, sondern auch zu einer exponentiellen Bevölkerungsentwicklung. Die Dampfmaschine konnte beispielsweise zum Antrieb von mechanischen Webstühlen genutzt werden, welche die Verarbeitung von

Baumwolle zu Bekleidung beschleunigte und verbilligte. Bis dahin erfolgte die Kleiderherstellung in Heimarbeit mithilfe der ganzen Familie – Fabriken gab es noch nicht. Die Industrialisierung und das damit beginnende Maschinenzeitalter führten zu wirtschaftlicher Hochblüte, läuteten aber auch erhebliche gesellschaftliche Veränderungen ein. Die Preissenkungen führten zu einer ansteigenden Nachfrage nach Bekleidung, die sich nun auch ärmere Leute leisten konnten. Im Mittelalter war es durchaus üblich, dass die normale Bevölkerung lediglich ein komplettes Gewand besaß. Neben der gestiegenen Nachfrage passte sich die Mode aber auch dem geänderten Lebensstil an, Bekleidung musste nun praktisch und bequem sein.

Im Jahr 1733 erfand John Kay den Schnellschusswebstuhl, der weitaus mehr Gewebe produzieren konnte als das bis dahin bekannte Verfahren, das Schiffchen mit der Hand durch die wechselweise geöffneten Kettfäden zu führen.[33] Das führte aber auch dazu, dass in England nicht genug Garn verfügbar war.

Zu Beginn der technologischen Revolution in England stand die Entwicklung einer Spinnmaschine im Jahr 1764 zur automatischen Herstellung von Baumwollgarnen, die zumeist dem britischen Baumwollweber James Hargreaves zugeschrieben wird.[34] Die sogenannte »Spinning Jenny« ersetzte das Spinnrad. Dieses gelangte gegen Ende des 12. Jahrhunderts aus dem orientalischen Raum nach Europa, begann sich im 13. Jahrhundert in Mitteleuropa zu verbreiten, wie die Quellenlage anhand von Verboten, das Spindelspinnrad zu verwenden, für die Zünfte der Tuchmacherei aufzeigt. Nur fünf Jahre später erhielt Sir Richard Arkwright in England ein Patent auf die sogenannte Waterframe-Spinnmaschine, welche mit Wasserkraft betrieben wurde.[35] Diese technischen Innovationen wurden zunächst dem Ausland gegenüber geheim gehalten. Ein deutscher Industrieller, Johann Gottfried Brügelmann aus Elberfeld, heute ein Stadtteil von Wuppertal, brachte im Jahr 1783 die Waterframe durch Industriespionage, wenn er es auch in einem Brief an den Kurfürsten Karl Theodor anders beschreibt, und Kopieren auf den europäischen Kontinent.[36] Der ehrenhafte Auftritt gegenüber dem Kurfürsten war bedeutungsvoll, weil dieser ihm für den Standort seiner Fabrik und das Rheinland die Monopolstellung für zwölf Jahre einräumte. Die im gleichen Jahr gegründete Textilfabrik Cromford war die erste Fabrik auf dem Kontinent, die in der Spitze rund 600 Arbeiter beschäftigte.[37] Von hier aus vervielfältigte sich diese neue Spinntechnologie zuerst über den europäischen Kontinent und nachfolgend auch in die USA. Darüber hinaus hat die spätere Verwendung der Dampfmaschine zu einem beträchtlichen Anstieg der Garnproduktion geführt mit der Folge drastischer Preiseinbrüche beim Garn und billig gewordener Baumwolltextilien. Flankiert wurde die Tendenz preiswerter Kleidung auch durch die Erfindung einer Maschine zur Entkörnung von Baumwolle durch Eli Whitney in den USA im Jahr 1793.[38] Diese Maschine vereinfachte und beschleunigte das extrem arbeitsintensive Pflücken und Trennen des Samens von der Baumwolle.

Im Jahr 1828 wurde dann die Ringspinnmaschine von John Thorpe erfunden, die heute immer noch die am weitesten verbreitete Spinntechnologie mit ungefähr 260 Millionen installierten Spindeln darstellt.[39] Die überwiegende Anzahl von Spinnereien befindet sich heute in Asien, im Wesentlichen in der Volksrepublik China und in Indien. Das zweite, heute noch etablierte Spinnverfahren ist das 1955 auf der ITMA[40] von Julius Meimberg vorgestellte Rotorspinnen.[41] Dieser Spinnprozess zeichnet sich dadurch aus, dass er wesentlich kürzer und somit kostengünstiger ist. Er empfiehlt sich besonders zur Herstellung gröberer Garne. Die Produktivität der Rotorspinnerei liegt nahezu um das Siebenfache über der einer Ringspinnerei. Weltweit sind rund acht Millionen Rotorspindeln installiert, ebenfalls mehrheitlich in Asien.[42] Weitere Verfahren mit gegenwärtig geringerer Marktbedeutung sind das Luftspinnverfahren, dem jedoch mittlerweile lukrative Wachstumspotenziale beigemessen werden, und das Umwindespinnverfahren. Dem Interessierten sei hier die Museums-Spinnerei Neuthal in der Schweiz empfohlen, welche die Herstellung von Baumwollgarn auf historischen Spinnmaschinen zeigt. Die älteste dieser Maschinen ist über 150 Jahre alt.[43]

»Die Kunst des Spinnens verlangt möglichst parallele Fasern, die verdreht werden, damit das Garn durch die Faserfaserreibung Festigkeit erhält. Die unterschiedlichen Verfahren zur Drehungserteilung geben den Spinntechnologien ihren Namen: Ringspinnen, Rotorspinnen und Luftspinnen. Eine Weiterentwicklung des Ringspinnens, das Kompaktspinnen, erzeugt höhere Garnfestigkeiten und bessere Gebrauchseigenschaften. Diese Spinntechnologien erzeugen unterschiedliche Garnstrukturen, die sichtbar und spürbar sind und darum auch die Qualität der Endartikel beeinflussen. Leistungsmäßig ist die Produktionsleistung von Rotorspinnen gegenüber Ringspinnen rund sechsmal so groß, von Luftspinnen gegenüber Ringspinnen rund zwanzigmal. Neben diesem Leistungsunterschied entscheiden Kriterien, wie Investitionshöhe, Rohstoffqualität und -konstanz, Endartikel, Flexibilität, Verfügbarkeit und Qualität des Personals sowie die Qualität von Faservorbereitung und Unterhalt, welches Spinnsystem für den Kunden passt und seinen Markterfolg sichert. Rieter bietet als einziger Textilmaschinenhersteller nicht nur alle vier Verfahren an, sondern auch den kompletten Vorprozess. Der Garnhersteller erhält somit den Komfort einer unabhängigen Beratung, abgestimmten Prozessen und der Lösung aus einer Hand.«[44]

Um 1900 hatte sich die Bevölkerungszahl bereits mehr als verdreifacht auf 1,6 Milliarden. Schon 1964 war eine Verdoppelung auf 3,3 Milliarden erreicht. Der Mensch der damaligen Zeit hatte im Durchschnitt einen Bedarf an Textilien von etwa sieben Kilogramm pro Jahr. Für eine erneute Verdoppelung auf 6,6 Milliarden Menschen im Jahr 2007 waren nur 43 Jahre erforderlich, gleichzeitig erhöhte sich die individuelle Durchschnittsnachfrage nach Textilien pro Bürger auf annähernd zwölf Kilogramm pro Jahr. Für das Jahr 2030 werden jetzt schon mehr als acht Milliarden Menschen prognostiziert, und die mittlere Entwicklungsprognose der United

Nations, Department of Economic and Social Affairs, beläuft sich für 2050 auf über neun Milliarden.[45]

Die Mode hat sich seit Beginn des 20. Jahrhunderts in starkem Maße verändert. Sie hat den gesellschaftlichen Wandel auch äußerlich sichtbar werden lassen. Die Beeinflussung der Mode in der ersten Hälfte des 20. Jahrhunderts resultierte aus den beiden Weltkriegen, mit teilweiser Stoffrationierung und festgelegter Materialmenge für Bekleidung sowie Knappheit an verfügbaren Stoffen, aufkommenden Modemagazinen wie beispielsweise der *Vogue* (ab 1892 in New York), der Pariser Haute-Couture-Mode, einer Veränderung der Rolle und des Erscheinungsbildes der Frau sowie amerikanischen Hollywoodfilmen.[46]

Die kontinuierlich zunehmende Produktion von synthetischen Garnen und Fasern ab den 1950er Jahren begünstigte den Massenkonsum. Die Auswirkungen der Massenproduktion waren überall in der Modewelt sichtbar. So nahm das Angebot an Synthesefasern von 70 000 Tonnen im Jahr 1950[47] auf über 45 Millionen Tonnen im Jahr 2010 zu[48], was einem jahresdurchschnittlichen Zuwachs von rund elf Prozent entspricht. »Die Mode wuchs zu einer gigantischen Industrie heran, die ihre neuesten Trends über Internet und Fernsehen weltweit kommunizierte. Das zunehmende Markenbewusstsein ist ein Zeichen dafür, dass Mode in materiellen Kategorien allein nicht zu fassen ist, sondern darüber hinausgehende Informationen liefert. [...] In ihrer wirtschaftlichen Basis profitierte die Modeindustrie in Frankreich enorm von der Einrichtung eines Lizenzgeschäftes für den weltweiten Vertrieb von Kleidung aus den zu Handelsmarken aufgestiegenen Modehäusern.«[49] Zunehmende Bedeutung für die Mode erlangten auch ökologische Aspekte. Schlagworte wie »globale Erwärmung«, »Recycling«, »Ökobilanz«, »Nahrungssicherheit«, »Ressourcenschonung« und »nachwachsende Rohstoffe« oder auch die Suche nach einem Nachfolgeregime für das 2012 auslaufende Kyoto-Protokoll[50] lassen eine gesellschaftliche Ausrichtung erkennen, der sukzessive ein größerer Stellenwert beizumessen sein wird.

2010: Die Situation auf dem Weltmarkt

Die Herstellungsverfahren haben sich seit der Industriellen Revolution stetig weiterentwickelt und erlauben heute Produktionsmengen in ungeahnter Größenordnung, Vielfalt und Qualität. So besitzen heute moderne Maschinen zum Aufwickeln von gesponnenen Garnen ein mechanisches Geschwindigkeitspotenzial von bis zu 6000 Metern pro Minute, was 360 Kilometern pro Stunde entspricht, schneller als ein Rennwagen. Zudem werden diese Geschwindigkeiten kontinuierlich im Herstellungsprozess über Tage und Wochen realisiert. In Laborversuchen wurden sogar schon Geschwindigkeiten von bis zu 10 000 Metern pro Minute erreicht.

Ebenso sind die Nachfragevolumina rasant in die Höhe geschossen, getrieben von der Bevölkerungszunahme sowie wirtschaftlichem Aufschwung, im Besonderen in Entwicklungs- und Schwellenländern. Damit einher gingen auch grundlegende Veränderungen auf der Angebotsseite in dem Sinne, dass sich die Textilindustrie in den vergangenen Jahrzehnten zunehmend in Richtung Osten auf den asiatischen Kontinent verlagerte. Als Begründung werden üblicherweise niedrige Lohnkosten angeführt, die eine entscheidende Rolle in der arbeitsintensiven Konfektionierung einnehmen. Es darf jedoch nicht vergessen werden, dass die Politik hier auch maßgeblich Einfluss genommen hat. Zu diesem Zweck wird das Welttextilabkommen im späteren Verlauf vorgestellt und erklärt. Es hat dazu geführt, dass seit Jahresbeginn 2005 die Textil- und Bekleidungsindustrie den normalen Regeln der Welthandelsorganisation unterliegt. Dies hat eine dramatische Verlagerung von Produktionsstätten aus der westlichen Hemisphäre in Richtung Asien begünstigt, und auch zukünftig nimmt die Politik eine vorrangige Stellung ein zur Regulierung von Handelsströmen der Textil- und Bekleidungsindustrie.

Die nachfolgenden Ausführungen beruhen vielfach auf einer jährlichen Fachpublikation des Autors über die weltweite Textil- und Vliesstoffindustrie.[51]

Entwicklung und aktueller Stand der Rohstoffe

Zur vereinfachten Darstellung konzentrieren wir uns hier auf die Rohstoffe für Baumwolle, Wolle, zellulosische Fasern und Polyester. Diese vier Fasertypen deckten im Jahr 2010 einen Anteil von mehr als achtzig Prozent des weltweiten Textilmarktes ab.

Baumwolle

Baumwolle ist eine seit Jahrtausenden bekannte Faserpflanze zur Herstellung von Bekleidung. Man unterscheidet sie nach der jeweiligen Faserlänge von fast ausschließlich mindestens 25 Millimetern. Die Qualität steigt in der Regel mit zunehmender Faserlänge. Baumwolle wird heute in mindestens siebzig Ländern angebaut und besitzt eine enorme wirtschaftliche Bedeutung in einigen der ärmsten Länder dieser Welt. Der Anbau benötigt jedoch gewisse Anforderungen wie zum Beispiel eine Temperatur von mindestens fünfzehn Grad Celsius, rund ein halbes Jahr keinen Frost, gute Bodenqualität sowie große Mengen Wasser. Hohe Erträge machen viel direkte Sonnenstrahlung notwendig. Obwohl die Wurzeln der Pflanze tief in den Boden wachsen, weist Baumwolle einen sehr hohen Wasserbedarf auf. Allerdings verschlechtert Regen im Reifeprozess, wenn sich die Kapseln allmählich öffnen, die Qualität. Daher erfolgt der Anbau zumeist in sommertrockenen Subtropen bei starker Bewässerung. Man kann zwei Anbaugürtel unterscheiden, einen auf der nördlichen Hemisphäre mit Aussaat zwischen Februar und Juni sowie der Ernte knapp ein Dreivierteljahr später zwischen Oktober und Februar. Hier wachsen mehr als achtzig Prozent der Baumwolle. Auf die Länder der südlichen Erdhalbkugel entfallen weniger als zehn Prozent, und ungefähr fünf Prozent entfallen auf die äquatoriale Zone. Mit der Baumwolle verhält es sich ähnlich wie mit Wein. Man könnte sie prinzipiell überall anbauen, aber die Qualität wäre nicht genügend. Als Weinliebhaber der vorzugsweise klassischen Anbaugebiete bevorzuge ich Weine aus Frankreich, Italien oder Österreich. Weine aus der sogenannten *Neuen Welt* mögen durchaus ihre Qualitäten besitzen, reichen aber nach meinem subjektiven Empfinden nicht ganz heran. Ähnlich würde es sich bei Baumwolltextilien verhalten, die allgemein für ihren hohen Tragekomfort sehr geschätzt werden.

Ferner ist zu berücksichtigen, dass zwecks Ertragssteigerung erhebliche Mengen an Düngemittel, Pflanzenschutzmittel und Schädlingsbekämpfungsmittel eingesetzt werden. »Obwohl der Baumwollanbau nur 2,4 Prozent der weltweiten Landwirtschaftsfläche einnimmt, werden acht bis zehn Prozent aller Pestizide auf Baumwollfeldern eingesetzt.«[52] Nach Angaben des Umweltinstituts München e.V. »werden elf Prozent aller Pestizide und 24 Prozent der Insektizide auf Baumwolläckern verspritzt«.[53] Einem 2007 veröffentlichten Bericht zufolge wird Baumwolle jährlich mit Chemikalien im Wert von rund zwei Milliarden US-Dollar besprüht, wovon knapp die Hälfte so giftig ist, dass die Weltgesundheitsorganisation diese als gefährlich einstuft.[54] Um Erntemaschinen zum Einsatz bringen zu können, werden zusätzlich auch noch Entlaubungsmittel eingesetzt. Nicht ungewöhnlich ist, dass beim Spritzen all dieser Mittel Frauen und Kinder auf den Feldern arbeiten.[55]

Als eine der weltweit größten ökologischen Katastrophen kann der Baumwollanbau am Aralsee, dem einst viertgrößten See der Welt, zwischen Kasachstan und Usbekistan bezeichnet werden.[56] Bereits zu Zeiten des Zarenreiches wurde diese Region als Rohstoffquelle eingestuft, doch massiver Kanalbau zur Vergrößerung der bewässerten Fläche ab den 1950er Jahren führte schließlich zu der Umweltkatastrophe. Das den Zuflüssen des Aralsees entnommene Wasser verdunstete oder versickerte überwiegend in den Kanälen mit zunehmender Austrocknung des Aralsees als Folge. Somit verlor der See kontinuierlich an Oberfläche. Von ehemals 68 000 Quadratkilometern ist heute weniger als die Hälfte vorhanden und das Wasservolumen reduzierte sich um über achtzig

Prozent. Die durch die zunehmende Versalzung rückläufige Produktivität des wasserintensiven Anbaus von Baumwolle und Reis führte zu enormem Einsatz an Düngemitteln und Pestiziden mit dramatischen Erkrankungen der Menschen.[57] Die Versalzung großer Flächen sowie die großflächige Verteilung der Rückstände von Pestiziden und Herbiziden aus den bewässerten Gebieten mittels Staubstürmen haben lebensfeindliche Gebiete geschaffen. Der Fischfang musste beispielsweise Anfang der 1990er Jahre eingestellt werden, und der See gilt heute als biologisch tot.

Zum Schutz der Gesundheit der Bauern und des Grundwassers vor Verunreinigung mit Pestiziden wird heute in stärkerem Maße der Anbau von Bio-Baumwolle betrieben. »Im Gegensatz zum konventionellen Baumwollanbau ist der Einsatz von chemischen Pestiziden und Düngemitteln verboten.«[58] In der Saison 2009/10 hat sich der Anbau organischer Baumwolle auf insgesamt 23 Länder ausgeweitet, dominierende Marktposition nimmt Indien mit einem rund achtzigprozentigen Anteil an der weltweiten Produktion ein. Obwohl sich die Erntemenge in den vergangenen fünf Jahren auf rund 242 000 Tonnen fast verzehnfacht hat, entfällt auf Bio-Baumwolle nur ein etwa einprozentiger Anteil des Baumwollmarkts.[59] Daher ist es manchmal schon ein wenig erstaunlich, wie viel Bio-Baumwolltextilien beworben werden, wenn sich auch bei genauerem Hinsehen der Anteil von Bio-Baumwolle als verschwindend gering erweist.

Im Jahr 2010 wurden gentechnisch veränderte Pflanzen in 29 Ländern durch 15,4 Millionen Landwirte überwiegend in Entwicklungs- und Schwellenländern auf 148 Millionen Hektar angebaut.[60] Diese Anbaufläche entspricht annähernd zehn Prozent der weltweit landwirtschaftlich nutzbaren Fläche.[61] Angesichts des kleinen Feindes der Baumwolle, dem sogenannten Baumwollkapselwurm, der jährlich einen großen Teil der Ernte vernichtet, führten gentechnisch manipulierte Sorten zu erheblichen Steigerungen der Ernteerträge. Der US-Agrokonzern Monsanto integrierte ein Bakterien-Gen mit Insektengift in die Pflanze, bekannt

als Bt-Baumwolle, wobei Bt für das Zusatzgen Bacillus thurin-
giensis steht.[62] Jedoch stimmen neuere Forschungsergebnisse der
Universität von Arizona in Tucson (USA) bedenklich, dass Insekten gegen dieses Gift resistent geworden sind.[63] Dies umso mehr,
wenn man bedenkt, dass sich die erstmals 1996 in den USA zuge-
lassene Gen-Baumwolle seither stark ausgebreitet hat und heute
auf mehr als zwei Drittel der weltweit 33 Millionen Hektar Baumwoll-Anbaufläche anzutreffen ist.[64] Aus Sicht eines Konsumenten
ist infolge der fehlenden Kennzeichnungspflicht für Baumwolltextilien nicht zu unterscheiden, ob es sich um konventionelle
oder genmanipulierte Baumwolle handelt. Jedoch ist aufgrund
des hohen Marktanteils davon auszugehen, dass reguläre Kleidung gentechnische Bestandteile enthält. Lediglich im Falle von
Bio-Baumwolle ist eine Vielzahl von Labeln auf dem Markt verfügbar, da entsprechend zertifizierte Baumwolle und ihre gesamte
textile Wertschöpfungskette höhere Absatzpreise zu erzielen in
der Lage sind. Allerdings wurde das Vertrauen der Verbraucher
in den schätzungsweise Vier-Milliarden-Dollar-Weltmarkt für
zertifizierte Ökotextilien durch einen Artikel der *Financial Times
Deutschland* erschüttert, wonach Baumwolle indischen Ursprungs
mit gentechnischen Spuren als »organisch« verkauft wurde.[65]

Heutige Hauptanbaugebiete für Baumwolle sind die asiatischen Länder China, Indien, Pakistan sowie die USA und Brasilien. Für die Saison 2011/12 wird eine weltweite Produktion von
annähernd 27 Millionen Tonnen prognostiziert, wobei die fünf
Führenden allein fast achtzig Prozent der Erntemenge erzielen. Die
globale Baumwollmenge würde sich somit gegenüber der Saison
2010/11 um mehr als acht Prozent erhöhen. Dies ist vornehmlich
auf die im August 2010 beginnende Preisexplosion bei Baumwolle
zurückzuführen, die in ihrer 140-jährigen Historie des Baumwoll-
handels noch nie erreichte Höchststände markierte. Betrug der als
Leitindex bekannte Cotlook A-Index[66] im langfristigen Durchschnitt der Jahre 2004 bis 2009 rund 61,81 US-Cent pro Pfund
(1,36 Dollar pro Kilogramm), so verteuerte er sich auf 2,32 Dollar

Abbildung 2
Baumwoll-Anbaufläche

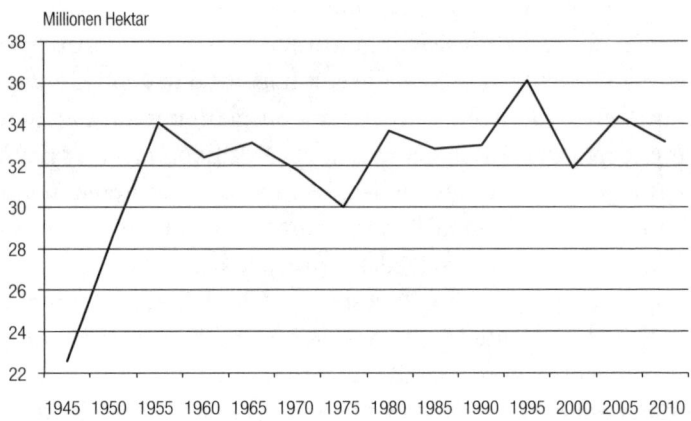

Quelle: ICAC, Cotton: World Statistics, Bulletin of the International Cotton Advisory Committee, September 2010

pro Kilogramm 2010 und erreichte sein bisheriges Allzeithoch am 8. März 2011 bei 5,37 Dollar. Diese Preisentwicklung hat es für viele Landwirte attraktiv gemacht, auf den Anbau von Baumwolle umzusteigen. So erklärt sich die rapide Ausweitung von Baumwoll-Anbauflächen in der Saison 2011/12 auf ein mögliches Rekordniveau jenseits der 35 Millionen Hektar. Diese Reaktion, wie später noch ausführlicher behandelt wird, kann jedoch nicht nachhaltig sein. Denn damit könnte die Anbaufläche für Nahrungsmittel knapper werden trotz historischer Höchststände für Preise von Lebensmitteln, wie jüngste Zahlen der UNO verdeutlichen.[67]

Allein die beiden größten Anbauländer von Baumwolle, Indien und China, verfügen über knapp die Hälfte der weltweiten Baumwoll-Anbaufläche des im August beginnenden Marketingjahres 2010/11. Die weltgrößte Anbaufläche von mehr als elf Millionen Hektar für Baumwolle befindet sich in Indien, wovon geschätzte neunzig Prozent auf gentechnisch manipulierte Baumwolle entfallen.[68] In China beträgt die Anbaufläche insgesamt 5,1 Millionen

Abbildung 3
Baumwollanbau

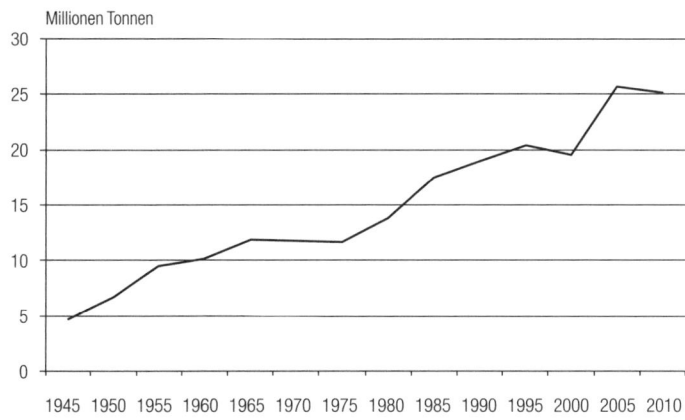

Quelle: ICAC, Cotton: World Statistics, Bulletin of the International Cotton Advisory Committee, September 2010

Hektar bei geschätztem, gleichbleibendem Anteil von Gen-Baumwolle jenseits der siebzig Prozent.[69]

Vergleichen wir in den beiden Grafiken (Abbildung 2 und 3) die langjährige Entwicklung der Anbauflächen mit den daraus resultierenden Erntemengen, so erkennen wir, dass die Anbaufläche in der Größenordnung von 33 Millionen Hektar zu sukzessive höherem Volumen führte. Ein Ertrag pro Hektar von rund 200 Kilogramm in den Nachkriegsjahren hat seit Mitte der 2000er Jahre die Marke von 700 Kilogramm überschritten. Dies ist technischem Fortschritt zu verdanken, hier sei auf die Einführung von Gen-Baumwolle verwiesen. Nach Expertenmeinung ist auf absehbare Zeit jedoch von keinen weiteren technologischen Fortschritten auszugehen, die einen wahrnehmbaren Mengeneffekt auslösen. Somit wird im Wesentlichen ein Anstieg der Erntemenge nur durch Ausweitung der Anbauflächen zu erzielen sein.

Baumwolle ist ein wahrlich globales Produkt, gut dreißig Prozent der jährlichen Erzeugung sind für Exportzwecke bestimmt. Zu den größten Ausfuhrländern zählten in der abgelaufenen Saison 2010/11 die USA, Indien, Usbekistan, Australien und Brasilien, die zusammengenommen mehr als 5,5 Millionen Tonnen vornehmlich nach Südostasien, Bangladesch und in die Türkei schickten.

Neben diesen Ländern mit hohen Ausfuhrmengen sowie größten Produzenten gibt es aber auch eine ganze Reihe von Anbaunationen mit kleiner Ausbringungsmenge im Weltmaßstab. Jedoch besitzt dieses Produkt für sie eine überragende Bedeutung in der Erzielung von Devisen und Schaffung von Arbeitsplätzen. Die Rede ist hier von den afrikanischen Ländern. Rund dreißig afrikanische Nationen bauen Baumwolle an. Kein Kontinent verfügt über mehr baumwollanbauende Länder und kein Kontinent hat eine solch ausgeprägte Exportabhängigkeit in der Größenordnung von bis zu etwa achtzig Prozent. Als Gründe werden hierfür angesehen eine unzureichende Verarbeitungskapazität sowie der Umstand, dass rund die Hälfte der mehr als eine Million Tonnen Baumwolle in Binnenstaaten produziert wird. Ein Blick auf die Landkarte zeigt uns, dass es weltweit kein erfolgreiches Land ohne direkten Seezugang in der Textil- oder Bekleidungsherstellung gibt.

Diese Länder leiden im Besonderen unter der gängigen Praxis der Subventionierung von Baumwolle. Diese wurde zum Beispiel in den USA bereits in den 1930er Jahren eingeführt und wird auch in der EU, der Volksrepublik China, der Türkei und anderen Ländern praktiziert.[70] Im anderen Falle wäre ja auch die prominente Stellung der USA höchst verwunderlich, die heute noch bei einem landwirtschaftlichen Produkt eine führende Position in der Erzeugung einnehmen.

Für das Jahr 2005 werden beispielhaft US-Subventionen in der Höhe von 3,5 Milliarden Dollar angegeben.[71] Das klingt nach viel und ist auch viel! Nehmen wir den Mittelwert für die US-amerikanische Produktion in der Saison 2004/05 und der darauffolgenden, so beläuft sich der Output nach Informationen von ICAC auf gut 5,1 Millionen Tonnen. Also gab es finanzielle Unterstützung pro Kilogramm Baumwolle von rund 69 US-Cent. Ist das nun viel oder wenig? Wenn der zuvor dargestellte Leitindex namens Cotlook A-Index für das Jahr 2005 einen Durchschnittswert von 1,20 Dollar pro Kilogramm verzeichnet, kann man diese staatliche Unterstützung wohl durchaus als substanziell bezeichnen.

Auf die ruinösen Folgen für afrikanische Kleinbetriebe müssen wir wohl nicht näher eingehen. Viele mussten den Baumwollanbau aufgeben, da sie ihren Lebensunterhalt damit nicht mehr verdienen konnten. Seit 2006 können aber Verbraucher gezielt Baumwolltextilien von afrikanischen Kleinbauern kaufen. Auf Initiative von Doktor Michael Otto entstand Cotton made in Africa.[72] Wurden im Jahr 2007 rund 440 000 Kleidungsstücke aus Baumwolle von Cotton made in Africa verkauft, übersprang der Absatz im Jahr 2010 schon die Marke von zehn Millionen Baumwolltextilien. Es handelt sich hierbei nicht um Bio-Baumwolle, aber gleichwohl um nachhaltig erzeugte Baumwolle. Es wird Wert gelegt auf möglichst geringe Mengen von Pestiziden, auf künstliche Bewässerung verzichtet und der Anbau in Fruchtfolge betrieben.

Ein kritischer Gedankengang soll hier nicht unerwähnt bleiben. Im Jahr 1817 veröffentlichte ein britischer Ökonom namens David Ricardo sein Buch »Über die Grundsätze der politischen Ökonomie und der Besteuerung«.[73] Ihm gelang der Nachweis, dass komparative Kostenvorteile den Außenhandel begründen. Ohne an dieser Stelle zu wissenschaftlich werden zu wollen, soll lediglich die Frage aufgeworfen werden, welche Form der Handel von Baumwolle idealtypisch annehmen würde, wenn die zugegeben restriktiven Annahmen der Theorie von Ricardo um Aspekte einer damals unbekannten Ökobilanz erweitert worden wären. Bekanntlich wird die Mehrheit aller Baumwoll-Anbauflächen künstlich bewässert. »Effiziente Bewässerungsanlagen benötigen 7000 Liter Wasser für die Erzeugung von einem Kilogramm Baumwolle, schlechte Anlagen bis zu 30 000 Liter.«[74] Wenn man nun bedenkt, dass »884 Millionen Menschen keinen genügenden Zugang zu sauberem Wasser«[75] haben, so verdient dieses grundlegende Gut einen sorgsamen Umgang, und das nicht erst, seit die Vereinten Nationen den Anspruch auf reines Wasser als, wenn auch nicht völkerrechtlich verbindliches, Menschenrecht aufgenommen haben.[76]

Neben der Frage nach dem Süßwasserverbrauch könnte man diesen Aspekt auch ausweiten auf die Frage nach den Hektarerträgen, die beispielsweise in Indien bei derzeit ungefähr 500 Kilogramm pro Hektar liegen und in China bei nahezu 1300 Kilogramm. Beide Umstände werden im vierten Kapitel erneut aufgegriffen und dann zu einem Vergleich der bedeutendsten Fasertypen verwendet.

Wolle

Eine zweite bedeutende Naturfaser ist Wolle. Diese gleichfalls seit Jahrtausenden bekannte Faser wird hauptsächlich von Schafen gewonnen, wobei für Bekleidung überwiegend Wolle der Merinoschafe, bekannt für ihre sehr feinen Fasern, verwendet wird. Gröbere Fasern werden vornehmlich für Teppiche, Polsterungen oder Dämmstoffe verwendet, wie Elisabeth van Delden, Generalsekretärin der IWTO, ausführt.[77] Wolle umfasst ferner aber auch die mengenmäßig untergeordneten Wolltypen von Kaschmir- und Angoraziegen, Angorakaninchen, Kamelen und Kleinkamelen wie Alpakas, Lamas und Vikunjas, Moschusochsen (auch Schafsochse genannt) und einer in Zentralasien verbreiteten Rinderart namens Yaks.

Bevor wir uns weiter dem Wollbereich zuwenden, wollen wir einen Gedanken zum letztgenannten Einsatzgebiet einfügen. Dämmstoffe aus nachwachsenden Rohstoffen, und hierbei wäre unter anderem auch an Dämmplatten aus Holzabfällen sowie Zellulose-Dämmung aus Altpapier zu denken, besitzen nach Angabe der Schweizerischen Interessengemeinschaft für Baubiologie/Bauökologie (SIB) nur einen Marktanteil von rund fünf Prozent gegenüber synthetischen Dämmstoffen. »Dabei schneiden ökologische Dämmstoffe [...] auch im Vergleich ihrer physikalischen Eigenschaften, wie zum Beispiel beim sommerlichen Wärmeschutz, deutlich besser ab als die synthetischen Vergleichsprodukte. Zudem ist allen eine bessere Ökobilanz mit geringerem Energiebedarf gemeinsam, sowie deutlich geringere gesundheitliche Beeinträchtigungen bei der Herstellung, bei der Verarbeitung, im Einbau, bei der Benutzung und in der Entsorgung. Lediglich die winterlichen Dämmwerte sind [...] etwas nachteiliger als die Dämmfähigkeit synthetischer Dämmstoffe.«[78] Es geht also, wie an zahlreichen Beispielen zu belegen wäre, nicht immer um die Wahl der bestmöglichen Materialien, sondern Marktstärke und vor allem Lobbying erscheinen hier wegweisend.

Schafe werden ein- bis zweimal im Jahr geschoren, sodass ein Schaf zwischen vier und zehn Kilogramm reine Wolle ergibt. Anschließend wird die Wolle gewaschen, um Schmutz, Pflanzenteile und Wollfett (Lanolin) zu entfernen. Das Angebot gewaschener Wolle hat sich zwischen 1945 und 1990 verdoppelt, ist aber seitdem stetig zurückgegangen. Die heutige Menge von annähernd 1,1 Millionen Tonnen kommt mehrheitlich aus Australien, China und Neuseeland.

Nach Aussage von Elisabeth van Delden wird Wolle für ihre feuchtigkeitsregulierenden Eigenschaften geschätzt, da sie im Winter wärmt und im Sommer kühlt. Zudem schützt Wolle vor UV-Strahlen und ist von Natur aus schwer entflammbar. Des Weiteren nehmen Wolltextilien wenig Schmutz und Gerüche an und müssen daher seltener gewaschen werden, was die Nachhaltigkeit der Produkte verbessert. Produkte aus Wolle können sehr vielseitig sein: angefangen vom klassischen Business-Anzug und Pullover über leistungsstarke Funktionskleidung, wie sie beim Marathon zum Einsatz kommt, bis hin zur Verwendung in Teppichen, Bettwäsche oder Innenausstattungen wie Gardinen und Polstermöbel.

Die feine Merinowolle kommt maßgeblich in hochwertigen Herrenanzügen und zunehmend wegen ihrer natürlichen Thermoregulierung und antibakteriellen Wirkung in Outdoorbekleidung zum Einsatz. Diese beiden Anwendungsgebiete scheinen aber gegensätzlichen Trends zu unterliegen. Während sich die Mode in den letzten Jahren zunehmend weg von formeller und hin zu legerer Kleidung verändert hat, nimmt der Absatz für Sport-, Funktions- und Überbekleidung infolge erhöhten Gesundheitsbewusstseins jährlich zu. Für andere Einsatzzwecke lässt sich für die Vergangenheit eine zunehmende Substitution durch preiswertere Chemiefasern erkennen, die sich in ihren Eigenschaften immer mehr der Wolle angenähert haben. Wie bereits erwähnt, ist Wolle von Natur aus schwer entflammbar, doch vergleichbare Produkte sind auch bei Chemiefasern zu finden.[79]

Die rasante Entwicklung der Chemiefasern hat den Druck auf die Wollindustrie in den Bereichen Preiskonkurrenz, konsistente Qualität und Produktinnovation stark erhöht.[80] Zudem haben sich das Konsumentenverhalten und die Erwartungen an Textilien gewandelt. Dem Verlangen nach billiger und kurzlebiger Kleidung im Sinne des »Fast Fashion« kann Wolle nicht ganz gerecht werden. Veränderte Waschgewohnheiten und das Verständnis für die Wolle haben sich zu ihrem Nachteil entwickelt, während es die Wollindustrie verpasst hat, über Jahre hinweg die positiven Eigenschaften der Wolle gegenüber Chemiefasern in stärkerem Maße zu bewerben.

Den unbestritten guten Eigenschaften kann eine persönliche Erinnerung aus Kindheitstagen gegenübergestellt werden. Wollpullover waren unangenehm, weil sie als kratzig in Erinnerung geblieben sind. Doch, wie sich Jahre später herausstellte, ist dies gar kein *typisches* Problem von Wolle, sondern eher die Folge sparsamen Einkaufsverhaltens. Denn Pullover aus feinfaseriger Merinowolle sind alles andere als kratzig. Eine solch flauschige Qualität hat natürlich auch ihren Preis.

Im Sog der explodierenden Baumwollpreise hat sich das Preisniveau für Wolle in der ersten Jahreshälfte 2011 auf Rekordhöhen entwickelt, die wir schon ein Vierteljahrhundert nicht mehr gesehen haben.[81] Wie zuvor besprochen, betrug der durchschnittliche Cotlook A-Index im Jahr 2010 2,32 Dollar pro Kilogramm. Zieht man nun Feinheiten der Wolle von 18,5 bis 23 Mikron[82], was einem Teilbereich der feinfaserigen Merinowolle entspricht, zum Vergleich heran, so betrug der durchschnittliche Preis 2010 etwa das Vierfache, gröbere Wolle von dreißig Mikron war ebenfalls noch rund siebzig Prozent teurer.[83] Die erstgenannte Qualität ist aber für Bekleidungszwecke maßgeblich, da sich das subjektiv empfundene Kratzgefühl nach zahlreichen Untersuchungen ab rund 28 Mikron einstellt. Somit werden gröbere Fasern vornehmlich für Teppiche, Polsterungen oder Dämmstoffe verwendet.

Wolle ist teurer als Baumwolle oder Chemiefasern. Das ist keine grundlegend neue Erkenntnis. Jedoch sollte dieser kurzfristige Anstieg, ausgelöst durch Baumwolle, nicht den Blick auf die grundsätzliche Situation verdecken. Es gilt die Preise von Wolle in einen langfristigen Zusammenhang zu stellen.

Es wäre sicher verzerrend, dieses kleine Zeitfenster mit überdurchschnittlichem Preisniveau der Wolle als repräsentativ zu bezeichnen. Vielmehr ist die Preisentwicklung im langfristigen Kontext zu betrachten, wenn auch trotzdem die Tatsache bleibt, was keine grundlegend neue Erkenntnis darstellt, dass Wolle teurer ist als Baumwolle oder Chemiefasern. Nach Ansicht von Elisabeth van Delden ist die vordergründige Triebfeder für die Reduzierung der Wollmenge ihr über Jahrzehnte zu niedriger Preis. Während die Preise für Fleisch über die letzten Jahrzehnte stetig angestiegen sind, bewegte sich der Preis für Wolle auf historischen Tiefständen. Der Preis, den die Bauern für die Wolle bekamen, deckte in den meisten Fällen nicht einmal die Kosten, um die Schafe zu scheren. Viele Bauern verkauften daher entweder ihre Schafe oder stiegen auf Fleischproduktion um, um von den hohen Fleischpreisen zu profitieren. Somit sank die weltweite Schafpopulation, während die Nachfrage nach textilen Rohstoffen weiter stieg. Im Jahr 2011 ist die Nachfrage nach Wollfasern höher als das Angebot, was die Wollpreise zusätzlich steigen ließ.

Ein weiterer Grund für höhere Preise von Wolltextilien, der nicht beim Wollanbau, sondern mehr in der nachgelagerten Wertschöpfungskette zu finden ist, bezieht sich auf die vergleichsweise veraltete Verarbeitungstechnologie. Nach Informationen des ITMF wurden in den letzten zehn Jahren gut 35 Prozent der heute installierten Spindeln für Baumwolle modernisiert, hingegen lediglich rund vierzehn Prozent für die Wollverarbeitung.[84] Das hat zur Folge, dass der ohnehin schon teurere Rohstoff auf technologisch weniger wettbewerbsfähigen Maschinen verarbeitet wird.

Vorsichtiger Optimismus kommt trotzdem in der jüngsten Vorhersage zum zukünftigen Wollangebot seitens des Züchterverbandes Australian Wool Innovation Limited (AWI) zum Ausdruck, der mittelfristig von einer kontinuierlichen Zunahme der weltweiten Produktion ausgeht.[85] Das ist wohl Folge der aktuell angespannten Angebotssituation. Flankiert wird dieser Ausblick durch verstärkte Lobbyingaktivitäten auf Initiative der IWTO. Dazu zählt Elisabeth van Delden unter anderem die kontinuierliche Nähe zu internationalen Organisationen wie UN, FAO und der EU. Bei der Entwicklung von Standards und Definitionen, die die Wollindustrie betreffen, ist die IWTO federführend involviert. Mit der Aktualisierung und Veröffentlichung von Daten im Rahmen einer »Life Cycle Analysis« im Jahr 2012 dokumentiert die Wollindustrie auch ihre Verantwortung im Bereich Transparenz und Nachhaltigkeit.

Abschließend sei noch auf einen Umstand hingewiesen, der immer wieder negative Schlagzeilen in der Presse im Besonderen durch Tierschutzorganisationen auslöst.[86] Meist wird der Eindruck erweckt, dass es sich um einen allgemeinen Missstand handeln würde. Es geht um ein gebräuchliches Verfahren zur Verhinderung von Fliegenbefall. Dabei ist es hilfreich zu wissen, dass diese Fliegen ausschließlich in Neuseeland und Australien beheimatet sind, was die direkte Relevanz schon einmal geografisch reduziert. Dieses nach John W. H. Mules benannte Verfahren aus den 1930er Jahren ist bekannt unter dem englischen Namen Mulesing.[87] Es geht um das Entfernen der Haut rund um den Schwanz ohne Verabreichung von Schmerzmitteln während oder nach dem Eingriff.[88] Zunehmender Druck von Medien und Gegnern dieser Methode veranlasste beispielsweise Retailer wie Abercrombie & Fitch und nachfolgend Dutzende europäischer Modeunternehmen, Bekleidung aus australischer Merinowolle aus ihren Regalen zu verbannen.[89] Berücksichtigt man hingegen die bereits unternommenen Anstrengungen und erreichten Fortschritte in den beiden Ländern, so kann man der berechtigten Hoffnung sein, dass diese fraglos qualvolle Methode in absehbarer Zukunft gänzlich abgeschafft sein wird. Nach einem Bericht ist dies bereits der Fall in Neuseeland.[90] Australien hat zwar das zum Jahresende 2010 zugesagte Ende dieses Verfahrens ohne neuen Zeithorizont abgesagt[91], jedoch wird nach Auskunft von Elisabeth van Delden sehr zielstrebig an seiner zukünftigen Abschaffung gearbeitet.

Doch spätestens bei dem häufig zitierten Trend in Richtung »Nachhaltigkeit« sollte Wolle verlorenen Boden wiedergutmachen können. Es stellt sich jedoch die Frage, ob es für Verbraucher ohne textiles Fachwissen auch Hilfestellungen bei der Kaufentscheidung gibt. Woran erkenne ich, ob ein Kleidungsstück nach ökologischen Kriterien gefertigt worden ist? Es wäre ja durchaus von Vorteil, wenn eine Kennzeichnung die nachhaltige Fertigung des Bekleidungsstückes ausweisen würde. Zu diesem Zweck wurden Gütesiegel eingeführt, um nachhaltige Produkteigenschaften zu visualisieren. Mittlerweile kann man allerdings zu der Ansicht gelangen, dass sich die ursprünglich angestrebte Transparenz und Unterstützung für umweltbewusste Konsumenten in das Gegenteil entwickelt hat.

Die nachfolgenden Ausführungen geben in gekürzter Form ein Interview mit Katharina Schaus wieder, Firmengründerin und Geschäftsführerin von it fits. it fits – Organic Textile Partner »arbeitet an nationalen und internationalen Textil-Projekten zu den Themen Nachhaltigkeit, Zukunftsfähigkeit, Umweltfreundlichkeit

Abbildung 4
Labels und Standards

und Sozialverträglichkeit«.[92] Der heute bestehende Dschungel an unterschiedlichen Labels mit teilweise nicht offengelegten Bewertungskriterien führt tatsächlich dazu, dass die Verunsicherung bei den Konsumentinnen und Konsumenten eher noch zunimmt. Aktuelle Untersuchungen zu Labels und Standards offenbaren beispielsweise mehr als achtzig Organisationen mit insgesamt rund hundert Labels, wie in Abbildung 4 veranschaulicht wird.[93]

Ein Grund für die verwirrende Vielfalt an Beschriftungen bei Textilien mag darin liegen, dass es bisher keine allgemein anerkannten Richtlinien für umweltfreundliche, nachhaltige und gesundheits- oder sozialverträgliche Textilien gibt. Darin zeigt sich bereits eine weitere Ursache für dieses Labelchaos, denn die Zielsetzung an ein bestimmtes Label variiert von Botschaften zu Gesundheit, Umwelt, Sozialverträglichkeit oder unter ganzheitlichen Gesichtspunkten zu Nachhaltigkeit. Trotz der Umweltnorm ISO 14000 können Hersteller, Verbraucher, Verbände, Initiativen, Interessengemeinschaften oder der Gesetzgeber Standards für Gütesiegel nach eigenem Ermessen definieren. Werden von zumeist

Großhändlern firmeneigene Ökolabel entworfen, häufig auf Initiative und unter Mitwirkung von Marketingfachleuten, so dient dies in erster Linie dem Zweck, ökologisches Bewusstsein nach außen zu vertreten.

Ganz anders gelagert sind die Bestrebungen des unabhängigen Öko-Siegels, dem GOTS – Global Organic Textile Standard. Der GOTS wurde von vier Organisationen[94] aus Japan, Europa und den USA entwickelt, mit dem Ziel, weltweit ein vereinheitlichtes Label mit anspruchsvollen ökologischen und sozialen Kriterien an die gesamte Wertschöpfungskette anzubieten. Damit hat zumindest die Suche nach einem Label mit Glaubwürdigkeit und hoher ökologischer Produktsicherheit sowohl für die Industrie als auch für den Endverbraucher ein Ende. Der Standard regelt nämlich umfassend Anbau (Materialursprung und Zusammensetzung), Spinnen, Weben, Färben/Drucken, Veredeln, Konfektion, Verpackung, Etikettierung/Kennzeichnung, Handel/Vertrieb von Textilien aus Naturfasern, welche aus kontrolliert ökologischem Anbau stammen. Textile Endprodukte, aber auch Zwischenprodukte wie Fasern, Garne, Gewebe und Gestricke werden durch unabhängige und anerkannte Kontrollstellen zertifiziert. Eine Voraussetzung für die Zertifizierung ist neben der Einhaltung aller Produktionskriterien und Schadstoffgrenzwerte auch ein transparentes System zur Separation und eindeutigen Identifikation der Bio-Ware auf allen Stufen. Das duale Qualitätssicherungssystem schreibt einen jährlichen Inspektionszyklus bei allen Verarbeitungsbetrieben sowie Importeuren und Exporteuren vor, die somit eine gültige Betriebszertifizierung vorweisen müssen.

Nach vier Jahren Entwicklung wurde die erste Version des GOTS im September 2006 eingeführt. Heute sind es immerhin acht Organisationen, die ihren eigenen Standard dem GOTS angepasst haben, wodurch eine gewisse Harmonisierung der Labellandschaft erwirkt werden konnte. Über 2800 Betriebe in über fünfzig Ländern sind gemäß dem GOTS bereits zertifiziert worden. Noch ist der Markt nicht mit GOTS-zertifizierten Textilien überflutet, aber es gibt sie. Bei den Spezialversendern wie Hess Natur, Maas Natur oder dem Waschbär-Versand wird man sicher fündig. Selbst Discounter wie Aldi und andere große Handelshäuser wie Otto, Kaufhof und Co. bauen ihre Sortimente gerade mit GOTS-Produkten aus. Der Verbraucher kann sichergehen, dass ein GOTS-Artikel bei einem Discounter den gleichen anspruchsvollen Anforderungen entspricht wie ein GOTS-Artikel eines Spezialversenders.

Umfassendere Vereinheitlichung im Labelchaos ist in Zukunft nicht zu erwarten, denn weitere Standards mit neuen innovativen, aber dennoch nachhaltigen Zielsetzungen, zum Beispiel bezüglich CO_2-Neutralität, Recycling oder im Bereich der synthetischen Materialien, werden entstehen. Damit können wir auf der einen Seite mit einem deutlich größeren Angebot von nachhaltigen Textilien rechnen, allerdings steht der Verbraucher immer mehr vor der Herausforderung, sich über die jeweiligen Zusatznutzen einen Durchblick zu verschaffen. Auf der anderen Seite wird es mehr Trittbrettfahrer geben, die von dieser Bewegung nur profitieren möchten und durch Zertifikatsfälschungen oder irreführende Produktkennzeichnungen nicht nur am Image von Bio-Textilien kratzen, sondern auch die Glaubwürdigkeit der ökologisch optimierten Produkte generell in Frage stellen. Engagierte Unternehmen, die ernsthaft an einer Verbesserung der Bio-Qualität arbeiten, werden solchen Fakes (Fälschungen) aktiver entgegenwirken müssen und durch die Wahl eines unabhängigen Standards/Labels auf mehr Sicherheit setzen.

Das ernst zu nehmende Thema von Fälschungen durch die Verletzung geistiger Eigentumsrechte wurde auch kürzlich von der Obama-Regierung adressiert. Der US-amerikanische Justizminister Eric Holder stellte diese Kampagne in seiner Rede in Washington DC am 29. November 2011 vor. Ziel ist die Information und Aufklärung der amerikanischen Öffentlichkeit über die negativen Folgen für die heimische Wirtschaft sowie die Gesundheit und Sicherheit der Konsumenten.[95]

Mal ganz ehrlich, wir befürworten diese Bewegungen, doch lassen sich derartige Produkte, die dann in der Regel einen höheren Preis haben, auch auf breiter Ebene vermarkten? Ein Beispiel, ob repräsentativ oder nicht, möge jeder für sich selbst entscheiden, wird anhand von adidas vorgestellt.[96] Einem Bericht zufolge plant adidas eine komplette Umstellung auf nachhaltige Produkte bis 2018, mit ausschließlicher Verwendung nachhaltig hergestellter Baumwolle, doch »Maßnahmen darüber hinaus – also etwa Pläne für eine Umstellung auf Öko-Wolle – plant das Unternehmen schon aus reinen Kostengründen nicht«.[97]

Holz

Holz liefert im Wesentlichen den Rohstoff für die dritte hier vorgestellte Faserart der zellulosischen Chemiefasern. Holz hat als ältestes Material der Menschheit deren Entwicklung allgegenwärtig bestimmt, und seine wirtschaftliche Bedeutung ergibt sich aus der Fülle von Anwendungsgebieten.[98] Holz wächst nicht nur ständig nach und ist somit unerschöpflich, es kann auch nachhaltig genutzt werden. Die heute noch überwiegende Verwendung als thermische Energiequelle in Form von Brennholz zum Heizen oder Kochen ist hingegen deutlich schlechter zu beurteilen als seine stoffliche Nutzung. Die primäre Herstellung höherwertiger Produkte würde vielmehr zu einer deutlich höheren Wertschöpfung führen, und Produkte am Ende ihres Lebenszyklus könnten anschließend immer noch der thermischen Verwertung zugeführt werden.

Es mag sich zunächst wie ein Widerspruch anhören, dass dieser natürliche Rohstoff der Gruppe der Chemiefasern zugeordnet wird. Die Begründung liegt darin, dass die Aufbereitung des Ausgangsmaterials zu Zellstoff chemisch betrieben wird. Neben Nadel- und Laubholz stehen ferner grundsätzlich weitere nachwachsende Pflanzen mit hohem Zellulosegehalt wie etwa Ramie, Flachs, Hanf, Kenaf oder Bambus zur Verfügung. Wegen der zunehmen-

den Nachfrage nach Chemiefaserzellstoffen gewinnen neben den
Nadel- und Laubhölzern Einjahrespflanzen sowie auch andere
schnellwüchsige Pflanzen zunehmend an Bedeutung. Im Hinblick
auf das heute verwendete Volumen dieser Pflanzen nimmt Bambus die beherrschende Stellung ein. Dies lässt sich dadurch erklären, dass die Volksrepublik China infolge limitierter Holzbe-
stände zunehmend Bambus in der heimischen Industrie einsetzt.
Allerdings gilt es zu berücksichtigen, dass Bambus gegenüber
Holz Nachteile aufweist. Der vergleichsweise höhere Silikat- und
Aschegehalt führt zu Schwierigkeiten im Verarbeitungsprozess
und Qualitätseinbußen im Fertigprodukt.[99]

Bei der Herstellung von Zellstoff unterscheidet man im Allgemeinen zwei Herstellungsverfahren: das alkalische Sulfat-Verfah-
ren mit überragender Marktbedeutung für Papierzellstoff und das
saure Sulfit-Verfahren aus zumeist Fichten-, Buchen- oder Eukalyptusholz für den Chemiezellstoff. Die Technologie der Zellstoffherstellung[100] wird hier ebenso wenig näher beleuchtet wie die
Technologie des Viskose-Verfahrens.[101] Der Vollständigkeit halber
sei nur erwähnt, dass bei der Produktion von Chemiezellstoff aktuell das Sulfit-Verfahren überwiegt.

Interessanterweise sind Viskosefasern aus dem Chemiezellstoff der Baumwolle sehr ähnlich in Bezug auf Faserfeinheit und
-länge. Da auf den Zellstoff im Viskose-Verfahren eingewirkt werden kann, im Gegensatz zu dem Naturprodukt Baumwolle, können Eigenschaften der Faser bedarfsgerecht erstellt werden. Ohne
es an dieser Stelle vertiefen zu wollen, können die sehr kurzen
Haare der Baumwolle, die Linter genannt werden, für die Zellu-
loseproduktion ebenfalls verwendet werden.[102] Dieser Rohstoff ist
von größerer Marktbedeutung als Bambus mit derzeit über einer
Million Tonnen, allerdings langfristig begrenzt durch die zunehmende Knappheit von Baumwolle. (Abbildung 5)

Auf diesem natürlichen Rohstoff basierende Fasern können
bereits seit Ende des 19. Jahrhunderts industriell hergestellt werden.[103] Anfangs dienten sie der Erzeugung von Glühfäden, daher

Abbildung 5
Zellulosefaser-Produktion von den Anfängen bis heute

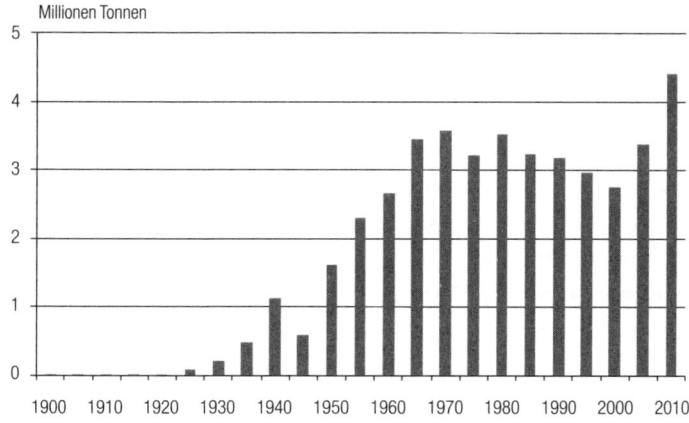

leitet sich auch der englische Begriff *Filament* ab. Kontinuierliche Verbesserungen machten später einen Einsatz in der Textilindustrie möglich, was 1899 zu der Gründung der Vereinigten Glanzstoff-Fabriken AG in Elberfeld, heutiger Stadtteil von Wuppertal, führte.[104] Die Glanzstoffwerke waren bis in die 1970er Jahre Weltmarktführer bei der Herstellung von Chemiefasern. Ebenfalls um die Jahrhundertwende nahm in Wuppertal-Oberbarmen die J.P. Bemberg AG die Viskoseproduktion unter Rückgriff auf Linter auf.

Mit der Erfindung und fortschreitenden kommerziellen Nutzung von Synthesefasern in den 1930er und 1940er Jahren (Polyamid, Polyester und Polyacrylnitril) gewann diese von natürlichen Rohstoffen unabhängige Gruppe zunehmend an Marktbedeutung.

Doch Weiterentwicklungen der Herstellungsverfahren bei Zellulosefasern haben erheblichen Anteil an der dynamisch wachsenden Produktion. So sei hier auf die zweite Generation verwiesen, die aus zumeist Buchenholz gewonnenen Modalfasern.[105] Infolge von Prozessveränderungen erreichen sie höhere Faserfestigkeiten und verbesserte Fasereigenschaften. Ein verwandtes Produkt, das allgemein als dritte Generation bezeichnet wird, sind Lyocell-fasern. Hierbei wird der Zellstoff durch das ungiftige Lösungs-mittel NMMO ohne vorherige Reaktion mit Natronlauge aufge-löst.[106]

Die Rohstoffbasis von Zellulosefasern ist überwiegend Holz, ein praktisch unbegrenzt zur Verfügung stehendes Ausgangsma-terial. Wälder werden immer auf der Erde wachsen, denn in Bäu-men wird das Treibhausgas Kohlendioxid chemisch umgewandelt. Der Kohlenstoff wird in Form von Zucker im Holz gespeichert als Lebensgrundlage des Baumes. Der Sauerstoff wird als Lebens-grundlage für den Menschen in die Atmosphäre abgegeben.

Während Waldverluste durch Umwandlung in Ackerfläche, fortschreitende Verstädterung, Brandrodung und Naturkatastro-phen in erheblichem Umfang in der Vergangenheit zu beklagen waren, kann die nachhaltige Nutzung der Wälder für Bekleidungs-zwecke nicht nur ökologischen Gewinn bringen, sondern gleich-zeitig auch die begrenzten Ressourcen von Erdöl und Erdgas scho-nen helfen.

»Rund 31 Prozent der weltweiten Landoberfläche sind mit Wäl-dern bedeckt – das entspricht einer Fläche von insgesamt 4,03 Mil-liarden Hektar [...] Im Jahr 2010 entfielen auf die fünf Staaten mit dem größten Waldbestand 53 Prozent des weltweiten Waldbestan-des. Allein Russland hatte mit einer Waldfläche von 809 Millionen Hektar einen Anteil von einem Fünftel (20,1 Prozent). Es folgten Brasilien (520 Millionen Hektar), Kanada (310 Millionen Hektar), die USA (304 Millionen Hektar), China (207 Millionen Hektar), die Demokratische Republik Kongo (154 Millionen Hektar), Aus-tralien (149 Millionen Hektar), Indonesien (94 Millionen Hektar), Sudan (70 Millionen Hektar) und Indien (68 Millionen Hek-tar).«[107]

Für das Jahr 2010 betragen die weltweiten Kapazitäten zur Pro-duktion von Chemiezellstoff etwa fünf Millionen Tonnen. Als Größenordnung kann man festhalten, dass daraus eine globale

Holznachfrage von rund zwölf Millionen Tonnen resultierte. Setzt man diesen Bedarf in Relation zu der FAO-Schätzung des weltweiten Holzbestandes von 422 Milliarden Tonnen für das Jahr 2005, so zeigt sich, dass diese Branche kein Versorgungsrisiko in mengenmäßiger Verfügbarkeit zu erwarten hat. Diese Ansicht wird auch von Friedrich Weninger, Vorstandsmitglied und Chief Operating Officer der Lenzing AG, in Bezug auf die verfügbaren Mengen bestätigt. Weiter führt Herr Weninger aus: »Da unser Hauptrohmaterial Holz ist, erwarten wir hier keine Versorgungsprobleme. Weltweit wächst mehr Holz nach, als verbraucht wird. In Bezug auf Viskosezellstoff erwarten wir, dass sich die Preise mit den zu erwartenden neuen Kapazitäten stabilisieren werden.«[108] Der verschwindend kleine Anteil an der jährlichen Nachfrage zeigt vielmehr das enorme Potenzial von zellulosischen Fasern, seine Marktbedeutung in Zukunft weiter auszubauen. Vielleicht mag man nun spontan an Risiken denken wie beispielsweise Feuer auf Plantagen, Waldbrände oder auch Schädlingsbefall. Diese Gefahren sind durchaus existent, im Besonderen Flächenbrände werden heute im Fernsehen eindrucksvoll verfolgt. Ob die Ursache hierfür natürlichen oder menschlichen Ursprungs in vorsätzlicher oder fahrlässiger Weise ist, sei nicht weiter thematisiert, doch stellen sie auch einen Teil der Naturdynamik dar und können als lokales oder im schlimmsten Fall als regionales Unglück betrachtet werden. Somit lassen sich auch für die Zukunft daraus keine Versorgungsengpässe ableiten. Vielmehr kann aus einem Schlagwort früherer Jahre – »papierloses Büro« – sogar die Ansicht vertreten werden, dass zunehmend Holz für die Papierherstellung anderen Einsatzgebieten zugeführt werden könnte. Zumindest ist in jüngster Zeit zu beobachten, dass verschiedene Hersteller von Papierzellstoff ihre Kapazitäten umgestellt haben oder dies in nächster Zeit zu tun gedenken. Hierbei muss man einfach beachten, dass eine solche Umstellung auf Chemiezellstoff einen Zeitraum von zwei bis drei Jahren in Anspruch nimmt und gleichzeitig die Anbieter von Technologien und Ausrüstung für die Zellstoffherstellung sehr limitiert sind. Zudem sind erhebliche Investitionsmittel mit einer solchen Entscheidung verbunden. Im Jahr 2010 verteilte sich die eingangs genannte Kapazität von Chemiezellstoff auf weltweit 22 Hersteller. Dies entspricht einer durchschnittlichen Betriebsgröße von etwa 190 000 Tonnen. Auch wenn zukünftige Anlagen mit größerer Kapazität auf den Markt kommen werden, so entspricht dieser Durchschnitt erfahrungsgemäß, bei einem mehr als dreijährigen Realisationszeitraum neuer Anlagen, bereits heute schon einem Investitionsvolumen von mehr als 400 Millionen US-Dollar.

Höchst spannend und gleichzeitig Motivation für dieses Buch sind drei interessante Aspekte, die deutliches Indiz für strukturelle Veränderungen des Textilfasermarktes in der nahen Zukunft liefern. Eine derart konzentrierte und gleichzeitig extrem ausgeprägte Anhäufung dieser Umstände kann als einzigartig in der Historie dieser Industrie bezeichnet werden.

Erstens werden weltweit zahlreiche Investitionsvorhaben zum Ausbau der Chemiezellstoff-Kapazitäten vorangetrieben, und darüber hinaus sind weitere in der Pipeline, die bereits kurzfristig eine Expansion auf globaler Ebene von mehr als fünfzig Prozent rechtfertigen. Zweitens werden in zunehmender Anzahl bestehende Kapazitäten für die Papierherstellung umgewandelt auf diesen Rohstoff für die Faserproduktion. Drittens hat die Branche im Zeitraum März 2010 bis April 2011 einen erheblichen Eigentümerwechsel bestehender Zellstoff-Anlagen gesehen, der mengenmäßig ein Viertel der Weltkapazität ausmacht.

Es stellt sich also die Frage nach den Gründen für dieses plötzlich weltweit formulierte Interesse an diesem Fasersegment. Die unendliche Rohstoffversorgung, die überdurchschnittlichen Fasereigenschaften sowie zukünftige Limitationen bei Wettbewerbsfasern wurden bereits thematisiert. Im späteren Verlauf liefert ein näherer Blick auf die Umweltbilanz weitere stichhaltige Argumente für den aktuellen Investitionsboom, der erst den Beginn einer nachhaltigen Renaissance dieser Faser einzuläuten verspricht. Viele Gespräche mit internationalen Experten der Textilindustrie unterstützen diese Sichtweise, die auch von Friedrich Weninger treffend zusammengefasst wird.»Viskosefasern waren von jeher ein Nischenprodukt und werden sich in Zukunft zu einem kleinen, aber bedeutenden hochqualitativen Segment entwickeln. Unsere Industrie kann aber natürlich nicht mit den enormen Polyesterfasermengen mithalten. Aufgrund des Cellulose-Gap-Szenarios wird aber die Nische für Viskosefasern und unsere Modal- und Tencel-Spezialitäten schneller wachsen als der Markt.«[109]

Angesichts der recht übersichtlichen Anzahl von Unternehmen, die sowohl über eigene Zellstoffkapazitäten und die Verfahrenstechnologie zur Faserherstellung verfügen, wird es in Zukunft hochinteressant sein, wer die sich zunehmend eröffnenden Marktpotenziale sowohl in quantitativer als auch qualitativer Hinsicht vollumfänglich zu nutzen in der Lage sein wird. Hier bahnt sich ein Wettlauf zwischen der österreichischen Lenzing Gruppe[110] und der indischen Birla-Gruppe[111] an. Dabei gilt für beide Industriekonzerne, das sprunghaft gestiegene Interesse wie auch die überproportionalen Investitionen seitens der chinesischen Industrie zu beherrschen.

Erdöl

Abschließend werden hauptsächlich Polyesterfasern behandelt, die weltweit und besonders für den Markt von Synthesefasern eine überragende Stellung einnehmen (Abbildung 6). Die seit den 1940er Jahren bekannte Faserart basiert grundsätzlich auf Derivaten von entweder Erdöl oder Erdgas. Zur richtigen Einordnung ist es wichtig zu wissen, dass weniger als zwei Prozent des geförderten Erdöls für die Herstellung synthetischer Chemiefasern erforderlich sind.

Vor einer weiteren Vertiefung der gegenwärtigen Situation des Rohstoffbereiches soll ein landläufiges Vorurteil in ein anderes

Licht gerückt werden. Verschiedentlich ist zu lesen oder zu hören, dass die Zukunft derartiger Fasermaterialien infolge rasch versiegender Ölvorkommen sehr begrenzt sei.

Dies mag auf den bereits 1956 geprägten Begriff *Peak Oil* von Marion King Hubbert zurückgehen, der das Erreichen der maximalen Fördermenge an Öl bedeutet.[112] Anlässlich eines Treffens sagte er zutreffender Weise ein Ölfördermaximum der USA für die zweite Hälfte der 1960er Jahre voraus. Das globale Maximum sollte seiner Prognose zufolge ebenfalls schon erreicht sein. Doch tatsächlich ist die weltweite Fördermenge weiter ansteigend. Vereinzelte Rückgänge in der Vergangenheit lassen sich wohl eher mit einer rückläufigen Konjunktur und damit abnehmender Wirtschaftsleistung begründen. Umso mehr, als die OPEC (Organisation erdölexportierender Länder) zwischen 2009 und 2014 Investitionen in Höhe von 155 Milliarden Dollar plant zur Anhebung ihrer Kapazitäten.[113] Zudem trägt die aktuelle Diskussion um den Ausbau erneuerbarer Energien zur langfristigen Substitution bei.

Unterstützt wird diese Ansicht beispielsweise durch enorme Ölfunde vor der brasilianischen Küste[114] sowie stetig angewachsene Ölreserven.[115] (Abbildung 7)

Die Verarbeitungsstufen in der Petrochemie vom Erdöl oder -gas hin zu den Vorprodukten für Polyester im Einzelnen zu benennen, würde wohl etwas zu weit führen. Auch eine schematische Darstellung der Verarbeitungskette scheint eher für Chemiker geeignet. Wir behalten einfach in Erinnerung, dass synthetische Chemiefasern Endprodukte von Erdöl oder -gas sind. Das kann sich natürlich zukünftig als Folge gesteigerten Umweltbewusstseins ändern, wie eine Pressenotiz der japanischen Toray-Gruppe vom November 2011 vermuten lässt. Darin wird weltweit erstmals die erfolgreiche Produktion einer biobasierten Polyesterfaser im Labormaßstab angekündigt.[116]

Für die Erzeugung von Polyester sind zwei Rohstoffe notwendig. Es handelt sich hier um das als gesundheitsschädlich eingestufte Monoethylenglykol, das auch in bedeutendem Maße als

Abbildung 6
Weltmarkt Chemiefasern 2010

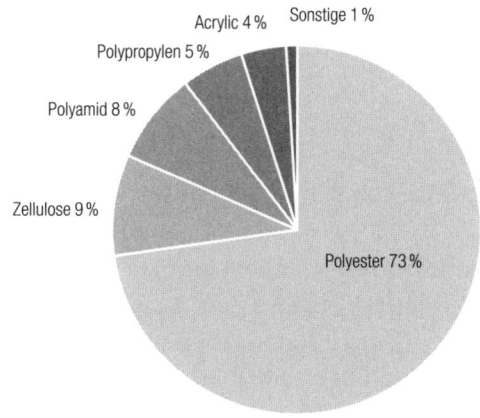

Quelle: Textilstudie »The Fiber Year 2011«, Andreas Engelhardt, Mai 2011, S. 111

Abbildung 7
Gesicherte Ölreserven

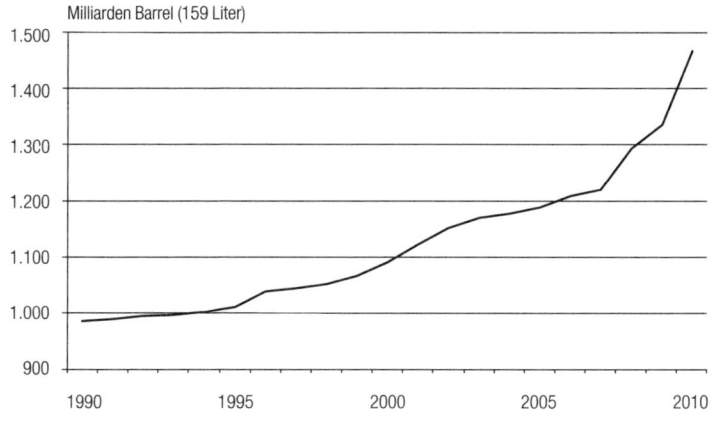

Quelle: OPEC

Frostschutzmittel eingesetzt wird, in Verbindung mit Terephthal-
säure oder dem heute weniger gebräuchlichen Dimethyltereph-
thalat. Rund achtzig Prozent der beiden erstgenannten Produkte
befinden sich heute in Asien beziehungsweise dem Mittleren
Osten.

Gegenwärtige Situation des Textilmarktes

Der weltweite Textilmarkt hatte im Jahr 2010 ein Volumen von gut
achtzig Millionen Tonnen. Da diese Zahl wenig griffig erscheint,
wollen wir sie in Beziehung setzen zum durchschnittlichen Pro-
Kopf-Verbrauch. Dies ergibt eine durchschnittliche Nachfrage von
11,8 Kilogramm Textilien pro Mensch. Allerdings ist hier eine er-
weiterte Definition von »Textilien« zugrunde gelegt, also nicht nur
für Bekleidungszwecke, sondern auch technische Textilien, Heimtextilien und Bodenbeläge. Das nachfolgende Bild (Abbildung 8)
zeigt den langfristigen Verlauf der Textilnachfrage.

Der überproportionale Anstieg seit Mitte der 1990er Jahre
mag seinen Ursprung in der Globalisierung, also der Verlagerung von Produktionstätigkeit in Billiglohnländer haben, die gerade in den beiden bevölkerungsreichsten Ländern – China und
Indien – drastische Zunahmen der Einkommen bewirkt haben.
Gemäß der nach dem US-amerikanischen Psychologen Abraham
Maslow benannten Bedürfnispyramide versuchen die Menschen
dort zunächst ihre Grundbedürfnisse, wozu Kleidung zu rechnen
ist, zu decken.[117] Demgegenüber sind Verbrauchsmengen von jenseits der zwanzig Kilogramm in Europa oder sogar rund 35 Kilogramm in den USA[118] wohl weniger mit der Deckung von Grund-
bedürfnissen zu erklären, sondern hier spielt der Wunsch nach
modischer Abwechslung eine größere Rolle.

Die nachfolgende Grafik vermittelt auf den ersten Blick den
Eindruck einer recht kontinuierlichen Entwicklung der Textilnachfrage. Zum Leidwesen aller Beteiligten in der gesamten Wertschöp-

Abbildung 8
Durchschnittlicher Pro-Kopf-Verbrauch an Textilien

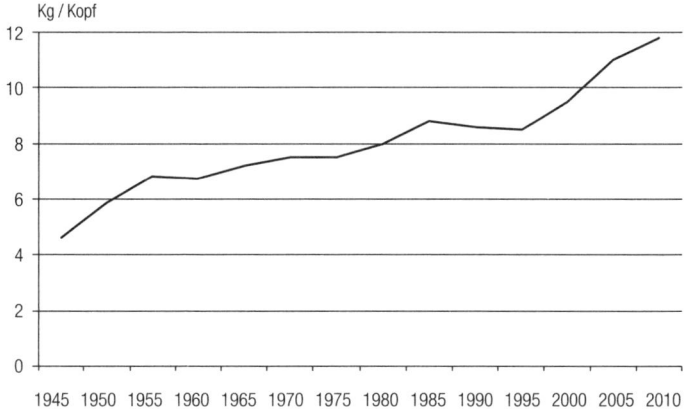

fungskette ist der Textilmarkt jedoch enormen Schwankungsbreiten unterworfen. Aus Beobachtungen vergangener Zyklen lässt sich durchaus feststellen, dass die vorgelagerten Rohstoff- und Spinnereiunternehmen bestens als Frühindikatoren für wirtschaftliche Veränderungen dienen können. Die Verzögerungszeit bis zum Handel kann durchaus sechs bis neun Monate betragen. Das nachfolgende Schaubild (Abbildung 9) verdeutlicht die enorme Dynamik dieser Branche.

Unterteilen wir die gesamte Textilnachfrage von achtzig Millionen Tonnen nach dem Kriterium der Faserart, so resultiert daraus folgendes Bild (Abbildung 10). Wie schon erwähnt, decken die zuvor näher beschriebenen Materialien rund achtzig Prozent des Gesamtmarktes ab, weitere Typen seien hier auch genannt.

Das Volumen beinhaltet Garne und Fasern. Grundsätzlich kann man sagen, dass Garne zur Weiterverarbeitung in der Weberei, Strickerei oder Wirkerei zur Verfügung stehen. Auf eine feinere prozesstechnische Unterteilung bei Garnen aus Chemiefasern in vollverstreckte (englisch FDY) und teilverstreckte (englisch POY)

Abbildung 9
Jahresbezogene Dynamik im Textilverbrauch

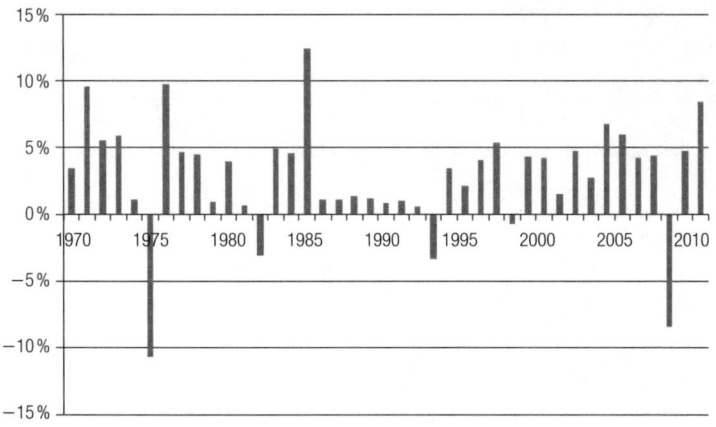

Quelle: Textilstudie »The Fiber Year 2011«, Andreas Engelhardt, Mai 2011, S. 60

Abbildung 10
Weltweiter Textilmarkt 2010

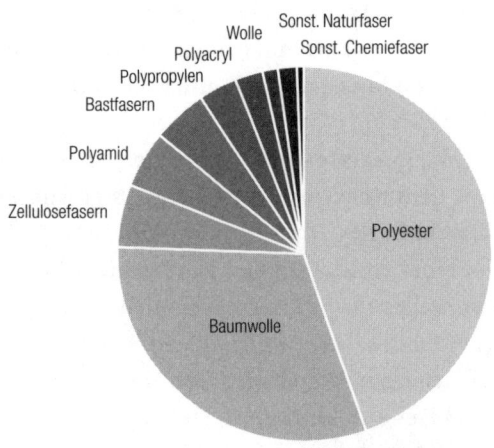

Quelle: Textilstudie »The Fiber Year 2011«, Andreas Engelhardt, Mai 2011, S. 108 ff.

Garne, die zumeist mittels Texturierung eine endgültige Verstreckung und gleichzeitig einen gekräuselten und damit voluminöseren Griff bekommen, sei an dieser Stelle verzichtet. Texturierte Garne werden auf diese Weise Naturfasern ähnlicher als die ansonsten glatten Garne.[119] Während also ein Garn quasi ein Endprodukt darstellt, das weiterverarbeitet werden kann, sind Fasern erst ein Zwischenprodukt. Abgesehen von Einsatzzwecken als Polster-, Dämm- oder Füllmaterial müssen Fasern erst noch zu Garnen ersponnen werden oder in der Vliesstoffindustrie zu textilen Flächengebilden verarbeitet werden.

Zur Herstellung von Chemiefasern benötigt man einen zähen Ausgangsstoff, der Spinnmasse genannt wird. Unterschiedliche chemische Reaktionen stehen hier zur Verfügung.[120] Die Gewinnung von Endlosgarnen erfolgt ebenfalls durch verschiedene Spinnverfahren. Diese Spinnmasse wird durch eine Spinndüse gepresst. Man stelle sich vor, eine zähe Masse durch ein Küchensieb pressen zu wollen. Nach Austritt aus der Spinndüse fallen die feinen Fäden unter Anblasung von Luft durch einen Schacht, werden anschließend über zumeist kalte oder beheizte Rollen verstreckt und dann mit höherer Geschwindigkeit aufgewickelt. Vielleicht ist hier eine Bemerkung zum Terminus *Verstrecken* hilfreich. Versuchen wir uns die feinen Fäden x-fach vergrößert vorzustellen. Dazu denken wir an unseren letzten Besuch beim Friseur. Nach dem Waschen und Schneiden ist der Boden bedeckt mit wirr herumliegenden Haaren. So sieht es auch in den feinen Fäden aus. Um eine höhere Festigkeit zu erzielen, müssen die einzelnen Bestandteile in Faserlängsrichtung ausgerichtet werden. Daher zieht man ein wenig daran (und Textiler nennen das Verstrecken).

Grundsätzlich ähnlich ist der Ablauf der Fasererzeugung, jedoch werden Filamente zu Kabeln zusammengefasst und danach geschnitten. Die Faserlänge ist dabei flexibel wählbar, jedoch über das gesamte Fertigungslos konstant und vergleichbar mit Wolle und Baumwolle, mit denen sie nachfolgend überwiegend in Fasermischungen zu Spinnfasergarnen verarbeitet werden.

Natürliche Fasern erfordern im Allgemeinen einen Reinigungsprozess, der bei chemisch hergestellten Fasern entfällt. Im Falle von Fasermischungen, die heute eine übliche Praxis zur Erzielung verbesserter Gebrauchseigenschaften darstellen, werden definierte Anteile der jeweiligen Faserarten exakt miteinander vermengt. Dieser Ansatz findet bei Herstellern auch bevorzugt Anwendung, um Kostennachteile eines Materials abzudämpfen. So wird zunehmend seit dem dramatischen Preisanstieg der Baumwolle beginnend im August 2010 das vergleichsweise günstigere Polyester in Mischungen benutzt.

Grundsätzliche Arbeitsschritte auf dem Weg zu einem Spinnfasergarn setzen sich zusammen aus dem Parallelisieren der Fasern, der Bildung eines Bandes, dem Verstrecken und Verspinnen, das heißt Zusammendrehen von Fasern, zu einem Garn. Die zur Verfügung stehenden Spinnverfahren, heute im Wesentlichen Ring- und Rotorspinnen, führen zu unterschiedlichen Garneigenschaften. Zum Beispiel haben Rotorgarne eine geringere Festigkeit infolge der weniger parallel angeordneten Fasern und sind in der Regel gröber.

Die Marktentwicklung dieser beiden grundlegenden Produkte ist in der nachfolgenden Grafik wiedergegeben (Abbildung 11). Auffallend ist dabei, dass sich der Anteil der Endlosgarne im betrachteten Zeitraum auf heute rund 35 Prozent mehr als verdoppelt hat. Dies ist im Wesentlichen der rasanten Entwicklung von Polyestergarn geschuldet, das sich auf über zwanzig Millionen Tonnen mehr als verzehnfacht hat.[121]

Ein Vergleich der Entwicklung bei Natur- und Chemiefasern kommt zu dem Ergebnis, dass Chemiefasern erstmals 1997 ihren »natürlichen« Konkurrenten mengenmäßig überholt haben (Abbildung 12). Die Gründe sind vielfältig, doch zwei sollen hier hervorgehoben werden. Zum einen haben Chemiefasern erhebliche Kostenvorteile, und dieser Aspekt ist von überragender Bedeutung für die gesamte Industrie. Ferner kann der Mensch die Zusammensetzung und Ausgestaltung von Chemiefasern selbst be-

Abbildung 11
Produktion von Stapelfasern und Endlosgarnen

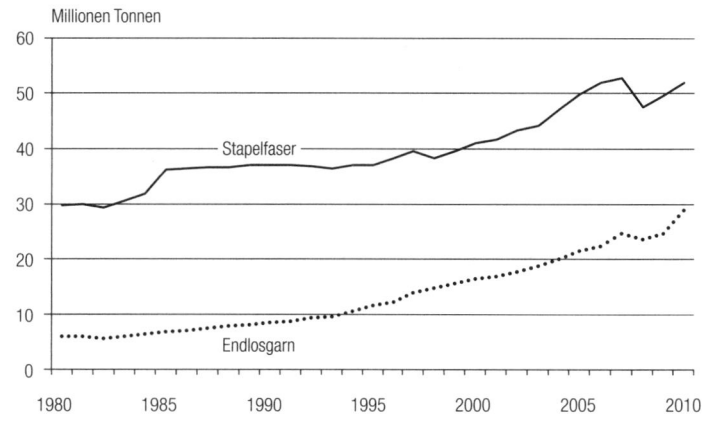

Quelle: Textilstudie »The Fiber Year 2011«, Andreas Engelhardt, Mai 2011, S. 62

Abbildung 12
Produktion von Natur- und Chemiefasern

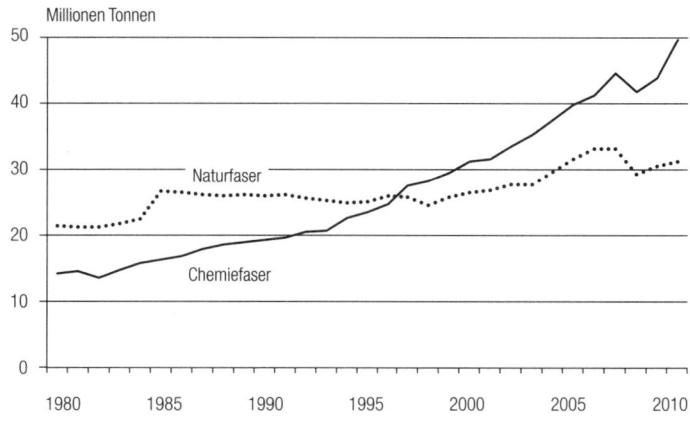

Quelle: Textilstudie »The Fiber Year 2011«, Andreas Engelhardt, Mai 2011, S. 62

Abbildung 13
Führende Nationen der Chemiefaser-Produktion 2010

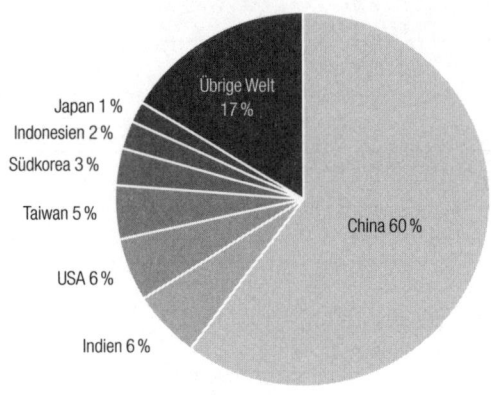

stimmen. So lassen sich diese Fasern genau für ihren jeweiligen Verwendungszweck und das damit verbundene Anforderungsprofil konzipieren.

Zum Abschluss werden die aktuellen Marktkräfte im aufstrebenden Markt der Chemiefasern dargestellt (Abbildung 13). Die stark exportorientierte chinesische Textil- und Bekleidungsindustrie nimmt infolge ihrer derzeit noch wettbewerbsfähigen Lohnkosten, ihrer Wirtschaftlichkeit durch Massenproduktion, ihres vergleichsweise modernsten Maschinenparks und sensationell niedriger Transaktionskosten in nahezu allen Segmenten der textilen Wertschöpfungskette eine überragende Stellung ein. Eine kleine Anekdote mag die Transaktionskosten besser erklären. Auf meiner ersten Reise in die Volksrepublik China besuchte ich Spinnereibetriebe mit für damalige Verhältnisse enormen Kapazitäten. Auf meine Frage nach investitionsentscheidenden Kriterien wurde ich vom Geschäftsführer zum Bürofenster geführt. Von dort sollte ich den Blick nach links schweifen lassen bis zum Ende der Straße, wo große Fabrikgebäude standen. Hierbei handelte es sich um eine Weberei, die die ersponnenen Garne verwebte. Das war sein einziger Kunde. Konnte dieser mehr Gewebe verkaufen, so musste investiert werden. Unabhängig und teilweise in Unkenntnis der Marktsituation außerhalb des Straßenzuges wurden Investitionsentscheidungen getroffen. Die räumliche Ballung von Kapazitäten entlang der textilen Wertschöpfungskette, die textile Clusterbildung, führt zu diesen minimalen Kosten.

Globalisierung und Welthandel

Abschließend noch einige Bemerkungen zum Thema Preissensibilität. Prägnant lässt sich dies zusammenfassen durch eine Aussage eines früheren Vorstandsmitgliedes der Barmag AG, Winfried Popp, in den 1990er Jahren, das sinngemäß lautete: »Die Textilindustrie ist wie ein Wanderzirkus, von einer Nation mit niedrigen Lohnkosten zum nächsten Land mit noch niedrigeren Löhnen.« Der Grund ist darin zu finden, dass Entwicklungsländer zu unterschiedlichen Zeitpunkten ihre Industrialisierungsphase mit dem Aufbau einer Textilproduktion und Konfektionsindustrie zwecks wirtschaftlicher Entwicklung beginnen. Wirtschaftstheoretisch lassen sich verschiedene Entwicklungsphasen der Textilindustrie unterschieden, die einem branchenspezifischen Lebenszyklus folgen.[122]

Erfolgreiche Beispiele haben dabei immer auf die Unterstützung ihrer Regierungen in Form von tarifären und nicht-tarifären Schutzmaßnahmen zugunsten der eigenen Industrie vertrauen können. Grundsätzlich wird man diesem Bestreben Verständnis entgegenbringen müssen, doch sollte die Textil- und Bekleidungsindustrie der Industrieländer nicht diesem Vorstoß zum Opfer fallen müssen. Daher greifen wir hier das eingangs erwähnte »Welttextilabkommen« wieder auf, mit einem kurzen Rückblick auf nach dem Zweiten Weltkrieg festgelegte Regeln für den internationalen Handel. »Das Allgemeine Zoll- und Handelsabkommen (General Agreement on Tariffs and Trade, GATT) trat 1948 in Kraft und be-

stimmte fast fünfzig Jahre lang die Regeln [...] Ziel des multila-
teralen Abkommens war die Förderung der weltwirtschaftlichen
Entwicklung und des Wohlstands durch den Abbau von Handels-
hemmnissen und die Schlichtung von Handelskonflikten.«[123]

Außerhalb dieses Regelwerkes stand die Textil- und Bekleidungsindustrie, sodass die Industrienationen Importquoten zum
Schutz der heimischen Industrien festsetzen konnten. In den frühen 1960er Jahren erfolgte erstmals ein Baumwolltextilabkom-
men, das ab 1974 durch das Multifaserabkommen ersetzt wurde
und auf weitere Fasern ausgeweitet wurde. Es hatte Gültigkeit bis
zum Abschluss der Verhandlungen auf der Uruguay-Runde, die
sich von 1986 bis 1994 hinzog. Diese achte unter dem GATT
durchgeführte Welthandelsrunde war unter anderem geprägt
durch kontroverse Forderungen seitens der Industrie- und Entwicklungsländer, die die Mehrheit der teilnehmenden Länder
stellten. Während die Industrieländer vornehmlich auf Vereinba-
rungen für den Dienstleistungshandel und den Schutz geistigen
Eigentums abzielten, forderten die Entwicklungsländer einen verbesserten Marktzugang ihrer Produkte in die Industrienationen,
im Besonderen für Textilien.[124] Als Konsequenz wurde dann die
Welthandelsorganisation (WTO) gegründet, als Nachfolger des
GATT, und unter anderem das Multifaserabkommen am 1. Januar
1995 durch ein zehnjähriges Übergangsabkommen ersetzt, das sogenannte Welttextilabkommen.[125]

Nach der vollständigen Liberalisierung des Textil- und Beklei-
dungshandels konnte China, der eindeutige Marktführer in dieser Branche, seine Ausfuhren im Jahr 2005 um achtzehn Prozent
auf 115 Milliarden Dollar und im darauffolgenden Jahr sogar um
28 Prozent auf 147 Milliarden Dollar steigern.[126] Bekanntermaßen
hatten auch temporäre Maßnahmen zur Eindämmung der Importe
keine nachhaltige Wirkung auf diesen Industriezweig in den entwickelten Ländern. So durchbrachen die chinesischen Exporte dieser Zollkategorie im Jahr 2010 bereits die Grenze von 200 Milliarden Dollar.

Man mag sich die Frage stellen, ob niedrige Lohnkosten allein der Motor für die Verlagerung der Textil- und Bekleidungsindustrie sind. Wie zuvor schon in Kürze aufgezeigt, spielte und spielt die Politik weiterhin eine ganz entscheidende Rolle. Wie sonst ist zu erklären, dass die Beschäftigtenzahl in den USA zwischen 1996 und 2010 um rund eine Million auf unter 600 000 Arbeitsplätze gesunken ist[127], gleichzeitig das Land aber mit 19,7 Milliarden Dollar die sechstgrößte Exportnation für Textilien und Bekleidung ist? Zur besseren Vergleichbarkeit des 2010er Ausfuhrvolumens werden die entsprechenden Exporte der vergangenen zwanzig Jahre in nachfolgender Grafik (Abbildung 14) dargestellt.

Die einfache Antwort auf diese Frage lautet: Politik. Das 1994 gegründete Nordamerikanische Freihandelsabkommen (NAFTA) hat einen Aufschwung der mexikanischen Industrie bewirkt, die vornehmlich die lohnintensive Weiterverarbeitung von in den USA produzierten textilen Vorprodukten für den nördlichen Nachbarn übernommen hat. Weitere Abkommen mit Zentralamerika, aber auch mit ausgewählten Ländern in Südamerika folgten, um die kapitalintensive Textilindustrie im Lande zu unterstützen.

Dieses Beispiel mag den Stellenwert der Politik eindrucksvoll unterstreichen. Darüber hinaus ist aber noch auf weitere Einflussgrößen von erheblicher Bedeutung hinzuweisen. Die Modebranche befindet sich in einem stetigen Wandel, wobei die eigentliche Veränderung von Einzelhandelsunternehmen des unteren Preis- und Qualitätsniveaus ausgeht. Der Trend zu legerer Kleidung zulasten von klassischen Anzügen und zu preisgünstiger Kleidung, modisch auf dem allerletzten Stand sowie das Vordrängen umsatzstarker Unternehmen mit Monomarkenkonzepten und in steigendem Maße Discounter haben Marktstrukturen verändert. Zudem haben das Internet und die modernen Kommunikationsmittel die logistische Kette zwischen dem Textileinzelhandel und dem oftmals auf der anderen Seite des Erdballs beheimateten Produzenten wesentlich vereinfacht. Lediglich eine weitere Verkürzung von Modezyklen kann infolge der Transportzeiten um den halben Erd-

Abbildung 14
US-amerikanische Textil- und Bekleidungsexporte

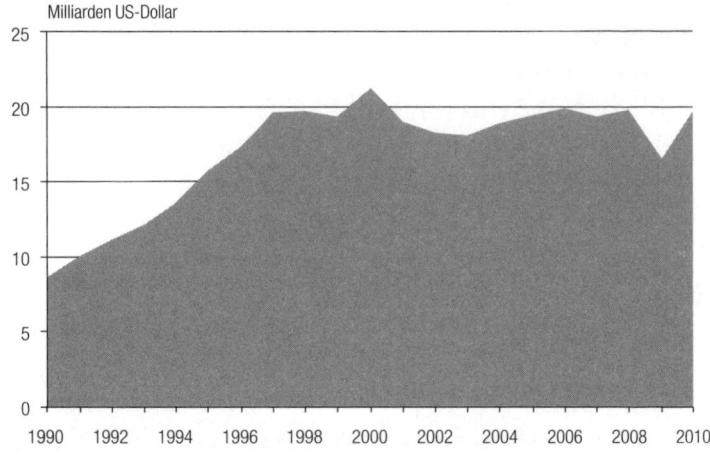

Quelle: U.S. Department of Commerce, Office of Textiles and Apparel (OTEXA), abgerufen am 03.07.2011

ball zu einer Verlagerung an den Ort des tatsächlichen Konsums führen, da Kleidung noch nicht digital versendet werden kann. Von allgemeiner Relevanz ist natürlich der Shareholder-Value-Ansatz[128], der in der Textil- und Bekleidungsindustrie einen geeigneten Vorreiter gefunden zu haben scheint.

Aber woher kommt dieser scheinbare Zwang nach der Suche des ewig preiswerten T-Shirts? Oder woher nehmen wir das Selbstverständnis, dass eine Jeans nicht teurer sein darf als ihr Vorgängermodell? Discounter suggerieren uns gute Qualität zu kleinsten Preisen, seit 2002 wissen wir dank Saturn im deutschsprachigen Raum: »Geiz ist geil.«[129] Außerdem wird ohnehin der überwiegende Teil der Bekleidung in Billiglohnländern produziert, also wieso sollten wir Bereitschaft zeigen, einen nach kurzem Überlegen angemessenen Preis zahlen zu wollen?

Bei allen Gedanken über die Verlagerung der Textil- und Bekleidungsindustrie kommen infolge zahlreicher Berichterstattun-

Abbildung 15

Ausgewählte Exportnationen für Textil und Bekleidung

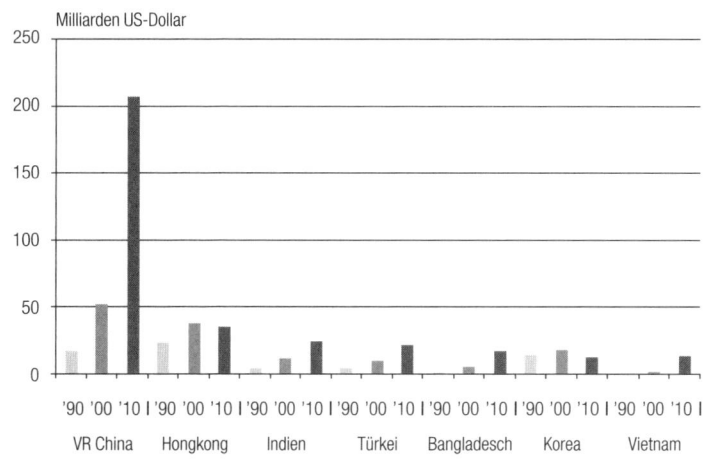

Quelle: World Trade Organization (WTO)

gen in Medien und Fernsehen zwangsläufig Fragen auf in Richtung der Arbeitsbedingungen und des Umweltschutzes. Diese Aspekte werden an späterer Stelle wieder aufgegriffen. Für eine überblicksartige und sehr eindrückliche Darstellung der räumlichen Trennung zwischen Produktion und Verwendung von Bekleidung sei auf das Buch von Pietra Rivoli verwiesen.[130]

Zum Abschluss des ersten Kapitels werden nachfolgend die Auswirkungen der Verlagerung anhand der Warenströme im Textil- und Bekleidungshandel skizziert. Nach aktuellsten Informationen der WTO betrugen die weltweiten Ausfuhren im Jahr 2010 rund 602 Milliarden Dollar gegenüber 352 Milliarden Dollar im Jahr 2000 und 212 Milliarden Dollar 1990.[131] Das Schaubild (Abbildung 15) zeigt die Entwicklung ausgewählter Exportnationen über die beiden Jahrzehnte.

Beeindruckend ist hierbei der sprunghafte Anstieg der Volksrepublik China, die ihre Exporte um jahresdurchschnittlich mehr als dreizehn Prozent erhöhen konnte. Weitere Beispiele deutlicher Zunahmen der Ausfuhren zeigen sich in Indien, der Türkei, Bangladesch und Vietnam.

Textile Einsatzgebiete

Wenn wir an die Textilindustrie denken, kommen uns zumeist Bekleidungstextilien als Erstes in den Sinn, zu deren bekanntesten Produktgruppen die Damenoberbekleidung (DOB) sowie die Herren- und Knabenbekleidung (HAKA) zählen dürften. Weitere Segmente beinhalten unter anderem Kinderbekleidung, Berufs- und Sportkleidung, Maschenoberbekleidung, Wäsche, Miederwaren und Badeartikel. Die Funktion der Bekleidung, die ein menschliches Grundbedürfnis darstellt, hat sich eigentlich im Zeitverlauf kaum verändert. Sie soll schützende, schmückende oder kennzeichnende Funktionen wahrnehmen. Hingegen haben die daraus erwachsenden Anforderungen rapide zugenommen. Die eingangs thematisierten bekleidungsphysiologischen Anforderungen lassen sich fast beliebig um persönliche Anforderungen erweitern in Bezug auf Tragekomfort, Farbe, Schnitt, Haltbarkeit, Pflegeeigenschaften und so weiter. Die Anforderungen haben einerseits mit der zunehmenden Vielfalt an Fasermaterialien und ihren Kombinationen sowie andererseits durch technischen Fortschritt der Fertigungsverfahren an Bedeutung gewonnen.

Neue Anforderungen erwachsen für Handel und Industrie aus der Notwendigkeit, über mehrere Kanäle ihre Kunden gezielt anzusprechen. Obwohl Fühlen, Anprobieren und Begreifen der Bekleidung wichtig für das persönliche Wohlempfinden und die positive Kaufentscheidung sind, halten das Internet und damit die Online-Shops in rasanter Geschwindigkeit Einzug in die Multichannel-Strategien. Neue Internet-Präsenzen wurden in fast wöchentlichem Rhythmus verkündet. Das Vertrauen der Kunden wurde auf dem Wege großzügiger Möglichkeiten des Rücksendens von nicht passender oder nicht gefallender Bekleidung aufgebaut. Das kann jedoch zu erheblichen Kosten führen, die es zukünftig zu reduzieren gilt. Ein Schritt in die Richtung der Absenkung der Retourenquote mag das 2010 abgeschlossene Forschungsprojekt mit Namen »SiMaKon – Simulation von Maßbekleidung und Konfektion online zur Passformkontrolle« unter der Leitung der Hochschule Fulda darstellen.[132] Darüber hinaus sind das Laden- und Onlinekonzept in Bezug auf das Sortiment und die Preise sowie den Kundenservice aufeinander abzustimmen. Das Warenangebot wird dadurch transparenter, sodass potenzielle Kunden in aller Ruhe und ausgiebig die Angebote in der Branche miteinander vergleichen können.

Das Bekleidungssegment nimmt im weltweiten Textilmarkt das größte Volumen ein, etwas mehr als die Hälfte der jährlichen Fasernachfrage entfällt auf Bekleidungstextilien. Für das Jahr 2010 entspricht dieser Bedarf annähernd 45 Millionen Tonnen, etwas griffiger ausgedrückt, hat im Durchschnitt jeder Mensch 6,5 Kilogramm Fasern für Bekleidungszwecke verbraucht. Setzt man ein ungefähres Gewicht von 200 Gramm pro T-Shirt an, für hochwertige Baumwollhemden etwas weniger, für eine Jeans etwa ein Kilogramm, für wärmende Pullover und Strickjacken mindestens 1,5 Kilogramm, so kann jeder vor seinem geistigen Auge seinen aktuellen Jahresbedarf selbst überschlagen. Innerhalb dieser Einsatzgebiete ist Baumwolle die am meisten verwendete Faser, gefolgt von Polyester, Polyamid und Wolle. Auf regional unterschiedliche Verbrauchsmuster wird nicht näher eingegangen, diese sind jedoch existent als Folge unterschiedlicher Einkommenshöhen, klimatischer Gegebenheiten sowie nationaler Gewohnheiten und Tradition. Ein allgemein bekanntes Beispiel für traditionelle Bekleidung dürfte der indische Sari sein. Es ist ein rechteckiges Tuch in einer Länge von fünf bis zu sogar neun Metern, teilweise mit Stickereien oder reichhaltiger Verzierung. Es soll wohl einer gewissen Kunstfertigkeit bedürfen, diesen richtig zu wickeln. Früher waren sie überwiegend aus Baumwolle und in der exklusiven Variante aus Seide. Später wurden auch Polyamidgarne dafür verwendet, und mittlerweile hat hier erneut Polyester die Oberhand gewonnen. Nach Auskunft von Khurshed Thanawalla, Geschäftsführer der Oerlikon Textile India Pvt. Ltd., ist ein Sari aus Seide heute noch sehr populär im Süden Indiens. Der übrige Faserbedarf in der Größenordnung von 35 Millionen Tonnen im Jahr 2010, also gut fünf Kilogramm im Jahresdurchschnitt, entfällt auf die Anwendungsgebiete für Heimtextilien, Teppiche wie auch technische Textilien.

Zu dem Segment der Heimtextilien zählen Produkte wie beispielsweise Bett- und Tischwäsche, Decken, Matratzen, Tücher, Gardinen, Vorhänge, Bezugs- und Dämmstoffe für die Innenausstattung und Innendekoration sowohl in Privathaushalten als auch in Büros, Hotels und Gastronomiebetrieben. Der überwiegende Teil dieser Waren beinhaltet Baumwolle, an zweiter Position mit deutlichem Abstand ist Polyester zu finden.

Der Teppichmarkt für die private wie auch gewerbliche Nutzung umfasst Tufting- wie auch Webteppiche. Am gebräuchlichsten sind Teppiche aus Synthesefasern wie Polyamid und Polypropylen, wenngleich in jüngster Vergangenheit auch Polyester an Marktbedeutung gewonnen hat. Eine Reihe von Naturfasern, zum Beispiel Wolle für Teppiche in Flugzeugen infolge ihrer schweren Entflammbarkeit, findet ebenfalls Verwendung bis hin zu qualitativ hochwertigen und somit teuren Teppichen aus Seide. Die Nachfrage nach Teppichen ist im Wesentlichen auf Nordamerika und Westeuropa konzentriert. Hier zeichnet sich schon seit Jahren ein Trend zu alternativen Bodenbelägen wie Parkett oder Steinböden ab, was auch mit hygienischen Ansprüchen zu erklären ist.

Der Markt für technische Textilien wird infolge der benötigten Garneigenschaften im Hinblick auf Festigkeit, Dehnbarkeit und Elastizität von Synthesefasern dominiert.[133] Ein Teilsegment zellulosischer Fasern findet im Wesentlichen Einsatz in Autoreifen für die Nutzung insbesondere bei Hochleistungs- und Run-Flat-Reifen, die hauptsächlich in Westeuropa eine starke Nachfrage haben, aber auch in Asien mit der Zunahme an Premium-Pkws vermehrt zum Einsatz kommen. Dies erklärt sich vor dem Hintergrund der zum einen höheren Geschwindigkeiten oder wie bei Run-Flat-Reifen damit verbundenen höheren Wärmebeanspruchung. Run-Flat-Reifen, die eine begrenzte Weiterfahrt bei reduziertem Tempo, nachdem zum Beispiel ein Nagel die Lauffläche durchbohrt hat, ermöglichen, erhöhen signifikant die Fahrzeugsicherheit und den verfügbaren Platz im Kofferraum durch Wegfall des Reserverads. »Technisches Rayon-Filamentgarn hat sich trotz des erheblichen Preisdrucks durch preiswerte Polyester-Filamentgarne als Nischenprodukt behauptet und ist weiterhin, wenn es auf Reifen-Performance und -Sicherheit ankommt, das einzig geeignete Verstärkungsmaterial, um echte Hochleistungsreifen zu produzieren. Die endlose Verfügbarkeit des nachwachsenden Rohstoffs Zellstoff, bei dem die Kostenentwicklung grundsätzlich entkoppelt ist von den dauerhaft steigenden Rohstoffpreisen der erdölbasierten synthetischen Fasern, garantiert die wirklich langfristige Verfügbarkeit von zellulosischen Fasern. Im Gegensatz zu reinen Naturfasern sind bei technischem Rayon-Filamentgarn die physikalischen Eigenschaften wie Festigkeit, Modul und Bruchdehnung genau definiert, und neueste Produktentwicklungen bei Cordenka zeigen, dass das Eigenschaftsprofil von Rayon-Filamentgarn noch nicht ausgeschöpft ist.«[134] Darüber hinaus werden zellulosische Fasern auch in sonstigen Gummiverstärkungen wie Brems- und Kühlschläuchen eingesetzt, wo eine erhöhte Temperaturstabilität, Steifigkeit und Chemikalienresistenz notwendig ist. In Entwicklungs- und Schwellenländern können auch semi-technische Anwendungen aus Naturfasern sein. Zu denken ist hierbei an Förderbänder, die angesichts lockerer Auflagen zum Arbeitsschutz aus diesem weniger robusten Fasermaterial sein können.

2. Strukturelle Veränderungen im Textilmarkt

»Die einzige Konstante ist der Wandel«, lautet ein dem griechischen Philosophen Heraklit entliehener Aphorismus. Das bedeutet also für die hier besprochene Blickrichtung auf den textilen Markt, der Frage nachzugehen, welche signifikanten Einflussgrößen einen Wandel auslösen könnten, beziehungsweise welche Faktoren aus dem Wandel der Zeit resultieren.

Zunächst sind hier die benötigten Rohstoffe für die maßgeblichen Faserarten zu beleuchten, das heißt vorrangig landwirtschaftlich nutzbare Landflächen, Baumbestände und Erdöl. Wie wir im vorangegangenen Kapitel gesehen haben, decken diese Ressourcen den weitaus größten Teil für Fasern und Garne ab.

Landwirtschaftlich nutzbare Landflächen

Nach Information der FAO hat die landwirtschaftlich nutzbare Fläche in den letzten Jahrzehnten, wie im nachfolgenden Bild (Abbildung 1) dargestellt, jährlich um durchschnittlich 0,23 Prozent zugenommen.[1] Allerdings ist seit Beginn der 1990er Jahre eine deutliche Verlangsamung mit langfristig eher stagnierendem Effekt zu erkennen. Weltweit standen also im Jahr 2009 rund 1,53 Milliarden Hektar landwirtschaftliche Flächen zur Verfügung, vergleichbar mit der Größe Russlands, im Vergleich zu 1,37 Milliarden im Jahr 1961.

In dem gleichen Zeitraum hat sich die Weltbevölkerung von 3,09 (1961) auf 6,82 Milliarden im Jahr 2009 mehr als verdoppelt.[2] Dies hat zur Folge, dass die landwirtschaftlichen Nutzflächen ihre Versorgungsfunktion für eine kontinuierlich zunehmende Anzahl von Menschen zu erfüllen haben. Statistisch standen je-

Abbildung 1
Weltweite landwirtschaftliche Flächen

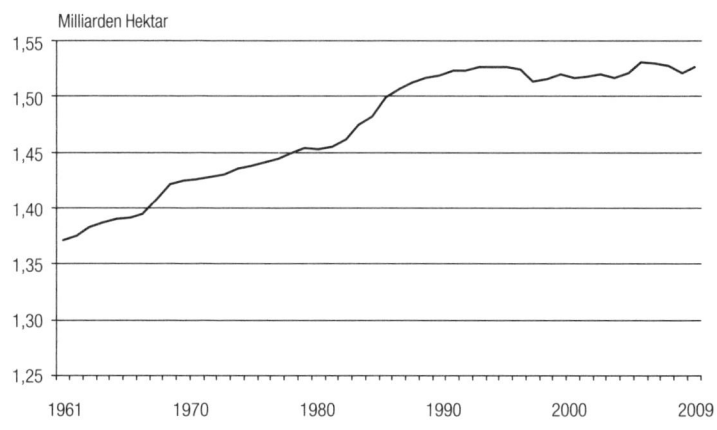

Quelle: FAO

dem Menschen im Durchschnitt des Jahres 1961 etwa 0,44 Hektar (4444 Quadratmeter) zur Verfügung, primär für die Nahrungsmittelproduktion durch den Anbau von Nutzpflanzen sowie die Haltung von Nutztieren und auch die Herstellung von Rohstoffen für Bekleidung. Diese Fläche hat sich bis 2009 stetig auf annähernd die Hälfte (2249 Quadratmeter) reduziert (Abbildung 2). Das entspricht knapp einem Drittel eines Fußballfeldes.

Nach jüngsten Informationen des amerikanischen Landwirtschaftsministeriums nehmen in der aktuellen Saison 2011/12 die in Abbildung 3 namentlich aufgeführten Produkte etwa drei Viertel der verfügbaren landwirtschaftlichen Flächen ein.[3]

Bei den hier aufgeführten Erzeugnissen haben in den letzten Jahrzehnten Produktivitätssteigerungen in der Landwirtschaft, technischer Fortschritt in der Landtechnik und Verbesserungen in der Agrochemie zu signifikanten Zunahmen in den Ernteerträgen beigetragen. Seit den 1960er Jahren kann man durchweg von einer mindestens Verdoppelung der Flächenerträge ausgehen. Das trifft

Abbildung 2
Landwirtschaftliche Nutzfläche pro Kopf

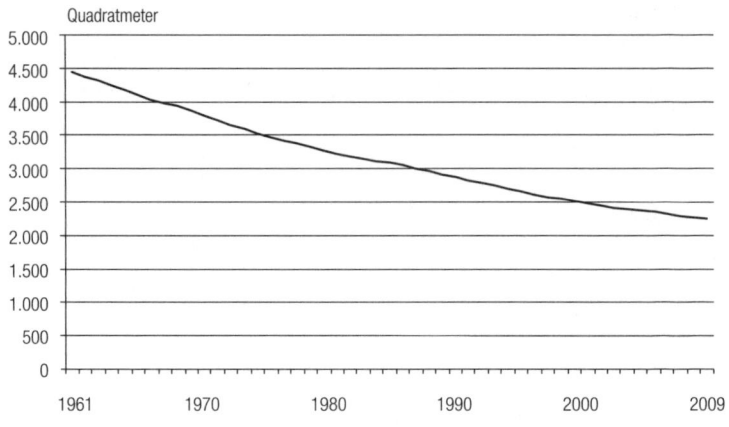

Quelle: FAO

Abbildung 3
Anbauflächen führender Landwirtschaftsprodukte 2011/12

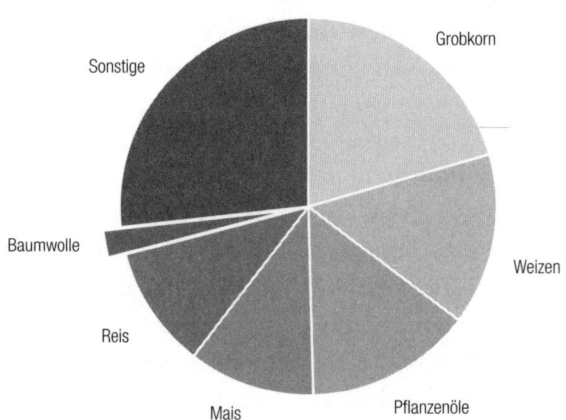

Quelle: United States Department of Agriculture (USDA), Foreign Agricultural Service,
World Agricultural Production

auch für Baumwolle – infolge der eingangs erwähnten Gentechnik – zu.

Im Wettstreit um pro Erdenbürger knapper werdende landwirtschaftliche Flächen zur Erzeugung von Nahrungsmitteln befinden sich unter anderem Baumwolle und, wie noch näher ausgeführt wird, Bioethanol.

An dieser Stelle sei auf die landläufig wenig bekannte Tatsache hingewiesen, dass Baumwolle auch als Nahrungsmittel angesehen werden kann. Die zu der Gossypium-Art zählende Baumwollpflanze beinhaltet das für den Menschen schwach giftige Gossypol, sodass aus dem schwarzen Samen gewonnenes Baumwollsaatöl vor dem Verzehr raffiniert werden muss.[4] In den letzten Jahren ist es jedoch gelungen, dieses Gift zu eliminieren. »Allein die bereits jetzt angebaute Menge Baumwolle enthält nach Angaben von Forschern genug Proteine, um damit 500 Millionen Menschen ernähren zu können.«[5] Somit mag Baumwolle durchaus eine ambivalente Stellung einnehmen.

Ganz anders verhält es sich mit Bioethanol, so meint man zumindest. Darunter versteht man Biokraftstoff aus Biomasse oder biologisch abbaubaren Anteilen von Abfällen als Alternative zu fossilen Energieträgern.[6] Rohstoffe mit einem hohen Gehalt an Zucker, Stärke oder Zellulose kommen meist zum Einsatz, in Lateinamerika bevorzugt Zuckerrohr, in Nordamerika Mais sowie in Europa Weizen und Zuckerrüben. Nach Angaben des Bundesverbands der deutschen Bioethanolwirtschaft hat die Produktion in den letzten Jahren rasant zugenommen, in der Europäischen Union von 0,42 Millionen Tonnen im Jahr 2004 auf 2,92 Millionen Tonnen im Jahr 2009, in den USA von 10,17 (2004) auf 39,72 Millionen Tonnen im Jahr 2010 sowie in Brasilien von 11,57 (2004) auf 20,60 Millionen Tonnen im Jahr 2009.[7] Von einer weiteren Zunahme ist auszugehen, so wurde jüngst auf einen Investitionsbedarf in der brasilianischen Zucker- und Ethanolindustrie von achtzig Milliarden US-Dollar in den kommenden zehn Jahren für den Bau von 250 Betrieben hingewiesen.[8] Nach einem Pressebericht wird die staatliche Entwicklungsbank BNDES in Brasilien rund zwanzig Milliarden Dollar zur Finanzierung der Expansion bis 2014 bereitstellen.[9] Der weltgrößte Ethanol-Produzent, die Vereinigten Staaten von Amerika, wird ebenfalls seine subventionierte Produktion ausweiten.[10] »Der sogenannte *Biofuel Plan* wurde 2007 von der Regierung George W. Bush beschlossen und sieht vor, die Produktion von Biokraftstoffen bis 2022 zu verfünffachen.«[11]

Es wird erwartet, dass die weltweite Erzeugung von Biosprit zwischen 2010 und 2030 um nahezu das Vierfache ansteigen wird und die USA sowie Brasilien gemeinsam knapp siebzig Prozent der Weltproduktion beitragen.[12]

Angesichts der zunehmenden Produktion wird man eine entsprechende Ausweitung der Anbauflächen vermuten. Das trifft allerdings nur in eingeschränktem Maße zu. So hat sich in Brasilien die Anbaufläche von Zuckerrohr zwischen 1961 und 2009 auf 8,5 Millionen Hektar zwar rund versechsfacht, wohingegen die Produktion um über tausend Prozent auf gut 670 Millionen Tonnen angehoben wurde.[13] Was aber bedeutet diese Zunahme für die nationale Landwirtschaft? Setzt man den Trend zugunsten des Anbaus von Zuckerrohr ins Verhältnis zur national verfügbaren Anbaufläche, so erkennt man in der nachfolgenden Grafik (Abbildung 4), dass ein erster wahrnehmbarer Ausbau Anfang der 1980er Jahre stattgefunden hat. Seit dem Jahr 2006 ist eine wieder aufflammende Dynamik deutlich erkennbar, was dieser Pflanze den national zweiten Platz im Ranking des Produktionswertes einbringt.

Das subjektive Empfinden mag darauf hindeuten, dass ein zunehmender Anbau von Energiepflanzen zu negativen Folgen für Nahrungs- und Futtermittel führen wird. Die Verdrängung der Produktion von Nahrungs- und Futtermitteln auf vorher nicht landwirtschaftlich genutzte Flächen zugunsten des Anbaus von Energiepflanzen wird mit dem Fachbegriff *indirekte Landnutzungs-*

Abbildung 4
Brasiliens Zuckerrohr-Anbaufläche im nationalen Kontext

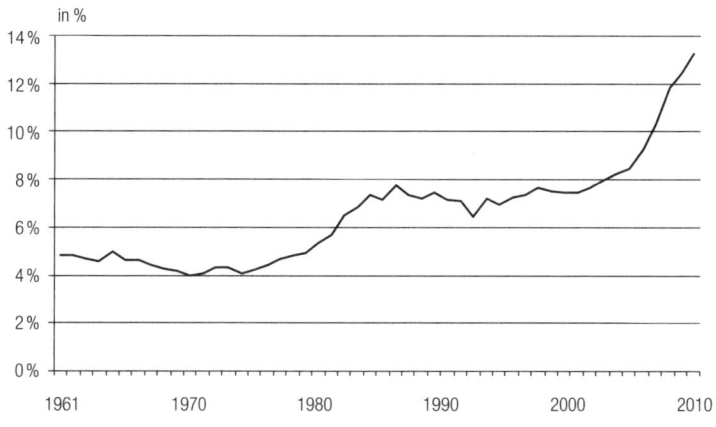

Quelle: FAO

änderung bezeichnet. Doch nach einer aktuellen Analyse durch das Institut für Energie- und Umweltforschung (IFEU) stehen noch keine Modelle zur Verfügung, die Auswirkungen indirekter Landnutzungsänderungen umfassend zu bewerten.[14]

Es darf davon ausgegangen werden, dass Investitionen in die Entwicklung von Biosprit weiter intensiviert werden. Dies dient zum einen der Förderung nachwachsender Energiequellen und reduziert gleichzeitig die Importabhängigkeit der Industrienationen von fossilen Brennstoffen. »Der Einfluss von Biokraftstoffen darf jedoch nicht überbewertet werden: Mit circa 136 Millionen Tonnen flossen 2009 nur sechs Prozent der Weltgetreideernte von rund 2,3 Milliarden Tonnen in die Produktion von Biokraftstoffen.«[15] Würden Biokraftstoffe auf degradierte Flächen ausweichen, ergäbe sich keine Flächenkonkurrenz zur Produktion von Nahrungsmitteln.

Diese Technologie, die seit der Ölkrise in den 1970er Jahren zunehmendes Interesse findet, durchläuft wie jede noch junge Verfahrenstechnik verschiedene Phasen, wird kontinuierlich bis zur Marktreife optimiert und im Lauf der Zeit von verbesserten Kraftstoffen aus biogenen Energieträgern ersetzt. So werden verschiedene Generationen von Biokraftstoffen unterschieden. »Biokraftstoffe der ersten Generation sind entweder aus ›ölhaltigen‹ oder aus ›zuckerhaltigen‹ Pflanzen hergestellt, die mit den Nahrungsmitteln konkurrieren [...] Biokraftstoffe der zweiten Generation nutzen als Grundstoffe organische Abfälle wie Stroh, Holzreste, Abfallprodukte aus der Agrarwirtschaft [...] Hinzu kommen schnell wachsende Pflanzen und Holzsorten, die auch auf Feldern angebaut werden können, die bisher stillgelegt sind.«[16] Im Sinne eines nachhaltigen Klimaschutzes ist folglich die Reduzierung von Kohlendioxid, einem wichtigen Treibhausgas, das maßgebende Kriterium. Nach Informationen von Shell kann Biosprit der ersten Generation bis zu fünfzig Prozent und der zweiten Generation bis zu neunzig Prozent CO_2-Ausstoß gegenüber mineralöl-basiertem Kraftstoff einsparen.[17] Recht neue Erkenntnisse deuten auf einen Kraftstoff aus Algen hin, die zum Teil der dritten Generation zugeordnet werden.[18] Exxon Mobil Corporation, ein amerikanischer Mineralölkonzern und eines der teuersten Unternehmen der Welt nach der Marktkapitalisierung, gab im Juli 2009 zusammen mit Synthetic Genomics Inc. ein entsprechendes Forschungs- und Entwicklungsprogramm bekannt, in dessen Rahmen das Unternehmen Investitionen von über 600 Millionen US-Dollar vorsieht. Bei den Vorteilen von Algen wird unter anderem darauf hingewiesen, dass die Produktivität gegenüber Zuckerrohr und Getreide um ein Vielfaches höher liegt.[19]

Welchen Schluss können wir aus diesen Aussagen für den textilen Markt ableiten? Als gesicherte Erkenntnis scheinen wir von einem fortgesetzten Bevölkerungswachstum ausgehen zu können. Wie an früherer Stelle genannt, beziffern jüngste Prognosen der United Nations die Weltbevölkerung auf 8,2 Milliarden Menschen im Jahr 2030 und auf sogar 9,2 Milliarden im Jahr 2050. Unterstellen wir zunächst eine unveränderte Zuwachsrate der landwirtschaftlich nutzbaren Fläche von weiterhin jahresdurchschnittlich 0,23 Prozent, dann würde daraus für jeden Einzelnen im Durchschnitt etwa eine Fläche von 1960 Quadratmetern im Jahr 2030 sowie 1830 Quadratmetern 2050 resultieren. Die Fläche eines einzigen Fußballfeldes müsste folglich 2050 für den Jahresbedarf an Nahrungsmitteln von annähernd vier Menschen ausreichen.

Zweifel erscheinen angebracht, ob dieser jährliche Zuwachs an landwirtschaftlicher Nutzfläche aufrechtzuerhalten sein wird. Die aus dem Bevölkerungswachstum und der anhaltenden Landflucht resultierende Ausweitung städtischer Gebiete (Urbanisierung), forcierter Ausbau der Infrastruktur in Form des Straßen- und Schienennetzes, Klimawandel, fortschreitende Wüstenbildung[20], Nachfrage nach Fleisch wie auch andere menschliche Aktivitäten sprechen eher dafür, dass »fruchtbare Erde ein endliches Gut«[21] ist. Diese einzelnen Aspekte werden kurz näher betrachtet.

Urbanisierung

Der Prozess der Urbanisierung ist zwar schon seit Jahrhunderten festzustellen, aber eben auch mit rasanter Geschwindigkeit in den letzten Jahrzehnten in den Schwellen- und Entwicklungsländern. Großstädte wachsen zu Mega-Citys mit Abermillionen Menschen, die in zunehmendem Maße vom Land in die Stadt ziehen, weil sie sich davon einen höheren Lebensstandard versprechen. Einem besseren Zugang zum Arbeitsmarkt, zu sozialen und kulturellen Einrichtungen stehen jedoch auch erhebliche Probleme gegenüber. Genannt seien hier die steigenden Anforderungen an Abwasser und Müll, Verkehrsinfrastruktur, Trinkwasser und Versorgung mit Nahrungsmitteln. Zudem wird dies häufig von wachsender Kriminalität begleitet, da sich eben nicht alle Erwartungen erfüllen lassen. Nach Informationen der Vereinten Nationen lebten im Jahr 2008 erstmals in der Geschichte der Menschheit mehr Menschen in Städten als auf dem Land. Infolge überproportionaler Urbanisierung in Afrika und Asien sollen bis zum Jahr 2030 rund fünf Milliarden Menschen in Städten leben.[22] Auf die Auswirkungen wird hier nicht näher eingegangen, sondern auf weiterführende Literatur verwiesen.[23]

Infrastruktur

Im Zuge der Globalisierung werden infrastrukturelle Gegebenheiten immer mehr zu einem Wettbewerbsfaktor und erfordern vor allem in Entwicklungs- und Schwellenländern eine kontinuierliche Verbesserung, um im Streben nach Wirtschaftswachstum und ausländischen Direktinvestitionen nicht den Anschluss zu verlieren. Der Begriff *Infrastruktur* kommt ursprünglich aus dem militärischen Sprachgebrauch der NATO, findet sich seit den 1960er Jahren in der wirtschaftswissenschaftlichen Literatur und soll einen reibungslosen und effizienten Ablauf einer arbeitsteiligen Volkswirtschaft garantieren.[24] Heute zumeist steuernde und damit maßgebende Kriterien zum Ausbau der Infrastruktur unterliegen ökonomischen Aspekten. Nach Schätzungen der Asiatischen Entwicklungsbank (ADB) sind Investitionen für Infrastruktur im asiatisch-pazifischen Raum von 4700 Milliarden Dollar in den nächsten zehn Jahren notwendig.[25] Beispielsweise veranschlagte der indische Ministerpräsident Manmohan Singh für den neuen Fünfjahresplan von 2012 bis 2017 eine Anhebung der Ausgaben für Infrastruktur auf sagenhafte tausend Milliarden Dollar, um das Wirtschaftswachstum durch verbesserte Straßen, Häfen und Flughäfen sowie Strom- und Wasserversorgung zu beschleunigen.[26]

Klimawandel

Auf den Klimawandel, auch synonym als globale Erwärmung bezeichnet, und seine kontrovers diskutierten Auswirkungen kann hier nicht im Einzelnen eingegangen werden. Dem Interessierten ist der Intergovernmental Panel on Climate Change (IPCC) zu empfehlen. Dieser 1988 gegründete Ausschuss fasst die wissenschaftlichen Erkenntnisse zusammen und hat 2007 seinen vierten Sachstandsbericht veröffentlicht.[27] Kurz sei hier lediglich auf Abschätzungen der wirtschaftlichen Folgen verwiesen. So schätzt das Deutsche Institut für Wirtschaftsforschung die volkswirtschaftlichen Kosten bis zum Jahr 2050 auf bis zu 200 Billionen Dollar.[28] Der vom ehemaligen Chefökonomen der Weltbank, Nicholas Stern, nach ihm benannte Stern-Report aus dem Jahr 2006 beziffert die vermutlichen Schäden bis zum Jahr 2100 auf zwischen fünf bis zwanzig Prozent der globalen Wirtschaftsleistung.[29]

Fleischnachfrage

Der Fleischkonsum ist gleichfalls von erheblicher Bedeutung, da Viehfutter der direkten Ernährung des Menschen entzogen ist. Die weltweite Fleischnachfrage ist in den letzten Jahrzehnten deutlich angewachsen, sie hat sich von 71 Millionen Tonnen im Jahr 1961 auf 293 Millionen Tonnen im Jahr 2010 vervierfacht.[30] Das entspricht einer Zunahme des durchschnittlichen Pro-Kopf-Verbrauches von 23,2 auf 42,6 Kilogramm in dieser Zeitspanne. Berücksichtigt man, dass auf dem Wege bis zum verzehrfertigen Produkt viele Ressourcen wie Getreide, Wasser und Land verbraucht werden, so stellt sich die Frage hinsichtlich der Effektivität. Nach Angaben des amerikanischen Landwirtschaftsministeriums werden bis zu sechzehn Kilogramm Getreide für die Erzeugung von einem Kilogramm Fleisch benötigt.[31]

Eine relativ kleiner werdende landwirtschaftlich nutzbare Fläche müsste demnach ihre originäre Aufgabe der Nahrungsmittelproduktion durch den Anbau von Nutzpflanzen sowie die Haltung von Nutztieren unter zunehmendem Druck seitens konkurrierender, nahrungsmittelfremder Industrien erfüllen. »Und zusätzlich zur Vermehrung der Menschheitszahlen kann es durchaus passieren, dass zukünftige Klimaveränderungen, zum Beispiel globale Erwärmung, den bewohnbaren Teil der Erdoberfläche nicht bloß relativ pro Person, sondern sogar absolut schrumpfen lassen.«[32]

Eine möglicherweise geringere Nutzfläche könnte bei nicht bedarfsgerecht wachsenden Flächenerträgen einen Nachfrageüberhang nach Nahrungsmitteln mit dramatischen Preisfolgen nach sich ziehen.

Tatsächlich ist eine Preisexplosion bei Lebensmitteln seit 2008 bereits spürbar und fast eine Milliarde Menschen leiden an Hunger und Unterernährung. Trotzdem wird die weltweite Produktion seitens der FAO als ausreichend eingestuft, es ist notwendig, das Problem der Verteilung zu minimieren! Die Hoffnung auf die Gentechnologie zu setzen, die alle Defizite zu lösen imstande sein soll, erscheint aus heutiger Sicht bedenklich.[33]

Die Diskussion zu einigen zuvor aufgeführten Themen erfolgt recht kontrovers, vielfach sind Auswirkungen der Gentechnologie heute auch noch nicht wissenschaftlich belegt, und über langfristige Konsequenzen kann nur gemutmaßt werden. Eine Vielzahl anderer Entwicklungen wirkt sich zudem negativ auf die zur Verfügung stehenden Ackerflächen aus. Die wichtigsten Konkurrenten um landwirtschaftlich nutzbare Flächen erwachsen aus der sich verschärfenden Ernährungsproblematik und Biosprit. Folglich scheint es unbestritten zu sein, dass Baumwolle in diesem Kreis konkurrierender Interessen nur zwei Optionen besitzt, zukünftig ein größeres Angebot zur Bekleidungsproduktion bereitstellen zu können. Erstens sind Ausweitungen der Anbauflächen zu nennen, was jedoch im Hinblick auf die zunehmende Ernährungsproblematik als wenig wahrscheinlich erscheint. Zweitens wäre an technologischen Fortschritt zu denken, der allerdings aus heutiger Expertensicht nicht in Reichweite ist. Auch Friedrich Weninger vertritt die Meinung, dass das zukünftige Angebot von Baumwolle daher begrenzt sein wird. »Wir sind davon überzeugt, dass die Baumwolle schon an ihre Grenzen stößt und glauben an das Cellulose-Gap-Szenario. Der Fasermarkt ist jedenfalls ein langfristiger Wachstumsmarkt, getrieben von den Megatrends Bevölkerungs- und Wohlstandswachstum. Wir sehen den steigenden Bedarf nach hochqualitativen und saugfähigen Fasern – und das treibt die Nachfrage nach zellulosischen Fasern, egal ob natürlich oder industriell gefertigt.«[34] Also ist der Frage nachzugehen, in welcher Größenordnung die maximale Baumwollproduktion angesiedelt sein könnte.

Baumwoll-Maximum

Zur Bestimmung dieser Höchstmenge bieten sich verschiedene Überlegungen an. Würden wir zunächst die jeweiligen Maxima nationaler Baumwollflächen der letzten zwei Jahrzehnte addieren, so kämen wir auf einen theoretischen Wert von rund 45 Millionen Hektar. Berücksichtigen wir zum heutigen Stand der Technologie einen durchschnittlichen Hektarertrag von etwa 760 Kilogramm, so ergäbe sich daraus eine maximale Erntemenge von 34 Millionen Tonnen. Hierbei wird direkt ersichtlich, dass die zugrunde liegende Zunahme der Baumwollfläche den bisherigen Schlussfolgerungen widerspricht. Zudem hat die Anbaufläche in der Geschichte der Baumwollproduktion nur einmal, in der Saison 1995/96, 36 Millionen Hektar überschritten.

Stellen wir für den gleichen Zeitraum auf die durchschnittliche Anbaufläche ab, so würde eine Fläche von 33 Millionen Hektar bei gleichbleibendem Ertrag für ein Volumen von etwa 25 Millionen Tonnen sprechen.

Beide Ansätze beinhalten allerdings die Schwäche, dass sie keine länderspezifischen Besonderheiten abzubilden in der Lage sind. Diesen Umstand werden wir nachfolgend mit einigen Beispielen deutlich herausarbeiten. Außerdem vermögen sie nicht, zum Teil erhebliche Unterschiede im Ertrag eines Landes wiederzugeben. Dieser ist nicht nur von klimatischen Gegebenheiten abhängig, sondern auch beispielsweise von der Qualität des Saatgutes, dem Automatisierungsgrad, dem Anteil von Gen-Baumwolle, der Bewässerungstechnik und Größeneffekten. Daher erfolgen im Weiteren zunächst Aussagen zu Anbauflächen und Hektarerträgen unter besonderer Berücksichtigung führender Anbaunationen. Diese zusätzliche Analyse erscheint empfehlenswert, da sie die jeweilige Situation eines Landes erkennt und entsprechend würdigt. Dabei werden auch sogenannte »weiche« Faktoren Anwendung zur Ermittlung der zukünftigen Höchstmenge finden wie beispielsweise Tradition, nationale Textil- und Bekleidungsstrategie, Anteil der Gen-Baumwolle, historische Entwicklung der Anbauflächen und Erträge, Selbstversorgungsrate, Infrastruktur und Einbindung in die globalen Warenströme.

Zunächst wollen wir uns den nationalen Besonderheiten anhand einiger aussagekräftiger Beispiele widmen. Für die Volksrepublik China, dem flächenmäßig viertgrößten Land mit weltweit überlegener Textil- und Bekleidungsindustrie, ist eigentlich davon auszugehen, dass die kontinuierlich steigende Nachfrage nach Faserrohstoffen von einem entsprechenden Ausbau der Naturstoffe begleitet wird. Jedoch ist das Land vom Verlust an Ackerflächen bedroht, zwischen 1997 und 2009 wird von rund acht Millionen Hektar ausgegangen, und die Regierung hat eine Untergrenze von 120 Millionen Hektar landwirtschaftlicher Nutzfläche definiert, der man sich Ende 2009 mit einer nationalen Fläche von knapp 122 Millionen bereits gefährlich näherte.[35] Aus diesem Grunde wird China nach Ministeriumsangaben in den nächsten fünf Jahren fünfzehn Milliarden US-Dollar in die Verbesserung der Ackerflächen investieren, um die Versorgungssicherheit an Nahrungsmitteln zu gewährleisten.[36]

Die Anbauflächen in Pakistan haben sich in den vergangenen Jahrzehnten recht kontinuierlich auf heute etwa drei Millionen Hektar entwickelt, was das Land zur viertgrößten Anbaunation macht. Da die Regierung in jüngster Vergangenheit offiziell dem Anbau von Gen-Baumwolle zugestimmt hat, ist für die nächsten Jahre zu erwarten, dass die Erträge über den Weltdurchschnitt angehoben werden können.

Die ertragssteigernde Wirkung von gentechnisch modifizierter Baumwolle allerdings immer vorauszusetzen, kann unter Umständen zu Fehlschlüssen verleiten. Erinnert sei an dieser Stelle an die zuvor erwähnten Forschungsergebnisse der Universität von Arizona, die Resistenz der Insekten gegenüber dem Giftstoff festgestellt haben. Dies könnte somit nach einer gewissen Übergangszeit die hohe Ertragskraft mindern, was angesichts der überragenden Mengenbedeutung dieser Spezies zu signifikanten Ernteausfällen in der Zukunft führen könnte.

Die Situation in Usbekistan, drittgrößter Exporteur von Baumwolle, erfordert auch eine besondere Beleuchtung, da Vorwürfe einer staatlich organisierten Zwangsarbeit für Kinder die zukünftige Entwicklung als unsicher erscheinen lassen. Schätzungen zufolge werden jährlich bis zu 2,7 Millionen Kinder im Alter von zehn Jahren und auch noch wesentlich jünger für die körperlich schwere Feldarbeit bis zu drei Monate eingezogen. Im Oktober 2010 hat das European Center for Constitutional and Human Rights (ECCHR) OECD-Beschwerden eingereicht, und führende, internationale Einzelhandelsunternehmen hatten sich bereits vor Jahren verpflichtet, usbekische Baumwolle in ihrer Bekleidung nicht zu verwenden.[37]

Die USA, ein Land mit langer Historie im Baumwollanbau, ist heute drittgrößter Produzent. Gleichzeitig ist das Land weltgrößter Exporteur mit einem Anteil von rund vierzig Prozent an den weltweiten Exporten in der abgelaufenen Saison 2010/11.[38] Infolge des langjährigen Schrumpfungsprozesses der nationalen Textilindustrie wird Baumwolle zunehmend außerhalb der Grenzen des eigenen Landes weiterverarbeitet. Einer im Jahr 2002 eingereichten Beschwerde Brasiliens bei der WTO gegen US-amerikanische Subventionen im Baumwollsektor stimmte die WTO weitgehend zu. Das wirft die Frage auf, ob technischer Fortschritt im Baumwollanbau in den USA allein die wesentlich niedrigeren Lohnkosten in Entwicklungsländern kompensieren kann. Mittel- bis langfristig könnte dies dazu führen, obwohl Familien über Generationen diese Pflanze angebaut haben, dass sie auf andere Produkte ausweichen, denen wie im Fall von Mais für Biosprit eine stark steigende inländische Nachfrage vorhergesagt wird.

Indien verfügt mit rund zwölf Millionen Hektar über rund ein Drittel der weltweiten Anbauflächen für Baumwolle. Hier kommen die ertragssteigernden Effekte von Gen-Baumwolle sehr deutlich zum Vorschein. Lag der durchschnittliche Hektarertrag in den 1990er Jahren noch bei mageren 300 Kilogramm, so ist er ab der Saison 2006/07 auf über 500 Kilogramm gestiegen. Seit Einführung der gentechnisch veränderten Baumwolle im Jahr 2002 werden mittlerweile geschätzte neunzig Prozent der Flächen mit diesem Typ angepflanzt.

Die nachfolgende Grafik (Abbildung 5) umfasst die acht größten Produzenten für Baumwolle in absteigender Reihenfolge, auf die annähernd neunzig Prozent der Weltproduktion entfallen. Es wird deutlich, dass die Spannen der Erträge pro Anbaufläche um bis zu tausend Kilogramm pro Hektar variieren. Somit ist nicht nur die absolute Fläche für Baumwollproduktion von Bedeutung, sondern letzten Endes sind das Land oder die Anbauregion viel entscheidender.

Die weltweiten Hektarerträge haben sich in den letzten Jahrzehnten deutlich erhöht, von 210 Kilogramm pro Hektar in der Saison 1945/46 auf aktuell rund 760 Kilogramm. Wie der nachfolgenden Grafik (Abbildung 6) zu entnehmen ist, haben sich diese Ertragszuwächse aber nicht linear entwickelt, sondern eher schubweise. Es gab immer wieder Zeiträume überdurchschnittlicher Zunahmen, wie zum Beispiel in der ersten Hälfte der 1980er Jahre mit einer jahresdurchschnittlichen Wachstumsrate von 5,3 Prozent und auch in der ersten Hälfte der 2000er Jahre mit vier Prozent. Demgegenüber verzeichnete die zweite Hälfte der 2000er Jahre nur einen leichten Jahreszuwachs von 0,7 Prozent. Diese kontroverse Entwicklung in der vergangenen Dekade ist darin begründet, dass die Expansionsrate von Gen-Baumwolle wahrnehmbar abflachte. Von diesem wellenförmigen Verlauf der Ertragszuwächse ist auch in der Zukunft auszugehen. Dabei spielt natürlich der technologische Stand beziehungsweise Fortschritt eine bedeutende Rolle, jedoch dürfen klimatische Gegebenheiten nicht außer Be-

Abbildung 5
Führende Baumwollproduzenten und Hektarerträge 2010/11

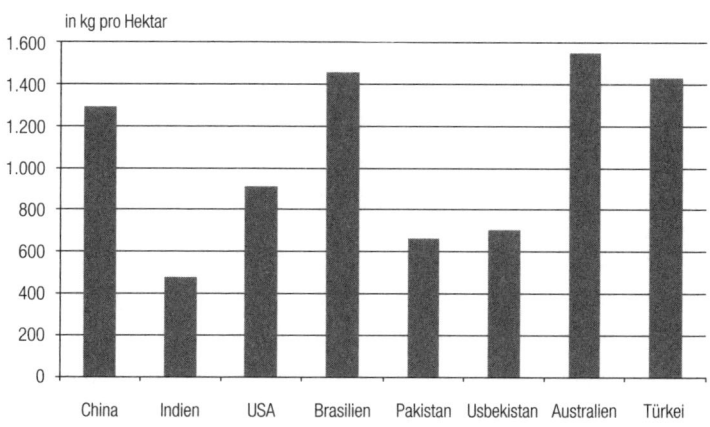

Quelle: United States Department of Agriculture (USDA), Foreign Agricultural Service

Abbildung 6
Globale Hektarerträge von Baumwolle

Quelle: ICAC, Cotton: World Statistics, Bulletin of the International Cotton Advisory Committee,
September 2010, S. 62 ff.

tracht bleiben. So können widrige Umstände wie Überflutung und Dürreperioden, Schädlingsbefall und andere Ursachen maßgeblich die Ausbeute einer Saison beeinflussen. Fraglich ist auf jeden Fall, ob ein der Einführung von gentechnisch veränderter Baumwolle vergleichbarer Quantensprung in Bezug auf Ertragssteigerungen zu erwarten ist. Nach Meinung von Experten werden zukünftige technologische Fortschritte in stärkerem Maße Produktionskosten adressieren als Baumwollerträge.[39]

Betrug die jahresdurchschnittliche Ertragssteigerung für die Zeit nach dem Zweiten Weltkrieg bis zum Jahr 2010 annähernd zwei Prozent, so scheint dies die absolute Obergrenze für langfristige Projektionen darzustellen. Folglich würde nach Expertenmeinungen, die diese Zuwachsrate für die beiden folgenden Jahrzehnte fortschreiben, der weltweite Durchschnittsertrag im Jahr 2030 rund 1127 Kilogramm pro Hektar betragen.[40]

Dieses Niveau käme einem Anstieg innerhalb von zwei Jahrzehnten von 350 Kilogramm pro Hektar gleich. Wenn aber die Forschung vermehrt in Richtung Kostenoptimierung anstelle Ertragsmaximierung tendieren soll, dann stellt sich die Frage, was diesen außerordentlichen Ertragszuwachs rechtfertigen kann. In der Vergangenheit haben wir maximal Zuwächse über zwei Dekaden von bis zu 200 Kilogramm erlebt. Aus diesem Grunde erscheint es gerechtfertigt, den Durchschnittsertrag für das Jahr 2030 in einer Größenordnung von 950 Kilogramm pro Hektar anzusetzen. Das würde beispielsweise für Indien als dem weltgrößten Anbauer immerhin noch fast eine Verdoppelung seiner Erträge bedeuten. Auch könnte man den zukünftigen Einfluss der Volksrepublik China anführen, das heute Erträge weit über dem Weltdurchschnitt erzielt, jedoch zukünftig seine Anbauflächen für Baumwolle zu reduzieren scheint. Hier versucht man durch deutlich über dem internationalen Preisniveau angesiedelte garantierte Minimumpreise die Farmer bei Laune zu halten. Dort genießt die Nahrungsmittelversorgung höchste Priorität mit dem Ziel der Selbstversorgung. Das gelingt aber nicht für alle Produkte wie zum Beispiel Soja. Für die

Getreideproduktion hat Peking jüngst unterstützende Maßnahmen angekündigt.

Ferner ist für die USA anzuführen, dass sich dieses Schwergewicht im Baumwollanbau seit Jahren dem zunehmenden Wettbewerbsdruck durch Billiglohnländer ausgesetzt sieht. Der seit den 1990er Jahren fortlaufende Rückgang der heimischen Textil- und Bekleidungsindustrie führte zu deutlichen Zunahmen der Baumwollexporte, und gleichzeitig wird im Land die Überschwemmung mit billigen und subventionierten Textilprodukten beklagt. Daher würde es langfristig auch wenig überraschen, wenn vermehrt auf Produkte für die inländische Weiterverarbeitung umgestellt würde. In Summe würden Rückgänge des Angebotes aus chinesischer und amerikanischer Produktion trotz anwachsender Erträge in Indien aber zu einer erheblichen Korrektur der Vorhersage führen, da diese drei Länder in der Saison 2010/11 mehr als sechzig Prozent zur weltweiten Baumwollproduktion beigesteuert haben.

Ein Blick auf die langfristige Entwicklung der Anbauflächen für Baumwolle zeigt, dass sie in den letzten sechzig Jahren zwischen dreißig und 35 Millionen Hektar schwankte (Abbildung 7). Gründe dafür sind einerseits die absoluten Preise für Baumwolle, die den Anbau mehr oder wenig lukrativ machen, aber auch die Preisrelation zu konkurrierenden Produkten. Es wird allgemein davon ausgegangen, dass diese jährlichen Veränderungen auch in der Zukunft zu beobachten sein werden. Allerdings gehen Experten davon aus, dass sich dieser Korridor auf ein tieferes Niveau von 27 bis zu 33 Millionen Hektar bewegen wird, infolge des zunehmenden Wettbewerbs durch Nahrungsmittel, Biosprit und Knappheit an Wasser.[41]

Daher wird eine dynamische, an die jährliche Wachstumsrate der Textilnachfrage angepasste Steigerung der Baumwollmengen als nicht realistisch angesehen. Das leitet zu der Frage über, die später zu beantworten sein wird, welche Alternativen sich aus heutiger Sicht anbieten.

Abbildung 7
Globale Anbaufläche für Baumwolle

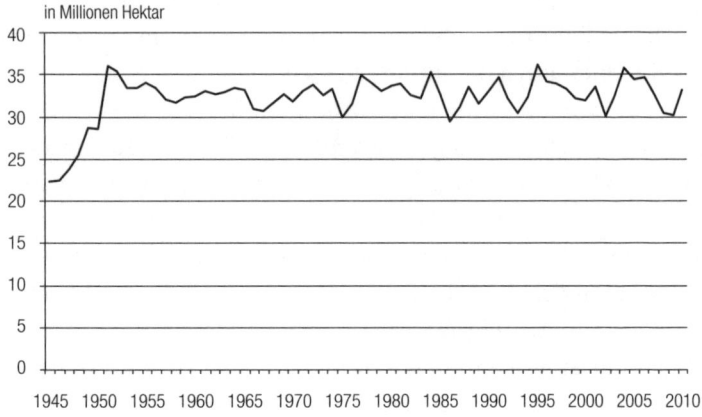

Quelle: ICAC, Cotton: World Statistics, Bulletin of the International Cotton Advisory Committee,
September 2010, S. 46 ff.

Infolgedessen würde die maximale Erntemenge an Baumwolle in Höhe von rund 31 Millionen Tonnen in absehbarer Zeit erreicht sein, das heißt, sie wird Realität noch in diesem Jahrzehnt.

Zur Berechnung gehen wir von der antizipierten Produktion von knapp 27 Millionen Tonnen in der aktuellen Saison 2011/12 aus.[42] Legen wir die langfristige Wachstumsrate für alle Fasern und Garne von 3,1 Prozent zugrunde, so wäre dieser historische Wendepunkt bereits im Jahr 2016 erreicht. Berücksichtigen wir die geringere Wachstumsrate für Baumwolle in den letzten Jahrzehnten von 1,8 Prozent, würde sich das Maximum im Jahr 2019 einstellen.

Die Zeit wird daher knapp, sich auf dieses Szenario vorzubereiten. Später werden wir zeigen, dass es durchaus Marktsegmente gibt, die diesem Umstand bereits heute Rechnung tragen, um sich sukzessive als ernst zu nehmende Alternative zu etablieren. Es sind nicht nur neue Rohstoffe auf neue Einsatzgebiete anzupassen, sondern die gesamte textile Wertschöpfungskette bis hin zum Einzelhandel muss sich dieser veränderten Situation stellen.

Baumbestand

Der zweite bedeutungsvolle Rohstoff beinhaltet Holz, stellt also auf den weltweiten Baumbestand ab. Ungefähr die Hälfte der Holzsubstanz besteht aus Kohlenstoff und ist damit für die CO_2-Bilanz der Erdatmosphäre äußerst bedeutsam. Die Blätter entziehen tagsüber der Luft mithilfe der Sonnenenergie Kohlendioxid und wandeln es um in Sauerstoff. Dieser Prozess der Photosynthese sorgt für das atmosphärische Gleichgewicht auf der Erde, solange es ausreichend Baumbestand und vor allem große Waldflächen gibt. Dieser Rohstoff ist somit essenziell für unser ökologisches Gleichgewicht, weil er täglich Sauerstoff produzieren, Kohlendioxid verarbeiten und Kohlendioxid absorbieren kann.

Dieses Naturprodukt sorgte besonders in den frühen 1980er Jahren für Schlagzeilen in den deutschsprachigen Medien, als das Waldsterben zu einem beherrschenden Thema wurde. Daraus resultierende Maßnahmen zur Verbesserung der Luftqualität führten unter anderem zur Einführung des Katalysators in Europa für Neufahrzeuge mit Verbrennungsmotor ab der zweiten Hälfte der 1980er Jahre sowie dem europaweiten Verbot von verbleitem Benzin ab dem Jahr 2000. Diese Form der Abgasnachbehandlung reduziert Schadstoffemissionen deutlich und war in den USA und Japan schon seit den 1970er Jahren obligatorisch. Allerdings können Waldschäden natürlich auch einer Reihe anderer Ursachen entspringen wie beispielsweise Schädlingsbefall, Sturm, Schneedruck und so weiter.

Über ein Vierteljahrhundert später wissen wir, dass der Wald nicht gestorben ist. Der Zustand deutscher Wälder hat sich verbessert, mit einem Anteil von 38 Prozent der Bäume ohne Nadel- oder Blattverlust im Jahr 2010, dem höchsten Wert seit mehr als zehn Jahren.[43] »Sie gehören mit 330 Kubikmetern Holz pro Hektar zu den vorratsreichsten in Europa. In der ober- und unterirdischen Biomasse (Holz, Laub/Nadeln und Wurzeln) speichern sie 1,2 Milliarden Tonnen Kohlenstoff. Bezieht man den Waldboden in die Rechnung mit ein, erhöht sich der Kohlenstoffspeicher um beinahe eine weitere Milliarde Tonnen.«[44]

Die Waldfläche wie auch der Holzvorrat in Österreich sind seit Jahrzehnten ansteigend trotz fehlender gesetzlicher Fixierung von Immissionsgrenzwerten.[45] Im Jahr 2009 umfasste die gesamte Waldfläche der Schweiz 1,26 Millionen Hektar, was dem höchsten Stand seit dem Zweiten Weltkrieg entspricht. »Ab einem Anteil von ≥ 25 Prozent Kronenverlichtung geht man von Schäden für den Wald aus. In der Schweiz betrug dieser Anteil 2010 insgesamt 32 Prozent«[46] und war damit gegenüber dem Vorjahr leicht ansteigend. »Der Zustand des Waldes als Ökosystem ist insgesamt gut, seine Erhaltung ist demnach weiterhin gewährleistet.«[47]

Nach dem jüngsten Weltwaldbericht der FAO[48] sind die europäischen Wälder in den vergangenen zwei Jahrzehnten um jährlich über 800 000 Hektar auf heute rund eine Milliarde Hektar gewachsen. Der weitaus überwiegende Teil von etwa achtzig Prozent ist in Russland beheimatet. Weitere signifikante Zunahmen der Waldflächen in den letzten beiden Jahrzehnten wurden in China mit jährlich 2,5 Millionen Hektar, den USA (380 000 Hektar), Indien (225 000 Hektar), Vietnam (220 000 Hektar) und Spanien (218 000 Hektar) festgestellt. (Abbildung 8) Als Grund für diesen Aufbau ist die steigende Nachfrage nach Holz zu nennen, die die Anpflanzung großer Plantagen begünstigt. Deutliche Abholzungen in dem vergleichbaren Zeitraum waren auf dem afrikanischen Kontinent mit jährlich 3,7 Millionen Hektar, in Brasilien (2,8 Millionen Hektar), Indonesien (1,2 Millionen Hektar), Venezuela (288 000 Hektar) und Mexiko (275 000 Hektar) zu beklagen. Weltweit werden die Waldflächen auf vier Milliarden Hektar beziffert. Ihre Fläche entwickelt sich rückläufig, jedoch ist die Geschwindigkeit der Abholzung abnehmend. Das jährliche Defizit

Abbildung 8
Die zehn größten Waldflächen 2010

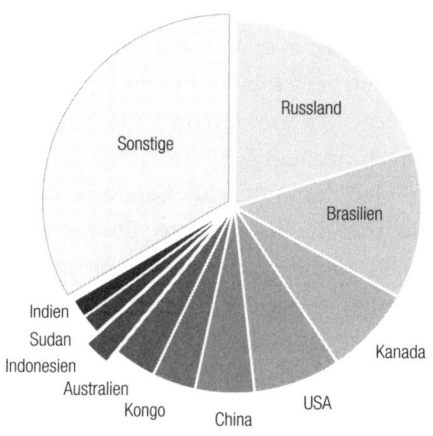

Quelle: FAO, State of the World's Forests, 2011

zwischen Aufforstung und Abholzung verringerte sich von 8,3 Millionen Hektar in den 1990er Jahren auf 5,2 Millionen Hektar im letzten Jahrzehnt.

Am Beispiel von Indonesien soll verdeutlicht werden, dass Holz als wichtiger Rohstoff für die nationale wirtschaftliche Entwicklung bereits erkannt worden ist. Nach FAO-Informationen hat das Land in den 1990er Jahren jährlich 1,9 Millionen Hektar abgeholzt, im letzten Jahrzehnt waren es noch jährlich 0,5 Millionen Hektar.[49] Ein Vortrag meines in der Zwischenzeit leider verstorbenen indonesischen Freundes aus dem Jahr 2010 unterstreicht die Bedeutung und die Umkehr der bisherigen Politik, um neue Arbeitsplätze im Land zu schaffen.[50]

Das Ergebnis der FAO-Studie einer verringerten Abholzungsdynamik mag zuversichtlich stimmen, wenn auch seitens der Umweltschutzorganisation WWF ein dunkleres Szenario aufgezeigt wird.

Die unterschiedliche Sichtweise liegt darin begründet, dass der

WWF keine Aufforstung neuer Wälder, das heißt vom Menschen bedarfsgerecht angepflanzter Holzplantagen, mitrechnet. Infolge der geringeren Biodiversität der Plantagen seien sie langfristig instabiler und würden weniger Wasser und CO_2 speichern. Hier wird nur auf die beiden verschiedenartigen Definitionen als Ursache divergierender Interpretationen und Auswirkungen hingewiesen, aber kein weiterführender Vergleich angestellt.

Jedoch soll ein sich daran anschließender Gedanke angeführt werden, der auf die massive Vernichtung der artenreichen Regenwälder im Amazonas- und Kongobecken sowie Indonesien abzielt. Treibende Kraft für den drastischen Verlust an tropischem Regenwald durch Abholzung und Brandrodung waren, sind und werden, in Indonesien wohl weniger, voraussichtlich auch zukünftig wirtschaftliche Interessen sein. Dabei gehen unwiderruflich Tier- und Pflanzenarten verloren und die Zerstörung des Regenwaldes ist irreversibel. Jeder einzelne Verbraucher kann dieser teilweise unwirtschaftlichen und ökologisch katastrophalen Praxis Einhalt gebieten, jedoch werden die allgemeine Verantwortung und die durch das Kaufverhalten lenkende Rolle des Konsumenten an späterer Stelle thematisiert. Hier wird lediglich auf eine Konsequenz verwiesen, die der Ökologe Florian Siegert von der Universität München anlässlich der Brandrodungen 2006 in Indonesien, Malaysia und Brunai ermittelte. Seinen Berechnungen zufolge setzten die Feuer fast zehn Prozent der globalen CO_2-Emissionen für den zukünftigen Anbau von Palmöl-Plantagen frei, die damit gegenüber Mineralöl eine eindeutig negative Klimabilanz aufweisen.[51]

Für die zukünftige Entwicklung des Waldbestandes wird entscheidend sein, wie wichtig Holz auch als Rohstoff für Bioenergie sein wird. Die thermische Verwertung, also die Verwendung von Holz als Energieträger, ist durchaus im Aufwind. Die zunehmende Wärme- und Energiegewinnung aus Holz ist als eine direkte Folge der gestiegenen Erdölpreise zu verstehen. »Holzenergie gilt als CO_2-neutral, weil Bäume bei ihrem Wachstum gleich viel CO_2 binden, wie bei ihrer Verbrennung oder Verrottung wieder frei wird. Zudem ist Holzenergie erneuerbar und damit nach der Wasserkraft eine der wichtigsten Formen der nachhaltigen Energiegewinnung in der Schweiz.«[52] Eine Vielzahl internationaler Unternehmen sieht diesen Rohstoff als vorzüglich geeignet zur Energieerzeugung an. Das lässt sich leicht daran erkennen, dass sie riesige Waldflächen kaufen, um sich den Zugang zu diesem Rohstoff zu sichern.

Erdöl

Diese auch als »schwarzes Gold« bezeichnete Ressource ist selbstverständlicher Teil unseres täglichen Lebens. Erdöl ist weltweit der wichtigste Energieträger und in starkem Maße der Rohstoff für unsere Produktions- und Transportsysteme, aber auch Ausgangsstoff der meisten Kunststoffe und Bestandteil in medizinischen sowie kosmetischen Produkten, in Düngemitteln und Pestiziden sowie Einsatzmaterial unserer Kleidung. Erinnert sei hier beispielhaft an Nylonstrümpfe aus erdölhaltigen Polyamidfasern, die vor Jahrzehnten einen wahren Hype auslösten.

Daran lässt sich bereits erkennen, dass die zukünftige Verfügbarkeit von Erdöl für unseren Wohlstand und Fortschritt von überragender Bedeutung ist. Bislang stellen alternative oder nachwachsende Energieträger keine wirkliche Alternative dar. Wenn auch textile Anwendungen weniger als zwei Prozent des Erdöls verbrauchen, so könnte doch eine kontinuierlich abnehmende Ölförderung als Folge reduzierter Nachfrage zu Preisanstiegen führen, die letztlich andere Fasern wettbewerbsfähiger werden lassen. Dazu ist jedoch zu berücksichtigen, dass die Alternativen recht begrenzt scheinen. Wie bereits dargestellt, wird eine Deckung der Fasernachfrage durch Baumwolle, der mit Abstand häufigsten Naturfaser, infolge von Einschränkungen der Bodenfläche nicht möglich sein. Zudem wird später noch zu zeigen sein, dass ihr Anbau mit massiven Umweltproblemen infolge beträchtlichen Wasser-

und Pestizidverbrauchs belastet ist. Wollte man allein den heutigen Faserbedarf mit Wolle decken, so müsste es rein rechnerisch deutlich mehr Schafe als Menschen geben. Das kann angesichts der für Baumwolle geltenden Limitation der Anbaufläche folglich ebenso wenig als zielführende Option betrachtet werden. Andere natürliche Faserrohstoffe wie die wieder anziehende Hanfproduktion würden sich zwar für einen beträchtlichen Teil der Kleiderproduktion eignen, werden aber wohl infolge der gröberen Stoffe an den Vorstellungen des Endverbrauchers scheitern. Holz, ein grundsätzlich unerschöpfliches Naturprodukt für zellulosische Fasern, wäre in der Lage, nicht nur großvolumige Marktsegmente zu bedienen, sondern auch durch seine qualitativen Fasereigenschaften zu überzeugen. Diese sind Ergebnis kontinuierlicher Forschung und Entwicklung, wie beispielsweise Friedrich Weninger ausführt.»In den vergangenen zehn Jahren hat Lenzing eine zweistellige Zahl neuer Applikationen für Viskose, Modal- und Tencel-Fasern entwickelt. Wir haben sehr attraktive Produkte sowohl im Textil- als auch im Vliesstoffbereich in der Pipeline und können auf schöne Wachstumzahlen in den Segmenten Heimtex sowie medizinische und Hygieneanwendungen verweisen. Wir erwarten auch in Zukunft weiteres Wachstum mit neuen Applikationen, besonders auch für technische Anwendungen unserer Fasern.«[53]

Zunächst wollen wir aber die Prognose hinsichtlich der zukünftigen Verfügbarkeit von Erdöl beleuchten. Genauer gesagt sprechen wir besser von den unterschiedlichen Ansätzen, die gegenwärtig in der Diskussion sind. Die zum Teil voneinander erheblich abweichenden Vorhersagen werden im Folgenden kurz vorgestellt, allerdings kann es nicht das Ziel sein, eine Studie zur verbindlichen Theorie für den weiteren Fortgang des Buches zu erheben. Vielmehr soll eine Sensibilisierung für eine mögliche Versorgungslücke erreicht werden, deren thematische Vertiefung der geneigte Leser mithilfe der aufgeführten Literatur vornehmen kann.

Alle Prognosen behandeln in unterschiedlicher Form die Reichweite von Erdöl, also wie lange wir uns auf Erdöl, das im Jahr 2035 immer noch einen Anteil am Primärenergiemix von 28 Prozent einnehmen soll, als unseren wichtigsten Energieträger verlassen können.[54] Dabei spielen natürlich die Ölfördermenge eine ebenso entscheidende Rolle wie auch die Nachfrage, Energiepreise, staatliche Unterstützungsmaßnahmen für erneuerbare Energien und Subventionen für fossile Brennstoffe. Allein in den Jahren 2008 und 2009 wurden für Subventionen von fossilen Brennstoffen weltweit 558 beziehungsweise 312 Milliarden Dollar verwendet.[55] Kurzfristige Ungleichgewichte durch Angebots- oder Nachfrageüberhang sind natürlich nur unzureichend zu prognostizieren. Dem überaus rasanten konjunkturellen Abschwung im Zuge der Finanzkrise folgte gleichfalls eine in ihrer Dynamik überraschende Verbesserung der weltwirtschaftlichen Wirtschaftslage, und die aktuelle Schuldenkrise in der Europäischen Union und den USA erschweren Energieprognosen umso mehr. Einzig der Einflussfaktor der maximalen Fördermenge und ihrer Vorhersage sind bereits seit mehr als sechzig Jahren in der Diskussion.

Hierzu soll der Begriff *Peak Oil*, in Kapitel 1 bereits kurz erwähnt, aufgegriffen werden. Er geht zurück auf Marion King Hubbert, der 1956 als leitender Ölexperte bei Shell in den USA diese Theorie vorstellte. Seiner Ansicht nach ließ sich die maximale Ölfördermenge prognostizieren. Seine Vorhersage für die USA war durchaus zutreffend, das weltweite Maximum sah er bereits erreicht. Wie vorher veranschaulicht wurde, sind Rückgänge der Fördermenge auf globaler Ebene bereits mehrfach eingetreten, doch ihre Ursachen unterlagen vornehmlich konjunkturellen Schwächeperioden, das heißt, das Angebot hat sich der abnehmenden Nachfrage angepasst. Andererseits haben erhebliche Neufunde von Ölvorräten die Reserven stetig ansteigen lassen, sodass für die nächsten Jahrzehnte das Eintreten eines solchen Szenarios mit drastisch anziehenden Ölpreisen nicht zu vermuten ist. Allerdings kann im Umkehrschluss nicht davon ausgegangen werden, dass

Ölpreise infolge politischer Unsicherheiten nicht doch plötzlich nach oben korrigieren könnten. Jedoch werden die freien Marktkräfte nur einen temporären Ausschlag zulassen, denn auch den Erdöl produzierenden Ländern sind die negativen weltwirtschaftlichen Folgen überteuerten Öls über einen längeren Zeitraum durchaus bewusst.

Doch kehren wir nun zurück zu den zuvor angesprochenen Prognosen zur Verfügbarkeit dieses Stoffes. Die International Energy Agency geht in ihrer jüngsten Prognose davon aus, dass das Maximum nicht vor dem Jahr 2035 erreicht wird. Würde die Staatengemeinschaft allerdings alternative Energieformen stärker als bisher unterstützen, dann könnte das Maximum infolge geringerer Nachfrage früher eintreten, was jedoch nicht ressourcenbedingt wäre.[56] BP stellt in seiner kürzlich veröffentlichten Prognose fest, dass die OPEC-Länder ihre Produktion bis 2030 stetig steigern werden, mittelfristig durch Nutzung vorhandener Reservekapazitäten und später durch Investitionen in Anlagen für rund fünf Millionen Barrel (ein Barrel entspricht 159 Liter Erdöl) pro Tag.[57] Jedoch informiert die OPEC bereits für den Zeitraum 2009 bis 2014 über 140 Projekte mit einem geschätzten Investitionsvolumen von 155 Milliarden Dollar zur Expansion der Ölkapazitäten um drei Millionen Barrel pro Tag.[58] Demgegenüber kommt die Energy Watch Group zu dem Ergebnis, dass die globale Ölförderung bereits im Jahr 2006 ihren Höchststand erreicht hat.[59]

Abhängig von der Sichtweise und Interessenlage können somit vollkommen unterschiedliche Aussagen und Konsequenzen ermittelt werden. Unstrittig ist aber allgemein die Tatsache, dass ein weiteres Anwachsen der Bevölkerung, steigende Einkommen sowie fortschreitende Industrialisierung, Urbanisierung und Mobilität mit einem erhöhten Energiebedarf verbunden sind. Führende Mineralölunternehmen der Welt wie beispielsweise die amerikanische Exxon Mobil Corporation und die englische BP unterstützen diese Annahme jeweils in ihren langfristigen Energieprognosen bis zum Jahr 2030.[60] Es mag auf den ersten Blick

nicht überraschen, dass Unternehmen ihre Branche als Wachs-
tumsindustrie einstufen. Nach Aussage von Exxon Mobil soll der
weltweite Energiebedarf im Jahr 2030 rund 35 Prozent über dem
Niveau von 2005 liegen. Dabei sind bereits technische Fortschritte
hinsichtlich einer verbesserten Energieeffizienz berücksichtigt, da
ansonsten innerhalb dieser Zeitspanne von einer Verdoppelung
der Energienachfrage auszugehen wäre.[61] Gleichfalls beziffert BP
für diesen Zeitraum den Anstieg des Energieverbrauchs auf jahresdurchschnittlich 1,7 Prozent, wobei der Bedarf an Primärenergie
in den OECD-Ländern nur geringfügig um 0,3 Prozent im jährlichen Durchschnitt ansteigen soll und in den Nicht-OECD-Län-
dern um robuste 2,6 Prozent.[62] Der Organisation für wirtschaftliche Zusammenarbeit und Entwicklung gehören überwiegend
entwickelte Länder mit hohem Pro-Kopf-Einkommen an.[63]

Beide Unternehmen weisen jedoch in ihren Publikationen darauf hin, dass als Folge einer fortschreitenden Diversifizierung der
Energieträger und einer erhöhten Nachfrage nach Gas und erneuerbaren Energieformen (Wind-, Sonnen- und Wasserkraft, Erd-
wärme und Biosprit) der Bedarf an Erdöl nur unterdurchschnittlich
wachsen und damit kontinuierlich Anteile am globalen Energiemix verlieren wird. Kohle hat im Vergleich zu anderen fossilen
Energieträgern die schlechteste Umweltbilanz hinsichtlich der
Emission des Treibhausgases Kohlendioxid (CO_2) und wird daher
in OECD-Ländern vermindert eingesetzt. Jedoch wird der Rückgang überkompensiert von erhöhter Nachfrage in Nicht-OECD-
Ländern, im Besonderen in China und Indien.

Beide Studien sind allerdings vor dem tragischen Unfall in
Fukushima erstellt worden und haben demzufolge die aus dem
Unglück resultierende zunehmende Ablehnung der Kernenergie
nicht in ihre Vorhersagen integriert. Dieser Unfall in einem hochentwickelten Land hat vielerorts einen Stimmungsumschwung
bewirkt. Im deutschsprachigen Raum hat dies bereits innerhalb
kürzester Zeit erhebliche Konsequenzen nach sich gezogen. Österreich, das im Jahr 1978 mittels Volksentscheid die Inbetriebnahme

seines einzigen Kernkraftwerks verhinderte, versucht einen EU-
weiten Atomausstieg voranzutreiben. Die traditionell atom-
freundliche Regierungskoalition in Deutschland hat einen Ausstieg bis 2022 beschlossen, und die Schweiz plant einen Ausstieg
bis spätestens 2034. Mit dem gegenwärtigen Rückenwind zugunsten regenerierbarer Energieformen kann sich daher der zukünftige
Ausbau möglicherweise noch beschleunigen.

Für die Beantwortung der Frage nach dem Zeitpunkt der maximalen Ölfördermenge scheint daher weniger die Verfügbarkeit
der Ressource von Bedeutung zu sein als vielmehr die Entwicklung der Nachfrage. Während sein geistiger Vater, Marion King
Hubbert, ursprünglich seine Peak-Oil-Theorie auf ein angebots-
seitiges Maximum stützte, erscheint in Übereinstimmung mit der
International Energy Agency diese Höchstmenge vielmehr durch
verringertes Wachstum des Bedarfs definiert zu sein. Diese Sichtweise erlangt zusätzliche Aussagekraft bei einem Vergleich der
Entwicklung von Ölreserven zu zukünftiger Nachfrage.

Was bedeutet »Peak Cotton«?

Für den dritten bisher thematisierten Rohstoff *Holz* treffen die
nachfolgenden Überlegungen nicht zu. Denn Waldbestände sind
unerschöpflich, zwingende Grundlage für die Existenz menschlichen Lebens auf der Erde, und stellen daher keine Einschränkung
als Rohstofflieferant für zellulosische Fasern dar. Man könnte sogar die Ansicht vertreten, dass eine kontrollierte Kultivierung von
Plantagen einen lebenswichtigen Beitrag zum ökologischen
Gleichgewicht liefert. Für die abschließende Beurteilung ist allerdings im Einzelfall zu berücksichtigen, ob die Umwandlung in
Plantagen von Weideflächen, Naturwäldern oder Ackerland aus-
ging.[64] Eukalyptus-Plantagen erfreuen sich zunehmender Beliebtheit infolge ihres schnellen Wachstums. Jedoch sind sie vom
Standpunkt der Allelopathie als nicht unproblematisch einzuschät-

zen. Diese Teildisziplin der Chemischen Ökologie befasst sich mit den Wechselwirkungen von Pflanzen mithilfe von chemischen Botenstoffen auf andere Pflanzen. »Die Wirkung von Eukalyptus auf andere Pflanzen reicht bis in eine Entfernung von zehn Metern vom Stamm und hält bis zu vier Jahre nach der Rodung an.«[65] Die zuvor angesprochene geringere Artenvielfalt gegenüber Regenwäldern soll nicht als Beschränkung angeführt werden, da ihre Vernichtung aus anderen, faserfremden Motiven und Überlegungen geschieht.

Baumwolle ist eine jahrtausendealte Kulturpflanze mit Ursprüngen auf dem afrikanischen, amerikanischen und asiatischen Kontinent. Dagegen bestehen über die Entstehung von Öl nur Theorien, wovon die Lehre von seinem biologischen Ursprung am weitesten verbreitet ist.

Während das Verbrauchsmuster beider Rohstoffe in der Weise vergleichbar ist, dass beide Ressourcen überwiegend in Industrienationen konsumiert werden, ist das Niveau der Nachfrage vollkommen verschieden. Auf Jahresbasis haben wir 2010 rund 25 Milliarden Kilogramm Baumwolle für vorwiegend Bekleidungszwecke verwendet, das entspricht einem jährlichen Pro-Kopf-Bedarf von gut 3,6 Kilogramm. Demgegenüber verbrauchen wir täglich weltweit rund vierzehn Milliarden Liter Erdöl oder etwa zwei Liter pro Kopf am Tag. Diese abstrakte und schwer vorstellbare Menge in Milliardenhöhe wäre bezogen auf Wasser ausreichend, dass alle Einwohner Deutschlands täglich ein Schaumbad in der Badewanne nehmen können.

Aus diesen kolossalen Nachfragemengen erwachsen zwangsläufig Fragen nach der Endlichkeit dieser Rohstoffe. Baumwolle, grundsätzlich eine mehrjährige Pflanze, wird häufig nur als einjährige Pflanze kultiviert, um höchstmögliche Ernteerträge zu erzielen. Solange fruchtbare Ackerböden in ausreichendem Maße zur Verfügung stehen, kann diese Pflanze angebaut werden. Nach der Einschätzung vieler Wissenschaftler sind die Ölvorräte endlich. Der sprichwörtlich letzte Tropfen wurde bereits mehrmals in Aussicht gestellt, doch haben sich die Vorhersagen bislang als unrichtig erwiesen. Der zunehmende technische Fortschritt ermöglicht vielmehr die Förderung und Erschließung in weiter Tiefe vermuteter Ölfelder, was bei weiter ansteigendem Ölpreis auch zunehmend wirtschaftlicher wird. Auf die damit verbundenen Risiken wird nicht weiter eingegangen, doch dürfte vielfach die Naturkatastrophe als Folge der Explosion auf der Bohrplattform »Deepwater Horizon« im Golf von Mexiko noch in Erinnerung sein. Es erscheint daher für die nächsten Jahrzehnte weniger die Verfügbarkeit von Öl kritisch als vielmehr seine Bezahlbarkeit. Auf die zunehmenden Risiken der Ölförderung muss nach der Katastrophe im Golf von Mexiko im Jahr 2010 mit dem unkontrollierten Austritt von riesigen Mengen Öl nicht näher hingewiesen werden. Tiefwasser-Bohrungen in immer größeren und gefährlicheren Tiefen erscheinen unerlässlich, wenn wir unseren Lebensstil nicht grundlegend zu ändern bereit sind. Technischer Fortschritt wird zwar Risiken weiter verringern, doch ein ähnliches Unglück bei Erdölförderung im Meer wird nie gänzlich auszuschließen sein. Je weiter die Möglichkeiten des technisch Machbaren ausgereizt werden, desto mehr Erfahrungswerte im Risikomanagement gilt es erst noch zu sammeln.

Bleiben wir noch kurz bei dem Thema Ölpreis. Mit Aussagen zum bevorstehenden Maximum der Ölförderung und allmählich versiegender Ölvorräte lässt sich vortrefflich der Preis eines endlichen Gutes in die Höhe treiben. Was aber passiert mit dem Preis, wenn Theorien bekannt werden, die Öl als einen immer wieder neu entstehenden Rohstoff anerkennen?

Eine solche Theorie entstand in der ehemaligen Sowjetunion und wurde 1956 von Professor Vladimir Porfirjew vorgestellt. Die »abiotische« Theorie besagt, dass Öl auf nicht-biologischem Wege aus Gestein entsteht.[66] »Der Umstand, dass sich Russland und zuvor die Sowjetunion zum weltgrößten Produzenten von Öl und Gas entwickelt haben, beruht auf der Umsetzung dieser Theorie in die Praxis.«[67] Sie steht in krassem Gegensatz zu der mehrheitlich vertretenen Theorie als fossiler Energieträger, wird kontrovers diskutiert, und doch könnte ihre Anerkennung ein ressourcenbedingtes Peak Oil ausschließen, sofern die Neubildung von Öl mindestens dem Verbrauch entspricht. Neuere Erkenntnisse am schwedischen Königlichen Institut für Technologie sowie ein Interview mit Professor Vladimir Kutcherov deuten auf Hinweise für die abiotische Entstehung von Erdöl und Erdgas hin.[68]

Allein eine umfassende Würdigung und Bewertung der zahlreichen Quellen zu dem Thema der Entstehung von Erdöl würden den Rahmen dieses Buches sprengen. Vielmehr ist mit dieser kurzen Einführung das Ziel verbunden, im Besonderen die Peak-Oil-Theorie deutlich in das Bewusstsein zu rücken.

Die Peak-Oil-Theorie wurde oft bemüht, um auf das Ende billigen Öls und die dramatischen Konsequenzen für moderne Industriegesellschaften aufmerksam zu machen. Weltweite Anerkennung wurde seinem geistigen Vater zuteil, weil er das Fördermaximum der USA treffend prognostizierte. Dieses lag im Jahr 1970 bei rund 11,3 Millionen Barrel pro Tag.[69] Allerdings waren und sind auch heute nicht die Ressourcen in den USA erschöpft, vielmehr machten Importe zu konkurrenzlos niedrigen Preisen aus dem Nahen Osten eine nationale Förderung vielfach unwirtschaftlich. Dass dieser bereits vor über einem halben Jahrhundert geprägte Begriff des *Peak Oil* heute noch so präsent ist, mag der ASPO (Association for the Study of Peak Oil and Gas) zu verdanken sein. Die von Colin J. Campbell im Jahr 2000 gegründete ASPO ist ein internationales Netzwerk von Wissenschaftlern, Institutionen und Universitäten, die sich mit dem Zeitpunkt und den Auswirkungen des globalen Fördermaximums beschäftigen.[70] Dem Archiv für Newsletter auf der deutschen ASPO-Homepage sind mehrfache Verschiebungen eines zeitlichen Eintreffens des weltweiten Produktionsmaximums zu entnehmen.[71]

Den grundsätzlichen Ansatz der Hubbert'schen Peak-Oil-Theorie wollen wir nachfolgend auf Baumwolle übertragen und ihn entsprechend *Peak Cotton* nennen. Wie zuvor hergeleitet, wird die maximale Erntemenge an Baumwolle auf rund 31 Millionen Tonnen beziffert, die im Zeitfenster zwischen 2016 und 2019 erreicht werden kann. Im Gegensatz zur Ölförderung kann Baumwolle aber sehr wohl das Maximum mehrfach realisieren. Doch jede spätere Anhebung der Produktion von Baumwolle auf diese Größenordnung wäre infolge der kontinuierlich steigenden Nachfrage nach Fasern und Garnen unweigerlich mit einer weiteren Reduzierung des Marktanteils verbunden.

Wir haben gesehen, dass die grundsätzlichen Rohstoffe für die wichtigsten Fasertypen unterschiedlichen Zukunftsszenarien und -aussichten unterliegen. Während die Nutzflächen für Baumwolle begrenzt sind und zunehmend für Nahrungszwecke verwendet werden sollten, jedoch auch in stärkerem Maße für Biosprit genutzt werden, ist aus heutiger Sicht kein Technologiesprung absehbar, der vergleichbar wäre mit dem Anstieg der Ernteerträge nach der kommerziellen Nutzung und raschen Ausbreitung von Gen-Baumwolle.

Somit erscheinen aus Sicht der Rohstoffe die zukünftigen Möglichkeiten für ein Wachstum von Baumwolle am angespanntesten zu sein. Die heute überragende Mengenbedeutung dieser Faser mit einem Anteil von achtzig Prozent an den Naturfasern und einem gut dreißigprozentigen Anteil am Weltmarkt macht es erforderlich, dieses Segment in Bezug auf seine Wachstumsperspektiven eingehender zu beleuchten. Zu diesem Zweck wird der aus der Ölindustrie bekannte Terminus *Peak Oil* nachfolgend nochmals aufgegriffen. Wenn auch diese beiden Rohstoffe zunächst recht unterschiedlich anmuten, so haben sie unter gewissen Voraussetzungen doch die Gemeinsamkeit, dass natürliche Gegebenheiten ihnen jeweils eine maximale Ausbringungsmenge zuweisen. Dabei wird der gravierende Unterschied, dass nach vorherrschender Meinung Erdöl als ein endliches Produkt angesehen wird, nicht als hinreichendes Kriterium betrachtet, eine Analogie zu Baumwolle nicht herstellen zu können. Vielmehr wird dieser Ansatz unter dem ursprünglichen Blickwinkel der höchstmöglichen Produktionsmenge auf die Baumwollindustrie übertragen. Daher nennen wir diese Idee in Anlehnung an seinen geistigen Vater aus der Ölindustrie *Peak Cotton*.

3. Textil- und Bekleidungsindustrie im Jahr 2030

In diesem Kapitel wollen wir einen Ausblick auf die textile Nachfrage im Jahr 2030 geben. Dazu ist es in einem ersten Schritt notwendig, die wesentlichen Einflussgrößen für die weitere Entwicklung zu identifizieren. Haben sie eine stimulierende Auswirkung auf die textile Nachfrage oder können sie diese gar hemmen? Aus der Erfahrung der vergangenen Jahrzehnte wissen wir, dass das Volumen für Fasern kontinuierlich angewachsen ist. Kann es so weitergehen oder ist nicht vielmehr auch eine Sättigung der Nachfrage denkbar? Schließlich können wir ja nur ein Hemd und eine Hose zur gleichen Zeit anziehen.

Aus diesen Überlegungen leitet sich im Anschluss ein voraussichtliches Nachfrageniveau ab, das sich in seiner Struktur verändern wird gegenüber heutigen Marktgegebenheiten. Wie noch zu zeigen sein wird, werden auf Zellulose basierende Fasern die relativ stärksten Zunahmen erleben als Folge zukünftiger Engpässe bei Baumwolle.

Zum Abschluss wird mit besonderer Blickrichtung auf die Nachhaltigkeit, eines der Modeworte dieser Zeit, die Frage aufgeworfen, ob diese Forderung tatsächlich zu erfüllen ist. Schließlich basieren doch sowohl Baumwolle als auch Viskose auf natürlichen Rohstoffen. Und zuvor haben wir schon ausgeführt, dass sich die Konkurrenz zu Lebensmitteln und Biosprit weiter verschärfen wird.

Wachstumsfaktoren der Fasernachfrage

Es wurde bereits angesprochen, dass Bevölkerungswachstum, konjukturelle Entwicklung sowie steigende Einkommen einen positiven Effekt auf die Nachfrage nach Textilien haben. Diese grundlegenden Faktoren lassen sich noch erweitern um beispielhaft neue Produktanwendungen. Sicherlich haben auch klimatische Gegebenheiten einen Einfluss auf die Textilnachfrage, ebenso wie der Zeitgeist und die sich ständig verkürzenden Modezyklen oder auch Materialinnovationen, die beispielsweise leichtgewichtige Faserverbundwerkstoffe begünstigen. Natürlich darf die Preiskomponente nicht außer Acht bleiben, die gleichfalls die textile Nachfrage bestimmt. Diese ist besonders bei einem niedrigen Pro-Kopf-Einkommen stark einkommenselastisch. Einkommenszuwächse führen also zu einer überaus starken Nachfrage nach Textilien, wohingegen der Textilkonsum bei hohen Einkommen nur geringfügig ansteigt.

Eine Reihe von weiteren Einflussgrößen wirkt sich zudem auf die Nachfragemenge aus, hierbei handelt es sich aber zum Teil um abgeleitete Einflüsse. So können in wirtschaftlichen Aufschwungphasen die Staatsausgaben zum Ausbau oder zur Sanierung der Infrastruktur angehoben werden, was beispielsweise einen vermehrten Bedarf an Geotextilien nach sich zieht. Geotextilien dienen zum Schutz beispielsweise vor Erosion, zum Trennen oder Filtern im Tief- und Straßenbau. Gleichfalls kann das Budget im Gesundheitswesen erhöht und damit der Bedarf an medizinischen Funktionstextilien gesteigert werden. Angesichts steigender Kosten im Gesundheitswesen gilt es hier noch ein beträchtliches Potenzial zu heben, zum Beispiel für Kleidung, die die Pulsfrequenz eigenständig überwacht und bei ungewöhnlichen Abweichungen einen Alarm aussendet, für Umstandskleider zur kontinuierlichen Überwachung des Babys oder normale Alltagskleidung für Gesundheitsbewusste. Auch medizinische Anwendungen zum Schutz vor Übertragung von Viren sind deutlich ansteigend. Allgemein bleibt festzuhalten, dass die Anreicherung von Textilien mit erweiterten Funktionen nicht nur im medizinischen Bereich, sondern auch bei Sport-, Berufs- und Outdoorbekleidung sowie vielen weiteren Einsätzen deutlich an kommerzieller Bedeutung zunehmen wird. Weitere Beispiele als direkte Folge eines wirtschaftlichen Aufschwungs ließen sich beliebig aufführen. Sie verdeutlichen aber alle schlussendlich, dass die konjunkturelle Entwicklung als wesentlicher Impulsgeber angesehen werden kann.

Nachfolgend wollen wir die maßgeblichen Einflussgrößen auf ihre langfristige Entwicklung analysieren, um daraus Schlüsse für das zukünftige Volumen der textilen Nachfrage im Jahr 2030 abzuleiten. Der Blick in die Zukunft ist dabei immer mit Unsicherheiten, Wahrscheinlichkeiten, Annahmen und Bewertungen verbunden. Modelle, Methoden und Prognosetechniken, wenn sie auch allesamt auf heute verfügbarem Wissensstand international anerkannter Organisationen beruhen, beinhalten doch stets auch eine subjektive Note beispielsweise in Form von der Gewichtung einzelner Einflussgrößen. Um den Einfluss der teils skeptisch, teils ungläubig beäugten *magischen Glaskugel* zu relativieren, sollen zunächst kurz verschiedene Meinungen und Prognosen international anerkannter Organisationen zu Zukunftstrends bis 2030 dargestellt werden. Dies wird dann einen erwarteten Zielkorridor für die Entwicklung der nächsten zwanzig Jahre darstellen.

Der Zeitraum von zwanzig Jahren mag überschaubar erscheinen, im persönlichen Umfeld denkt manch einer vielleicht an seine bevorstehende Pensionierung, an die lange erträumte Weltreise, an Enkelkinder oder den Karrieresprung ins Topmanagement. Doch wie tiefgreifend Veränderungen auch sein können, wird jedem Einzelnen von uns wahrscheinlich erst so richtig bewusst, wenn wir zurückblicken. Daher erscheint ein Rückblick auf die letzten rund zwei Jahrzehnte hilfreich, um uns die grundlegenden Veränderungen in unserem Alltag vor Augen zu führen. Wenn auch bekanntermaßen »in der Vergangenheit ohnehin alles besser war«, so sollten wir uns darauf einstellen, dass der zukünftige

Wandel alles andere als an Dynamik verlieren wird. Allgemein wird erwartet, dass die Geschwindigkeit der Veränderungen noch weiter zunehmen wird. Die rasche Verbreitung des Personal Computers zu immer günstigeren Preisen gemessen an seiner Leistungsfähigkeit, die rasante Ausweitung des Internets, moderne Kommunikationstechnologien im Allgemeinen wie auch Billigflieger als Folge erster Deregulierungsmaßnahmen in der zivilen Luftfahrt[1] sowie die Öffnung der Volksrepublik China und Indiens mit plötzlich rund einer Milliarde neuer Arbeitskräfte können als Treiber der Globalisierung[2] betrachtet werden. Während unter Globalisierung allgemein eine zunehmende globale Verflechtung verstanden wird, hat sie unseren Alltag doch vehement geprägt und verändert. Sie hat eine substanzielle Verlagerung von Produktionstätigkeit und damit Arbeitsplätzen, Technologie sowie Prozess- und Verfahrenswissen bewirkt. Allein eine Suche bei Google unter dem Stichwort *Globalization* bringt knapp 43 Millionen Ergebnisse.

Bedenkt man diese fundamentalen Veränderungen der Vergangenheit, wobei historische Ereignisse wie etwa der Mauerfall in Berlin im November 1989, die Auflösung der Sowjetunion im Dezember 1991 und die Terrorattacken vom September 2001 nicht weiter behandelt werden, so gewinnen die dramatischen Veränderungen gegenüber den 1970er und 1980er Jahren erkennbar an Dynamik.

Ein erster Eindruck über die Zusammenhänge zwischen der textilen Nachfrage und externen Einflüssen ergibt sich aus dem nachfolgenden Bild (Abbildung 1), das die durchschnittlichen Pro-Kopf-Ausgaben für Bekleidung in den USA darstellt.[3]

Wir erkennen, dass der langfristige Wachstumstrend zweimal nach unten korrigiert wurde, und die Gründe dafür liegen auf der Hand. Die Terroranschläge auf das World Trade Center in New York und das Pentagon in Arlington im Jahr 2001 haben bis zum Jahresende die Konsumausgaben für Bekleidung um gut zwei Milliarden Dollar einbrechen lassen. Die in den USA ausge-

Abbildung 1
Pro-Kopf-Ausgaben für Bekleidung in den USA

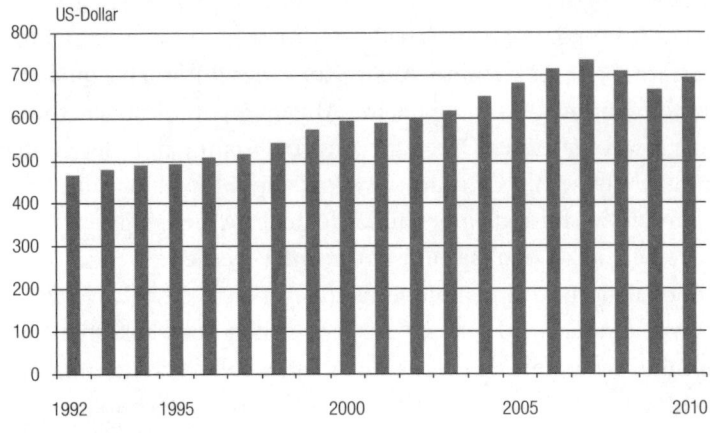

Quelle: U.S. Census Bureau

löste Finanzkrise hat dann abermals einen Rückgang in den Jahren 2008/09 bewirkt.

Wie kann nun die Welt im Jahr 2030 aussehen? Diese Fragestellung lässt sich aus vielen Perspektiven beleuchten, zum Beispiel aus Sicht der Umwelt[4], des weiter ansteigenden Verstädterungsgrades[5], der Rohstoffe[6], des Transportbedürfnisses[7], der Auto-Mobilität[8] und vieler weiterer Aspekte. Es erscheint angeraten, hier einen Akzent auf die wirtschaftliche Entwicklung, die damit verbundenen Veränderungen sowie den Handel als Motor der wirtschaftlichen Entwicklung zu setzen.

Konjunktur und Handel

Allgemeiner Konsens besteht darin, dass die heutigen Entwicklungs- und Schwellenländer unter Federführung der Volksrepublik China und Indien zukünftig ihre Position in Bezug auf die Erzeugung und den Handel von Gütern dramatisch ausbauen werden. Es erhebt sich allerdings die Frage, ob diese Terminologie zur Abgrenzung gegenüber von sogenannten Industrienationen noch zeitgemäß ist. Passt denn zu dieser Begrifflichkeit, dass die VR China mit Devisenreserven zum Jahresende 2011 in Höhe von 3,2 Trillionen US-Dollar[9] (eine Zahl mit zwölf Ziffern hinter der Drei!) einsamer Spitzenreiter in dieser Kategorie ist, gefolgt von Japan mit über einer Trillion Dollar? Wohl eher nicht, aber dieser Umstand macht auch eine anspruchsvolle Herausforderung deutlich. Die Volksrepublik erwirbt ausländische Devisen, die reichlich in das Land fließen, um auf diese Weise die nicht gänzlich frei konvertierbare Landeswährung stabil zu halten. Quellen der Devisen sind ausländische Direktinvestitionen und der Handelsüberschuss, der allein aus dem Textil- und Bekleidungshandel im Jahr 2010 rund 186 Milliarden Dollar betrug. Interessanterweise hätte die Handelsbilanz ein Defizit ausgewiesen ohne die überaus starke und maßgeblich auf den Export ausgerichtete Textil- und Bekleidungsindustrie. Das hebt die Bedeutung dieser Branche für die chinesische Volkswirtschaft ganz klar hervor. Allerdings sind derartige Volumina an Devisen nicht so einfach zu plazieren, ohne Marktpreise in die Höhe zu treiben. Die gegenwärtig hohe Staatsverschuldung in einzelnen EU-Staaten mag sich hier aber als geeignetes Ziel erweisen. Trotzdem sollte bei langfristiger Betrachtung dieser aufstrebenden Volkswirtschaften das erfolgreiche Wachstumsmodell angepasst werden, um die Abhängigkeit von Exporten zugunsten einer stärkeren Binnennachfrage zu reduzieren.[10]

Die freie Handelbarkeit des chinesischen Renminbi, notwendige Voraussetzung zum Aufstieg zu einer Weltwährung, wird politisch nicht forciert, aus Sorge um daraus resultierende Aufwertungstendenzen mit nachteiliger Auswirkung auf die Exportwirtschaft. Doch in dem Betrachtungszeitraum wird die Führung in Peking den Forderungen der internationalen Währungspolitik gegenüber wohl zu Zugeständnissen bereit sein.

Der Internationale Währungsfonds (IWF) schätzt, dass Asiens

Abbildung 2
Welt-Bruttoinlandsprodukt 2000–2030

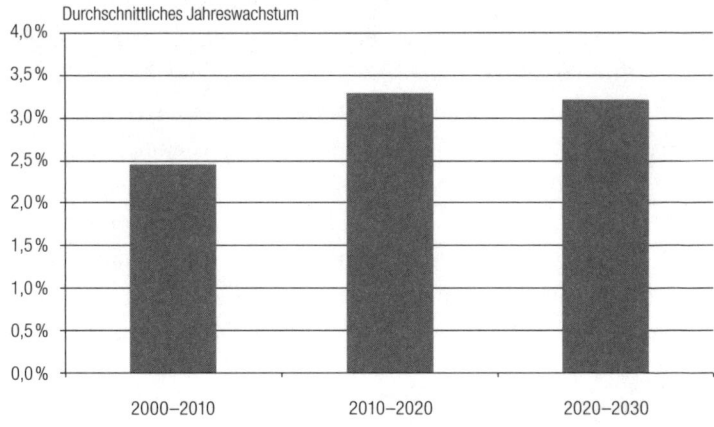

Bruttoinlandsprodukt bis 2030 das der G7-Industrienationen – USA, Japan, Deutschland, Großbritannien, Frankreich, Italien und Kanada – übertreffen könnte.[11] Gemäß einer OECD-Studie werden die heutigen Entwicklungs- und Schwellenländer rund sechzig Prozent des globalen Bruttoinlandsproduktes erwirtschaften.[12] Zu der Zeit wird China die weltgrößte Handelsmacht sein.[13] Das bedeutet aber nicht im Umkehrschluss, dass die erzeugende Industrie in der westlichen Welt infolge höherer Lohnkosten gänzlich zum Erliegen kommt. Fortschritte in der Produktivität, Innovationen, etablierte Netzwerke, Auslandserfahrung sowie Fachwissen werden auch in Zukunft ihr Fortbestehen sichern, Umwelttechnik und erneuerbare Energien werden ausreichende Möglichkeiten offenbaren.[14]

Zur Veranschaulichung der wirtschaftlichen Entwicklung wird die Zeitspanne bis 2030 grafisch wiedergegeben (Abbildung 2). Das Datenmaterial beruht auf einer Vielzahl von Quellen und nimmt Bezug auf das Bruttoinlandsprodukt in US-Dollar jeweils zu Preisen des Jahres 2005.[15] Wichtigste und gleichzeitig wohl

Abbildung 3
Welt-Bruttoinlandsprodukt 2000 vs. 2030

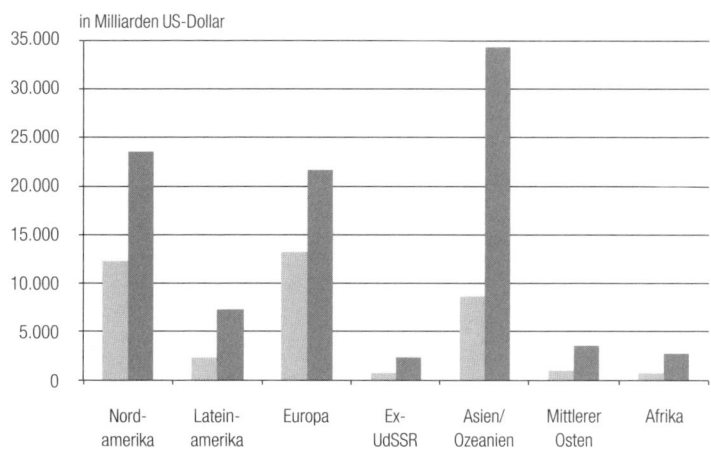

auch erfreulichste Aussage ist, dass ein beschleunigtes Wachstum erwartet wird.

Allerdings wird dieses Wachstum Ergebnis vollkommen neuer Strukturen sein. Asien wird wahrnehmbar an Bedeutung gewinnen. Die zukünftig mächtigste Wirtschaftsregion wird mehr als ein Drittel des weltweiten Bruttoinlandsproduktes erwirtschaften (Abbildung 3).

Das wird zu drastischen Veränderungen der wirtschaftlichen Stärke einzelner Nationalstaaten führen mit weitreichenden Konsequenzen für den jeweiligen Staatshaushalt, den Arbeitsmarkt, zukünftige Sozialleistungen und vieles andere mehr. Ferner ist davon auszugehen, dass sich heutige Entwicklungs- und Schwellenländer, aber zukünftige Wachstumsstars, auch ein stärkeres Stimmrecht in internationalen Organisationen verschaffen werden. Ein Beispiel soll diesen strategischen Aspekt hervorheben.

Die weltweite Handels- und Wirtschaftspolitik wird maßgeblich von den internationalen Institutionen wie Welthandelsorganisation (WTO), dem IWF und der Weltbank beeinflusst und ge-

Abbildung 4
Die zehn größten Wirtschaftsmächte 2010

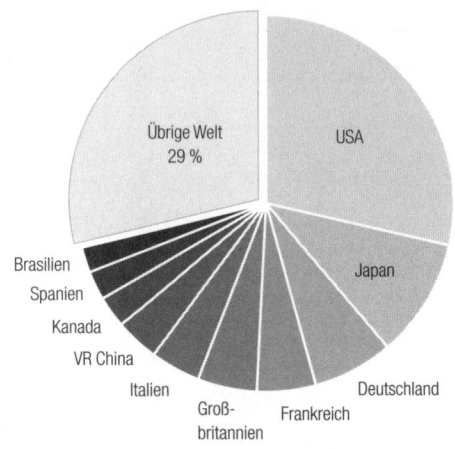

staltet. Absolut stellen heute Entwicklungsländer die größte Gruppe von WTO-Mitgliedern, wobei ihr Status noch nicht einmal verbindlich definiert ist. Beim IWF ist das Stimmrecht abhängig von der Höhe des Kapitalanteils und Mehrheiten kommen nur zustande, wenn sowohl die Vereinigten Staaten als auch die EU-Staaten infolge ihrer Sperrminorität den Beschlüssen zustimmen.[16] In gleicher Weise orientiert sich bei der Weltbank das nationale Stimmengewicht am Kapitalanteil.[17]

Es erscheint nicht zu voreilig zu behaupten, dass die Karten in dem internationalen Spiel schrittweise neu gemischt werden. Haben die Industrienationen bisher die Regeln bestimmt, so werden mit zunehmender Wirtschaftsmacht zukünftig die aufstrebenden Nationen den Kurs vorgeben.

Unter Rückgriff auf die zuvor genannte Quelle werden nun die zehn stärksten Länder im Jahr 2010 aufgeführt (Abbildungen 4). Zu den Gewinnern der nächsten zwanzig Jahre zählen vor allem Länder, deren Zusammenfassung auf die von Goldman Sachs geprägte Abkürzung BRIC zurückgeht.

Der weltweit tätige Finanzdienstleister verwendet seit rund zehn Jahren diesen Begriff, der die Länder Brasilien, Russland, Indien und China umfasst. Es wird unterschiedlich diskutiert, ob Russland der Gruppe wachstumsstarker Staaten zu Recht angehört. Zumindest sprechen sinkende Bevölkerungszahlen, veraltete Infrastruktur und nicht zeitgemäße Maschinenausrüstungen dagegen. Aus textiler Sicht ist das Land als Anbieter ohnehin von marginaler Bedeutung. Es fehlt eine textile Vision im Land, anders als sie beispielsweise in Vietnam gelebt wird, und auch für ausländische Investoren ist das Land allenfalls wegen seiner enormen Rohstoffbestände – Öl, Gas und Holz – von Interesse. Diese Erkenntnis beruht auf der Begleitung einer chinesischen Textil-Delegation nach Russland im Jahr 2009.

Eine wesentliche Annahme für die Entwicklung der Wirtschaftsmächte beruht auf der fortschreitenden Zunahme des Handels. Haben früher Exportbeschränkungen, Kontingente und teils prohibitiv hohe Schutzzölle den internationalen Warenverkehr behindert, so ist mittlerweile der Welthandel so frei und unbeschränkt wie nie zuvor, auch dank sinkender Transportkosten und gestiegener Transportkapazitäten sowie letzten Endes als Ergebnis des politischen Willens in Form von Maßnahmen zur Deregulierung. Derartige Regeln sind fester Bestandteil der Welthandelsorganisation, deren über 150 Mitgliedsländer für mehr als neunzig Prozent des globalen Handels verantwortlich sind.[18] Ein bedeutender Beitrag resultiert auch aus bilateralen oder regionalen Freihandelsabkommen.

Die Auswirkungen sind in der nachfolgenden Grafik (Abbildung 5) sichtbar. In den vergangenen zehn Jahren haben sich die Warenexporte mehr als verdoppelt und der Anteil der asiatischen Ausfuhren ist auf knapp ein Drittel gestiegen. Der Austausch von Waren und Dienstleistungen ist natürlich nichts grundsätzlich Neues, die wohl bekannteste Handelsroute zwischen dem Mittelmeer und Ostasien stellt die Seidenstraße dar.[19] Hier wurden Güter, Informationen und Wissen ausgetauscht.

Abbildung 5
Weltweites Exportvolumen

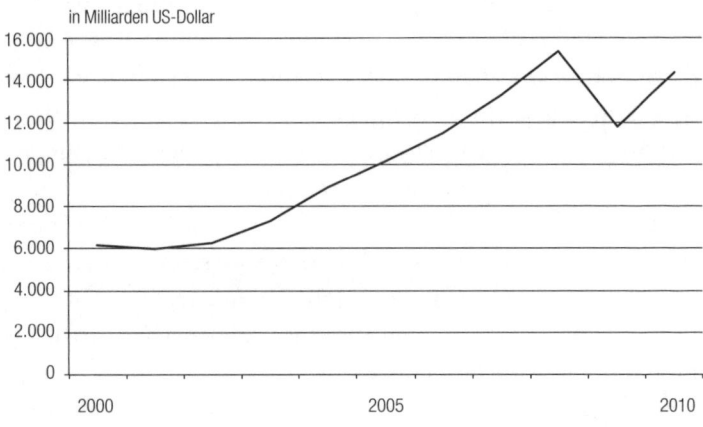

Quelle: WTO

Auf den positiven Zusammenhang von Handel und ökonomi-
schem Wachstum haben wir bereits hingewiesen. Vielfach wird die
Meinung vertreten, dass zunehmende Importe negative Folgen für
den heimischen Arbeitsmarkt implizieren. Doch sollte man dabei
berücksichtigen, dass andererseits heimische Arbeitsplätze auch
dem eigenen Export zu verdanken sind. Eine ausführliche Behandlung der Vorteile des jetzigen Handelssystems findet sich auf der
Homepage der WTO.[20] Davon unbeeinflusst scheint sich in der
westlichen Welt eine öffentliche Meinung zu bilden, die in stärkerem Maße die Nachteile in den Vordergrund stellt. Mittels neuer
Kommunikationsmedien lassen sich solche populären *Weishei-
ten* rasch medienwirksam verbreiten, und die weltumspannende
Macht des Volkes lässt sich anschaulich anhand der Occupy-Be-
wegung aufzeigen. Trotz der positiven Effekte des Welthandels
zählt am Ende die Stimme des Volkes, wie sicher noch vielen eindrücklich anhand der friedlichen Protestmärsche (der sogenannten
Montagsdemonstrationen) in der ehemaligen DDR im Gedächt-

nis ist, sei es zum Teil auch nur aufgrund subjektiver Wahrnehmung von pseudowissenschaftlichen Beiträgen.

Seien es die fundamentalen Strukturveränderungen der Weltwirtschaft und die rasch emporsteigenden neuen Supermächte mit ihrer ökonomischen Dominanz oder einfach die Sorge des Einzelnen um die Sicherheit seines Jobs, Risiken im Hinblick auf einen zunehmenden Protektionismus sind nicht von der Hand zu weisen. Neben der aus dem ökonomischen Wandel resultierenden Unsicherheit über den weiteren Verlauf scheint weiteres Konflikpotenzial bereits vorgezeichnet zu sein: unterschiedliche Auffassungen zum Klimaschutz mit einem nicht allseits ratifizierten Kyoto-Protokoll, zum Umweltschutz und notwendigen Maßnahmen sowie zum Betrieb und Bau von Atomkraftwerken, der Kampf um Trinkwasser, die Sicherung von Bodenschätzen, und hier ist ja eine breit angelegte Diskussion um Metalle der Seltenen Erden entfacht, die gegenwärtige Abhängigkeit von Rohöl, die EU-Verschuldungskrise, die neue Wertediskussion um eine gerechte Gesellschaft, fairen Handel und Nachhaltigkeit, die aus zunehmender Verstädterung potenziellen Gefahren hinsichtlich Umweltverschmutzung und Gesundheit, Alterung der Bevölkerung, soziale Sicherungssysteme, pro Person abnehmendes Ackerland, zunehmender Anteil von ausländischen Mitbürgern, Akzeptanz von andersgläubigen Menschen, fremden Sitten und unbekannten Gewohnheiten und womöglich noch eine Reihe anderer Aspekte. Diese Aufzählung soll kein düsteres Szenario der Zukunft malen, sondern lediglich sensibilisieren für anstehende Herausforderungen, die einer Lösung zugeführt werden müssen. Sofern ein Bündel an ungelösten Konflikten den Rückschritt hin zu mehr Protektionismus auslösen sollte, würde selbstverständlich die zuvor beschriebene Entwicklung empfindlich gestört. Allerdings macht durchaus Mut, dass die liberalisierte Handelspolitik mit fortschreitendem Transfer des Wohlstandes nach Osten nicht nur von internationalen Organisationen wie beispielhaft der WTO unterstützt wird.

Multinationale Konzerne haben im Zuge der Globalisierung

ihr Fertigungsnetzwerk in Asien, genauer gesagt vornehmlich in China, erheblich ausgeweitet. Nach Angaben des chinesischen Handelsministeriums[21] wurden ausländische Direktinvestitionen in der Zeitspanne 1993 bis 2010 effektiv, waren also nicht nur vertraglich vereinbart, in Höhe von etwas über tausend Milliarden Dollar. Das entspricht im Durchschnitt jährlichen Investitionen aus dem Ausland von gut 55 Milliarden Dollar. Diese unvorstellbare Summe, die jedoch für regelmäßige Besucher des Landes greifbar wird, denn die Geschwindigkeit und Größe der Bauten ist eindrücklich, erscheint Beleg genug dafür zu sein, dass Großkonzerne erheblichen Einfluss auf ungehinderten Handel nehmen würden. Die Lobby der Großunternehmen unterstützt also jedwede Bestrebung und Maßnahme zur weiteren Liberalisierung der Warenströme.

Auf der anderen Seite ist auch von den Entwicklungs- und Schwellenländern kein Störfeuer zu erwarten, denn sie wissen, was auf dem Spiel steht und was sie durch abgeschottete Märkte im Westen verlieren würden. Vielfach sind ihre Volkswirtschaften auf die Exportproduktion ausgerichtet, und daher hatten sie auch erheblich unter der in den Vereinigten Staaten ausgelösten Finanzkrise zu leiden. Die Folgen der Überschuldungskrise in der EU sind im Einzelnen noch nicht absehbar.

Bevölkerungsentwicklung

Eine weitere entscheidende Einflussgröße ergibt sich aus der Bevölkerungsentwicklung. Ein recht simpler Ansatz wäre, basierend auf dem Zuwachs der Bevölkerung das langfristige Wachstum der textilen Nachfrage zu berechnen. Nach Angaben des U. S. Census Bureau nimmt die Weltbevölkerung von 6,9 Milliarden im Jahr 2010 auf 8,3 Milliarden im Jahr 2030 zu.[22] Nimmt man die durchschnittliche Pro-Kopf-Nachfrage von 11,8 Kilogramm für das Jahr 2010 und setzt die langfristige Jahreszuwachsrate von 1,1 Prozent an, so würde sich rechnerisch ein Durchschnittswert von 14,7 Kilogramm ergeben. Zusammengenommen hätten wir ein Gesamtvolumen von 122 Millionen Tonnen. Das entspräche einer Zunahme des textilen Bedarfs von fünfzig Prozent in zwei Jahrzehnten. Das klingt einfach, plausibel und ist leicht nachvollziehbar, doch bleiben einige Faktoren mit sowohl positiver als auch negativer Auswirkung auf die Textilnachfrage unberücksichtigt. Ohne das Ergebnis vorwegnehmen zu wollen, das erwartete Niveau der textilen Nachfrage wird deutlich höher anzusiedeln sein. Dieses Fazit ist weniger auf den Einfluss fast zwanzigjähriger Tätigkeit im Textilmaschinenbau zurückzuführen als vielmehr dem in dieser Zeit erworbenen Wissen über makroökonomische Zusammenhänge und ihren Einfluss auf die textilen Märkte.

Somit stellt sich die Frage, aus welchem Grund die Bevölkerungsentwicklung einer genaueren Analyse zu unterziehen sein wird. Aus der Tagespresse sind wir mit Gegebenheiten wie zunehmender Alterung der Bevölkerung und geringeren Zuwachsraten vertraut. Zumindest der zweite Umstand ist doch in dem Zahlenmaterial enthalten, aber sollte man trotzdem nicht besser die Entwicklung regional betrachten?

An früherer Stelle war die Rede von regional deutlichen Unterschieden in der textilen Nachfrage, sei dies begründet durch den Entwicklungsstand, die Einkommenssituation, das Konsumverhalten oder auch das Klima. Während der jahresdurchschnittliche Textilverbrauch in Indien rund sechs Kilogramm pro Einwohner beträgt, überschreitet er in den Vereinigten Staaten die Marke von dreißig Kilogramm. Folglich erscheint es zumindest für die bevölkerungsreichen Nationen angebracht, dass eine gesonderte Bewertung vorgenommen wird.

Auch die Tatsache der alternden Bevölkerung sollte besonders gewürdigt werden. Immerhin nimmt die Zahl der über siebzigjährigen Menschen von 354 (2010) auf 660 Millionen im Jahr 2030 zu.[23] Das Verbrauchsmuster älterer Menschen unterscheidet sich unzweifelhaft, verglichen mit jüngeren Personen. Diese Aussage bezieht sich ausschließlich auf die mengen- und nicht die wertmäßige Komponente. Der Wunsch oder vielleicht eher das Verlangen, stets Bekleidung entsprechend dem neuesten Modetrend tragen zu müssen, ist geringer. Zudem ist die Notwendigkeit der Mobilität weniger ausgeprägt, weil beispielsweise die tägliche Fahrt zur Arbeitsstätte entfällt. Daraus resultiert eine geringere Nachfrage nach technischen Textilien wie zum Beispiel Autoreifen. Ebenfalls sind ältere Menschen stärker mit ihrer Wohnung oder ihrem Haus verwurzelt. Allein diese Sesshaftigkeit reduziert die Nachfrage nach Heimtextilien wie auch Teppichen. Diese Faktoren finden im weiteren Fortgang entsprechend Beachtung. Daraus wird sich dann ein antizipiertes Niveau der textilen Nachfrage ergeben, das besser geeignet zu sein scheint, die zukünftige Realität abzubilden.

Neue Produktanwendungen

Eine weitere Einflussgröße des textilen Bedarfs hat ihren Ursprung in neuen Produktanwendungen. Eingangs wurde das Beispiel von Airbags genannt, die heute allein eine Nachfrage von rund 100 000 Tonnen generieren. Diese Komponente ist aber, wenn überhaupt umfassend, nur äußerst schwer zu recherchieren und zu bewerten. Dazu müsste man in Forschungsinstitute, Universitäten und Labors eintauchen, um näheren Einblick in derzeitige Forschungsprojekte zu erlangen. Hier bleibt wohl der Wunsch Vater des Gedankens, denn Geheimhaltungsvereinbarungen würden allenfalls punktuell eine Veröffentlichung ermöglichen. Folglich kann diese Wachstumskomponente nur in Kalkulationen einfließen, nachdem derartige Produkte Serienreife erlangt haben. Zur Veranschaulichung mag hier die zukünftig massive Verwendung von Kohlenstofffasern in der Luftfahrtindustrie dienen. Erst nach Bekanntgabe seitens Airbus und Boeing, zum Beispiel die Flugzeugzelle mehrheitlich aus diesem Verbundwerkstoff herstellen zu wollen, konnten Analysten Prognosen für den zukünftigen Bedarf anstellen.

Klimaveränderung

Die kontroverse Diskussion dieses Themas mit seinen möglichen Auswirkungen oder zumindest Risiken ist hinlänglich bekannt. Es würde wohl auch zu weit führen, seine Ursachen und Folgen mit repräsentativer Sorgfalt zu beleuchten. Eine Vielzahl von Literatur und fast tägliche Medienpräsenz beschäftigen sich mit dieser Thematik bereits sehr ausführlich. Für diese Zwecke erscheint es ausreichend, auf zwei prägnante Aussagen des Bundesamtes für Umwelt in Bern hinzuweisen. Es wird eine Temperaturzunahme um 0,74 Grad Celsius in den letzten hundert Jahren (1906 bis 2005) genannt, deren starke Zunahme in den letzten Jahrzehnten nicht mit natürlichen Klimaschwankungen zu erklären sei.[24]

Unabhängig davon, ob es sich um menschliche Einflüsse, was wohl am wahrscheinlichsten der Fall sein wird, oder natürliche Einflüsse handeln mag, entscheidend für die Bestimmung des zukünftigen Bedarfs ist hier, der Frage nach der Relevanz dieser Veränderung nachzugehen. Einhellige Meinung dürfte sein, dass bei der zunehmenden Erwärmung weniger Textilien getragen und damit mittelfristig nachgefragt und gekauft werden. Also könnte daraus gefolgert werden, dass nicht notwendigerweise die Stückzahl von Bekleidungsstücken abnehmen wird, wohl aber ihre stoffliche Zusammensetzung. Leichtere Bekleidung aus dünneren Stoffen würde bevorzugt. Das hätte eine hemmende Wirkung auf die Textilnachfrage in der Zukunft. Dem widerspricht hingegen eine kürzlich im *Journal of Geophysical Research* veröffentlichte Studie des Potsdam-Instituts für Klimafolgenforschung (PIK), die als Folge der Erderwärmung extrem kalte Winter in Europa und Nordasien vorhersagt.[25] Das würde die Nachfrage nach wärmender Kleidung begünstigen und hätte somit einen positiven Nachfrageeffekt.

Es bleibt also festzuhalten, dass diese Einflussgröße nicht unberücksichtigt bleiben, ihr aber auch keine eindeutige Auswirkung auf den Textilbedarf zugeordnet werden kann. Zumindest trägt dieser kurze Einschub dazu bei, dass wir nicht spontan aus dem Begriff der *Erderwärmung* einen reduzierten Bedarf an Bekleidungstextilien annehmen können. Folglich werden wir dieser Komponente nachfolgend einen neutralen Einfluss beimessen.

Modezyklus

In den Regionen mit vier Jahreszeiten und typischer Temperatur- und Klimacharakteristik ist ein sich daraus ableitender Modezyklus nach den Jahreszeiten Frühling, Sommer, Herbst und Winter als allgemein bekannt anzusehen. Dieser Wechsel trägt den klimatischen Gegebenheiten Rechnung und ist daher zum Schutz vor Kälte und Wärme zur Vorbeugung von Krankheiten durchaus sinnvoll. Jedoch innerhalb dieser Jahreszeiten haben sich die Zyklen auch weiter verkürzt, neue Kollektionen werden in immer kürzeren Abständen präsentiert. Um mit dem neuesten Trend zu gehen, wird dafür ältere Kleidung ausrangiert oder sollte man besser sagen: weggeworfen? Daraus resultierende Müll- oder eher Kleiderberge entsprechen wohl kaum dem Gedanken der Nachhaltigkeit. Andere Möglichkeiten, den Kleiderschrank für neue Trendware zu räumen, bestehen in Form von Kleidersammlungen und Recyclingfirmen. Das Tragen von Gebrauchtkleidung in wirtschaftlich benachteiligten Regionen dieser Welt und auch die gewerbliche Verwertung von Gebrauchtkleidung sind mit dem Nachhaltigkeitsprinzip wesentlich leichter in Einklang zu bringen. Die Freude der Textilproduzenten und Designer über häufig wechselnde Modetrends ist daher nicht als uneingeschränkt nachhaltig zu bewerten, wenn sie natürlich auch Beschäftigung und Einkommen generiert.

Aber was verstehen wir eigentlich landläufig unter Mode, wer bestimmt, was modisch ist und was demzufolge als unmodisch angesehen wird? Haben wir uns nicht alle schon einmal geärgert, dass ein farblich passendes Kleidungsstück zu einer kürzlich gekauften Hose oder einer Bluse einfach nicht mehr zu erhalten ist? Es erscheint erstaunlich und bewundernswert zugleich, dass Designer

und Modehäuser die richtigen Farbtrends zumeist treffsicher vorhersagen und über ein entsprechendes Angebot verfügen können. Farbe, als ein wesentliches Stilelement der Mode, folgt doch
nicht geheimen Ablaufdaten und weist auch kein Verfallsdatum
auf. Doch zum Glück gibt es CMG – Color Marketing Group, ein
Weltverband mit mehr als tausend Mitgliedern, der branchen-
übergreifend Prognosen zu Farbentwicklungen erstellt.[26] Wenn
auch diese Vereinigung vordergründig nicht so öffentlichkeits-
wirksam in Erscheinung tritt, der mystische Schleier der richtigen
Farbwahl ist damit gelüftet.

Zu den weiteren Faktoren, die Mode beeinflussen und zugleich
definieren, gehören Form und Struktur des Bekleidungsstückes
mit seinen Accessoires wie Knöpfe, Nähte, Taschen, Kragen et ce-
tera sowie der Schnitt und das verwendete Material. Ein *Baukas-
ten* an Stilelementen und seinen Ausprägungen kann einen Mode-
wechsel einläuten oder im besten Fall einen neuen Trend setzen.

Wie zu Beginn ausgeführt, führen kürzere Modezyklen zu erhöhter Nachfrage nach Bekleidung. Sie besitzen daher eine stimulierende Wirkung auf den Textilbedarf. Das trifft jedoch nur auf den
Teil der Bevölkerung zu, der über eine gewisse Einkommenshöhe
verfügt und Bekleidung als Symbol sozialer Zugehörigkeit sowie
Ausdruck seiner Persönlichkeit und seines Lebensstils verwendet.
Die Mode, so wie sie uns heute bekannt ist, kann natürlich auch in
der Zukunft bisher unbekannten Einflüssen unterliegen. Diese
werden voraussichtlich nicht mehr von den heutigen Modezen-
tren, Mailand und Paris, in die Welt hinausgetragen, sondern vorzugsweise von den neuen Supermächten in Asien. Modetrends
werden aus Peking, Mumbai und vielleicht auch Brasilia kommen.
Die Einschränkung für Brasilien, immerhin auch Teil der BRIC-
Staaten, ergibt sich aus der Tatsache, dass die Textil- und Bekleidungsindustrie bisher nur in untergeordnetem Maße auf internationale Märkte ausgerichtet ist. Dies mag sich auf die Stilelemente
der Mode auswirken, vielleicht mehr oder weniger Material ein-

setzen und auch bevorzugt andere Materialien verwenden, doch wird daraus aller Voraussicht nach kein negativer Einfluss auf die Textilnachfrage erwachsen.

Zeitgeist

An früherer Stelle haben wir bereits angesprochen, dass sich in der westlichen Welt ein Trend zu legerer zulasten von formeller Kleidung wie klassischen Anzügen und Kostümen zunehmend etabliert hat. Erste, recht ungewohnte Veränderungen schwappten aus den USA in den 1990er Jahren nach Europa – der sogenannte *Casual Friday*. Abhängig von der Unternehmensphilosophie und Branche, ob Kundenkontakt oder nicht, ging man in vielen Firmen dazu über, den sonst herrschenden Dresscode freitags zu lockern. Das bedeutet natürlich nicht, dass plötzlich Jogginganzüge, Sportbekleidung, abgewetzte und löchrige Jeans oder enganliegende und zu knappe Oberbekleidung in der Geschäftswelt Einzug hielten. Für die Männer entfiel die Krawatte, im Besonderen in heißen Sommermonaten eine Wohltat. Frauen ließen das Kostüm im Schrank. Die Kleidung wurde legerer, wenn sie auch immer noch sauber, ordentlich und elegant sein sollte.

Im Allgemeinen hat diese Entwicklung wohl weniger zu einer signifikanten Veränderung der textilen Nachfrage geführt. Stattdessen wurden Outfits aus der Freizeit nun auch im Büro getragen. Es mag eine Verschiebung innerhalb des Fasermarktes zu anderen Materialien ausgelöst haben. Als Fazit halten wir fest, dass dieser Ausdruck der neueren Zeit eine neutrale Position in Bezug auf den Textilbedarf einnimmt.

Materialinnovation

Umgangssprachlich verstehen wir unter *Innovation* eine neue Idee und Erfindung, die in vielerlei Hinsicht Ausdruck finden kann.[27] Im Bekleidungsbereich sei stellvertretend für eine Vielzahl anderer Beispiele auf die österreichische Firma Löffler GmbH, Hersteller von Premium-Sport- und -Funktionsbekleidung, verwiesen.[28] »In Zusammenarbeit mit Lenzing Textil wurde eine absolute Materialinnovation in Form der Tencel Cellulosefaser geschaffen, die in vielen Bereichen eine neue Dimension bei Funktionsbekleidung eröffnet.«[29] Dieses Beispiel anhand von Zellulosefasern dritter Generation zeigt, dass neue und verbesserte Fasermaterialien den Tragekomfort angenehmer gestalten können. Hingegen muss sich daraus nicht zwangsläufig eine gesteigerte Textilnachfrage ergeben.

Das kann aber durchaus der Fall sein, wenn textile Materialien andere Werkstoffe ersetzen. Als Beispiele seien hier erneut die Automobil- und Flugzeugindustrie genannt. Kohlenstofffasern sind hier das beherrschende Thema. Motivation für derartige Substitutionen sind Gewichtseinsparungen. Bisher werden nur für hochpreisige Sportwagen in Kleinserien diese Fasern anstelle von Aluminium eingesetzt. Weltweit wird aber die Forschung und Entwicklung von führenden Automobilherstellern vorangetrieben, um diesen Werkstoff auch später in Großserienfahrzeugen verwenden zu können. Dafür wurden auch bereits Millionenbeträge in Fertigungsbetriebe investiert. Ziel ist es, das für die Karosserie eingesparte Gewicht für Batterien zu nutzen, um perspektivisch auf fossile Brennstoffe verzichten zu können. Wir erinnern uns, dass der amerikanische Bundesstaat Kalifornien schon 1990 sogenannte *Zero Emission Vehicle* einforderte. Führt man sich vor Augen, dass die weltweite Produktion von Personenkraftwagen und Nutzfahrzeugen im Jahr 2010 annähernd achtzig Millionen Einheiten umfasste[30], so wird das enorme Potenzial für den zukünftigen Einsatz dieser Fasern deutlich. Hinzu kommt ein kontinuierlich zunehmendes Volumen dieser Hightech-Fasern aus dem Bereich der Zivil- und Militärflugzeuge und -hubschrauber. Dieser eingangs schon kurz thematisierte Fasertyp namens Kohlenstofffaser (engl. Carbon Fiber) besitzt auch überragende Eigenschaften für militärische Zwecke und Anwendungen im Weltraum, die allerdings hier zu weit führen würden. Das erklärt aber gleichzeitig den sehr restriktiven Handel und die grundlegend andere geografische Ansiedlung der Produzenten – vornehmlich in Japan, den USA und Westeuropa. Heutigen Produktionsstätten in anderen Ländern kommt auf absehbare Zeit noch keine kommerzielle Bedeutung für anspruchsvolle Einsätze zu. Doch Begehrlichkeiten sind geweckt, vor allem China forciert den Ausbau dieser Kapazitäten, wenn sie auch derzeit bei weitem den Qualitätsanforderungen noch nicht genügen, um in der zweiten Hälfte des Jahrzehnts mit einer eigenen nationalen Flugzeugindustrie Airbus und Boeing konkurrenzieren zu können.

Die Folgen von Materialinnovationen können also ähnlich zu neuen Produktanwendungen substanzielles Mengenwachstum nach sich ziehen. Doch sind Informationen im Vorfeld realistischerweise nicht umfassend zu recherchieren, was gerade bei einem langfristigen Ausblick bis 2030 wünschenswert wäre. Geheimhaltungsvereinbarungen zum Schutz der kommerziellen Interessen stehen diesem Ansinnen entgegen. Somit kann nur öffentlich zugängliches Datenmaterial in die Abschätzung der zukünftigen Nachfragemengen einfließen. Zumindest für zivile Flugzeuge steht dank der beiden Großkonzerne umfangreiches Prognosematerial bis 2030 zur Verfügung.[31]

Preis und Einkommen

Im Allgemeinen besteht eine positive Korrelation zwischen der Nachfrage nach textilen Produkten und der Einkommenshöhe, das heißt, bei zunehmendem Einkommen steigt die Textilnachfrage. Der Verbrauch ist besonders bei einem niedrigem Pro-Kopf-Einkommen stark einkommenselastisch, um die Grundbedürfnisse zu befriedigen. Mit steigendem Einkommen wird hingegen ein immer kleinerer Anteil der Konsumausgaben für textile Waren verwendet. Es ist allerdings nicht davon auszugehen, dass die Korrelation zwischen Textilkonsum und Einkommenshöhe negativ wird. Schließlich ist auch Ausdruck der Persönlichkeit, sich individuell, abwechslungsreich und modisch zu zeigen.

Grundsätzlich heizt ein niedriger Preis den Textilkonsum an, von den, bezogen auf den Gesamtmarkt, kleinen Nischen von Designerware und Unikaten wird hier abgesehen. Die Auswirkungen waren bereits zu Zeiten der Industriellen Revolution wahrzunehmen und sind heute bei Discountern sowie preisgünstigen Plagiaten im asiatischen Ausland noch festzustellen. Eine These, wie im Vorwort bereits genannt, beruht aber auf der Annahme, dass billige Bekleidungstextilien in absehbarer Zeit ein Ende finden werden. Wir sollten uns also auf steigende Preise vorbereiten, weniger im Sinne von Hamsterkäufen als vielmehr mental darauf einstellen.

Schauen wir auf die dramatische Entwicklung der Lebensmittelpreise und führen uns die steigenden Inflationsraten in weiten Teilen der Welt vor Augen, so verwundert es, dass Preisanhebungen noch nicht auf breiter Front Realität sind. Nun, eigentlich könnte es schon so weit sein, ein wesentlicher Umstand hat uns bisher davor verschont – Überkapazität. Die Auftragseingänge bei allen international führenden Herstellern von Textilmaschinen schnellen seit dem Jahr 2009 nach oben. Die weltweiten Investitionen bewegen sich auf Rekordniveau, vor allem dank enormer Erweiterungen der Kapazität in China. Aktuelles Problem der Maschinenanbieter ist daher die Lieferzeit, da sie verschiedentlich auf mehrere Jahre hinaus ausgelastet sind. Obwohl die Fertigungskapazitäten entlang der textilen Wertschöpfungskette seit Jahren in einzelnen Segmenten kaum wirtschaftliche Auslastungsraten aufweisen, wird in großem Stil weiter investiert. Das sorgt aus Konsumentensicht dafür, dass ein erheblicher Preisdruck und der Kampf um Beschäftigung auf Herstellerseite keine nachhaltige Preiserhöhung von Bekleidung ermöglicht. Man könnte meinen, dass es sich hier um ein vorübergehendes Ungleichgewicht handeln wird und somit höhere Textilpreise nur eine Frage der Zeit sein werden. Keine Sorge, es besteht keine Notwendigkeit, rasch

neue Bekleidung zu erwerben, die Investitionen gehen auch im
Jahr 2011 ungebremst weiter, wenn auch mit Einschränkungen für
den Baumwollbereich, und im Übrigen begleitet uns das Thema
Überkapazitäten bei Chemiefasern sicher schon zehn Jahre.
Zusammengefasst sind deutliche Preisschübe so wenig zu erwarten wie ein dauerhaft noch günstigeres Preisniveau. Mit langfristiger Perspektive wird hingegen ein Anstieg der Preise unaus-
weichlich sein, was uns die mittlerweile nicht mehr so günstige
Baumwolle ja schon gelehrt hat. Es gibt wenig Spekulativeres als
langfristige Preiseinschätzungen, daher gehen wir im Weiteren
weder von einem stimulierenden noch einem hemmenden Einfluss der Preise auf den Textilkonsum aus.

Volumen des Fasermarktes 2030

Die zuvor dargestellten Faktoren, die Einfluss auf die zukünftige
Entwicklung des Textilkonsums nehmen, gilt es nun zu bewerten
und in Volumina zu überführen. Ein zugrunde liegendes Modell
zu beschreiben und in Worte zu fassen, ist sicher mühsam und ein
wenig geeigneter Weg. So viel sei hier erwähnt, es werden grundsätzlich die aktuellen Pro-Kopf-Verbräuche der einzelnen Länder
in Beziehung gesetzt zur voraussichtlichen wirtschaftlichen Entwicklung. Zunächst wird jede einzelne Einflussgröße separat untersucht, im Anschluss werden die Ergebnisse zusammengefasst
und auch mögliche Interdependenzen beleuchtet.
Wie eingangs beschrieben, hat die Einkommenshöhe und -ent-
wicklung eine überragende Bedeutung für den Textilkonsum. Beispielhaft sind in der nachfolgenden Grafik (Abbildung 6) für mehr
als hundert Länder die aktuellen Textilverbräuche pro Kopf in Beziehung zum Einkommen gesetzt worden. Offiziellen Angaben
zufolge wird mehr als die Hälfte der textilen Weltproduktion in
China, den Vereinigten Staaten und Indien konsumiert. Die staatliche Textil- und Bekleidungsorganisation in Peking gibt die aktuelle

Abbildung 6
Korrelation zwischen Textilverbrauch und Einkommen

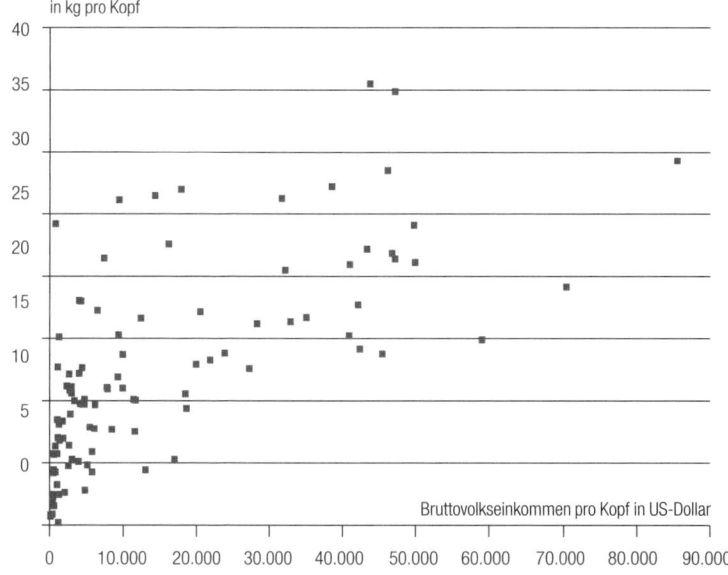

Nachfrage pro Kopf mit achtzehn Kilogramm an[32], der vergleichbare Wert erreicht in den USA 34,9 Kilogramm.[33] Zum Vergleich nimmt die Nachfrage in der EU (27) nach eigenen Berechnungen ein Niveau von zwanzig Kilogramm ein, der Verbrauch in Indien erreicht die Größenordnung von sechs Kilogramm.

Es lässt sich aus dem Schaubild klar erkennen, dass bereits kleine Veränderungen unterer Einkommen zu einem spürbaren Anstieg des Textilkonsums führen. Ebenso findet die früher aufgestellte Ansicht Bestätigung, dass hohe Einkommen nur eine unterproportionale Zusatznachfrage nach Textilien bewirken.

Konjunktur und Bevölkerung

Es wird erwartet, dass die jahresdurchschnittlichen Wachstumsraten des weltweiten Bruttoinlandsproduktes von rund 2,5 Prozent in der Periode 2000 bis 2010 an Dynamik gewinnen und auf
jeweils etwas über 3,2 Prozent ansteigen werden. Da im vergangenen Jahrzehnt der textile Verbrauch trotz des historischen Ein-
bruchs infolge der Finanzkrise um 3,4 Prozent angewachsen ist,
könnten wir daraus eine zukünftige Wachstumsrate von gut vier
Prozent folgern. Das würde einem Marktvolumen in der Größenordnung von 175 Millionen Tonnen oder durchschnittlich rund
21 Kilogramm persönlichem Bedarf entsprechen.

   Dieser Ansatz nimmt allerdings keinen Bezug zu der regional
unterschiedlichen Wachstumsdynamik, was jedoch angeraten erscheint angesichts starker nationaler Abweichungen des Textilkonsums. Ebenfalls sind der volkswirtschaftliche Entwicklungsstand und die nationale Einkommenshöhe von Bedeutung, denn
es hat sich gezeigt, dass ein Anstieg niedriger Einkommen in höherem Maße Bekleidung nachfragt. Es geht also prinzipiell um den
Zusammenhang zwischen Einkommen und textiler Nachfrage, der
sich, wie zuvor gezeigt, im idealtypischen Fall grundsätzlich de-
gressiv ansteigend entwickelt.

   Zu diesem Zweck orientieren wir uns an den zuvor aufgeführten zehn führenden Nationen. Auf diese Gruppe von Ländern entfallen knapp siebzig Prozent der weltweiten Wirtschaftsleistung.
Durch den Aufstieg Indiens in diese Elitegruppe wird im Jahr 2030
fast die Hälfte der Weltbevölkerung zu dem Kreis der Wirtschaftsmächte zu rechnen sein (Abbildung 7).

   Diese Gruppe von Wirtschaftsmächten ist durchaus heterogen
in Bezug auf ihren gegenwärtigen Textilkonsum. Bei den Ländern
mit heute bereits hohem Pro-Kopf-Einkommen ist zu erwarten,
dass Konsumausgaben für textile Produkte nur unterproportional
zunehmen werden. Also sind es im Besonderen drei der BRIC-
Staaten – Brasilien, Indien und China – mit überdurchschnittli-

Abbildung 7
Pro-Kopf-BIP 2030

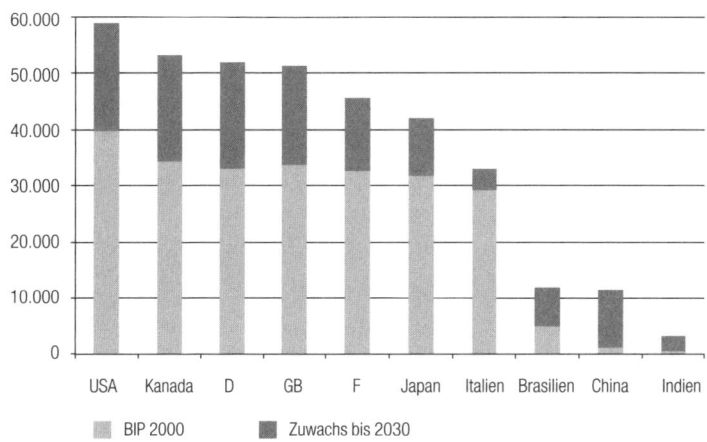

cher Nachfrage nach Textilien. Im Jahresdurchschnitt wird das Pro-Kopf-Bruttoinlandsprodukt jeweils zu US-Dollar-Preisen des Jahres 2005 in China um acht, in Indien um sechs und in Brasilien um drei Prozent wachsen. Angesichts der aus heutiger Sicht vergleichsweise geringen Einkommen wird die dortige Bevölkerung ihre Einkommensgewinne zu einem höheren Anteil für den textilen Konsum verwenden. Wir nehmen daher an, dass bis zu der jeweiligen Hälfte der zusätzlichen Einkommen für textilrelevante Waren eingesetzt werden, das muss ja schließlich nicht nur Bekleidung sein. Bedenkt man, dass diese zehn Länder umfassende Gruppe mit gut 3,4 Milliarden Einwohnern bereits heute zwei Drittel der Textilnachfrage, genauer gut 54 Millionen Tonnen, auf sich vereint, so wäre es wenig verwunderlich, wenn dieses Volumen bis 2030 die Marke von 95 Millionen Tonnen erreicht. Das erscheint für den Zeitraum von zwei Jahrzehnten angesichts des enormen Nachholbedarfes und der zukünftigen wirtschaftlichen Potenz als recht moderate Prämisse. Der Mengeneffekt vonseiten der G7-Staaten mit ihren erwarteten 800 Millionen Bürgern ist dabei von untergeordneter Bedeutung. Selbst wenn wir eine Sättigung nicht erwarten, so werden die jährlichen Zuwächse deutlich moderater ausfallen. Deshalb kalkulieren wir den Anstieg des jahresdurchschnittlichen Pro-Kopf-Verbrauches nur zaghaft mit einem Prozent.

Zu weiteren Ländern mit erfreulichen Wachstumsraten des Bruttoinlandsproduktes in dem Bereich um fünf Prozent jahresdurchschnittlich gehören Vietnam (2010 bis 2030: +6,4 Prozent pro Jahr), Irak (+5,9 Prozent), Bangladesch (+5,8 Prozent), Angola (+5,5 Prozent), Nigeria (+5,4 Prozent), Indonesien (+5,1 Prozent) und Peru (+4,9 Prozent). Sie zählen nach China und Indien zu den wachstumsstärksten Volkswirtschaften, wobei eine Mindestgröße der Wirtschaftskraft von fünfzig Milliarden Dollar für das Jahr 2010 als Untergrenze angesetzt wurde. Dieses Kriterium hat die Folge, dass sehr kleine Volkswirtschaften direkt ausgeklammert werden. Ansonsten wäre der Wachstumsstar schlechthin zu thematisieren, die Mongolei mit einer antizipierten durchschnittlichen Jahreszunahme der Wirtschaftskraft von 7,6 Prozent bis 2030. Bei allem gebotenen Respekt, es ist nicht zielführend, ein Land mit einer Bevölkerung von drei Millionen hervorzuheben. Noch dazu handelt es sich bei der Mongolei um einen Binnenstaat, und es gibt bekanntlich keine erfolgreiche Nation in der Textilindustrie ohne direkten Seezugang. Alle eingangs genannten Länder gehören der mittleren und unteren Einkommensgruppe an. Folglich lässt wirtschaftliche Prosperität diese heterogene Gruppe von Nationen in stärkerem Maße Ausgaben für textile Bedürfnisse tätigen. Hinzu kommt, dass die heute gut 700 Millionen Menschen in diesen Ländern im Jahr 2030 knapp an die Milliardengrenze heranreichen werden. Als Resultat eigener Analysen wird dieser Gruppe ein aktueller Textilbedarf von ungefähr fünf Kilogramm pro Kopf zugeordnet. Dieser geringe Konsum ist maßgeblich Folge marginaler Textilausgaben in den bevölkerungsreichen Ländern Bangladesch und Nigeria mit jeweils rund 160 Millionen Einwohnern. Vietnam und Peru wären schon näher am weltweiten Durchschnitt einzureihen. Hinzu kommt, dass der Bedarf in stärkerem Maße durch Gebrauchtkleidung gedeckt wird. Dies trifft beispielhaft gerade für Angola zu, wo diese Kategorie mehr als die Hälfte des Marktes abdeckt. Der heute geringe Textilkonsum in Verbindung mit überdurchschnittlichen Zuwachsraten der Wirtschaft lässt eine Verdoppelung der Nachfrage als nicht unrealistisch erscheinen. Schließlich werden die Grundbedürfnisse am meisten von steigendem Einkommen profitieren. Also wäre diesem Cluster eine Nachfragemenge von annähernd zehn Millionen Tonnen zuzuordnen.

Bleibt festzuhalten, dass allein diese siebzehn Nationen zum Ende des Prognosezeitraums schon eine Marktgröße von über hundert Millionen Tonnen darstellen können. Das ist mehr als der heutige Konsum der ganzen Welt. Was können wir dann zusätzlich noch von den übrigen fast 180 Ländern dieser Erde, immerhin also rund 2,7 Milliarden Menschen, erwarten? Darunter sind ja durchaus auch Schwergewichte in Bezug auf heutigen Textilkonsum, Kaufkraft und Bevölkerungszahl zu finden. Als Beispiele für überdurchschnittliche Textilnachfrage und Kaufkraft sei auf Australien, Neuseeland, Österreich, Russland, Saudi-Arabien, die Schweiz, Singapur, Spanien, Südkorea und die Republik China (auch bekannt unter Taiwan oder Formosa) verwiesen. Diese zehn Länder mit einer über den Prognosezeitraum nahezu unveränderten Bevölkerungszahl von rund 330 Millionen dürften gegenwärtig einen Bedarf von sechs Millionen Tonnen ausmachen. Das entspricht einem über dem individuellen Durchschnitt der beiden erstgenannten Ländergruppen angesiedelten Pro-Kopf-Verbrauch jenseits der fünfzehn Kilogramm. Hier werden ebenfalls keine wahrnehmbaren Veränderungen im Hinblick auf die weitere Entwicklung der Ausgaben für textile Zwecke angenommen. Daher gehen wir analog zu den G7-Staaten von einem weiteren, wenn auch marginalen Wachstum aus, das, verglichen mit dem G7-Ansatz, um die Hälfte gekürzt wird. Insgesamt könnten diese Nationen auf einen Textilbedarf von zukünftig knapp sieben Millionen Tonnen kommen.

Mit der Blickrichtung auf große Bevölkerungszahlen sind noch Ägypten, Äthiopien, Burma, der Iran, Kongo, Mexiko, Pakistan, die Philippinen, Thailand und die Türkei zu nennen. Selbstverständlich gehört Burma nicht zu den führenden zehn bevölkerungsreichsten Ländern, doch zur Vermeidung von Redundanzen werden beispielsweise die in der ersten Gruppe genannten Bevölkerungsriesen nicht erneut hier integriert. Das derzeitige Bevölkerungsniveau der aufgeführten Ländergruppe von 910 Millionen soll bis 2030 auf über 1,2 Milliarden zunehmen. Die durchaus heterogene Zusammensetzung dieser bevölkerungsreichen Staaten macht eine Abschätzung der gegenwärtigen Textilnachfrage recht schwierig. Durch eigene Recherchen untermauert, erscheint eine Größenordnung von acht Kilogramm im Durchschnitt plausibel. Da fast ausnahmslos die langfristigen Perspektiven dieser Länder über dem weltweiten Durchschnitt angesehen werden, scheint eine textile Wachstumsdynamik in Anlehnung an die zweite Gruppe angebracht. Daher besteht der berechtigte Verdacht, dass der Pro-Kopf-Verbrauch auf zehn Kilogramm angehoben werden wird. Das würde einem Volumen von zwölf Millionen Tonnen im Jahr 2030 entsprechen.

Da eine starke Korrelation zwischen der Bevölkerungsentwicklung und dem Textilkonsum besteht, empfiehlt es sich, die Länder mit dem größten prozentualen Bevölkerungswachstum näher zu betrachten. Die Liste der führenden zwanzig Staaten umfasst mit Ausnahme von Afghanistan ausschließlich afrikanische Nationen. Es wird erwartet, dass die Bevölkerung in der Zeitspanne 2010 bis 2030 von rund 560 auf gut 960 Millionen Menschen zunimmt.[34] Von dieser Steigerung um 400 Millionen Bürger, was immerhin der Hälfte der Bevölkerung der G7-Staaten entspricht, ist doch ein Einfluss auf den zukünftigen Textilkonsum zu erwarten. Oder? Doch wir werden sehen, dass sich der Textilbedarf eben nicht nur aus der Bevölkerungsentwicklung ableiten lässt. Zur Begründung beziehen wir uns nachfolgend auf Daten der Weltbank.[35] Der überwiegende Anteil (achtzig Prozent) dieser Länder gehört zu den ärmsten Volkswirtschaften mit einem Bruttovolkseinkommen pro Kopf zwischen 160 Dollar (Burundi) und 750 Dollar (Benin). Die Gründe hierfür sind vielfältig, zum Beispiel totalitäres Regime, politische Instabilität, Bürgerkriege, Dürre und Hungersnot. Auf der anderen Seite verfügen diese Staaten auch über Rohstoffe, die aber mangels etablierter nationaler Wertschöpfungsketten überwiegend für den Export bestimmt sind. Grundsätzlich lässt sich ein recht niedriger Integrationsgrad in die globalisierte Welt von heute erkennen. Da wir an anderer Stelle Handel als den Motor wirtschaftlichen Wachstums bezeichnet haben, stellt sich die Frage nach dem ausschlaggebenden Grund. Interessanterweise sind elf dieser Nationen Binnenstaaten, was den Warenaustausch erschwert, verlangsamt und teurer gestaltet. Es ist auch nicht zu erwarten, dass sich wirtschaftlicher Aufschwung in Kürze abzeichnen wird. Nach Untersuchungen der Weltbank zu Regularien und Umständen für inländische Firmen, ein Geschäft zu betreiben, in 183 analysierten Nationen nimmt die Hälfte der Länder einen Platz am unteren Ende der Skala ein. Folglich ist die wirtschaftliche Perspektive bei den meisten dieser Länder als düster zu bezeichnen. Angesichts eines durchschnittlichen Bruttonationaleinkommens pro Kopf von weniger als 650 Dollar erscheint ein Textilkonsum von höchstens drei Kilogramm angemessen. Das ist allerdings nicht gleichbedeutend mit der Schlussfolgerung, dass dort in starkem Maße abgetragene, veraltete oder altmodische Bekleidung anzutreffen sei. Im Gegenteil! Ein Blick auf die Zollposition 6309 (Altwaren) im Harmonisierten System führt zu dem Ergebnis verhältnismäßig hoher Importe von Gebrauchtkleidung, im Jahr 2010 rund 350 Millionen Dollar.[36] Gebrauchtkleidung wird nicht dem jährlichen Textilverbrauch zugerechnet, aber erwartungsgemäß seine dominante Bedeutung in diesen Ländern aufrechterhalten. Insgesamt wird das zukünftige Potenzial der Nachfrage auf maximal zwei Millionen Tonnen, das heißt 3,5 Kilogramm pro Kopf, begrenzt sein.

In umgekehrter Weise gilt es zu beachten, dass die Bevölke-

rung in einigen Ländern schrumpfen oder stagnieren wird. Auf
Russland haben wir schon hingewiesen, die überwiegende Anzahl
betrifft Nationen auf dem europäischen Kontinent sowie Japan,
Kuba, Südafrika und die Republik China. Zum größten Teil handelt es sich hier um Länder mit überdurchschnittlichem Textilkonsum, sodass die weiter steigende Nachfrage nach Textilien den Be-
völkerungsrückgang kompensieren wird.

Diese skizzierten Gruppen umfassen aktuell annähernd sechs
Milliarden Menschen. Sie werden erwartungsgemäß im Jahr 2030
die Marke von sieben Milliarden überschritten haben. Ihr heutiger Anteil von neunzig Prozent am Textilkonsum wird leicht zunehmen. In Summe ist zu erwarten, dass der Gesamtmarkt von
heute achtzig Millionen Tonnen auf rund 140 Millionen Tonnen
im Jahr 2030 ansteigen wird. Das bedeutet, dass die nicht expli-
zit aufgeführten Nationen, deren Bevölkerung von 940 Millionen
auf fast 1,4 Milliarden ansteigen wird, keine nennenswerten Kon-
sumzuwächse verzeichnen werden. Ihre absolute Nachfrage wird
trotz Bevölkerungswachstum im Bereich von zehn Millionen Tonnen angesiedelt sein.

Das erwartete Nachfragewachstum aus den Einflussgrößen Be-
völkerungsanstieg und Einkommenshöhe lässt eine jahresdurchschnittliche Wachstumsrate von 2,8 Prozent erwarten. Das wäre
leicht unterhalb der Entwicklung des vergangenen Jahrzehntes.
Doch wie zuvor beschrieben, sind zusätzlich noch weitere Wachs-
tumstreiber zu beachten, die jedoch mehr in qualitativer Hinsicht
bewertet werden. Außerdem ist als Fazit der länderspezifischen
Aussagen festzuhalten, dass die Verlagerung des Konsums mit
zeitlicher Verzögerung der bereits vor mehr als zehn Jahren ein-
geleiteten Produktionsverschiebung nach Asien folgt. Die größte
Dynamik ist in den asiatischen Entwicklungs- und Schwellenländern erkennbar. Ob daraus auch ein signifikanter Einfluss auf
Modezyklen und den Zeitgeist der Modetrends resultiert, ist derzeit nicht absehbar. Allerdings gilt es heute zum Beispiel in China
als schick, westliche Kleidung, Autos und Uhren zu besitzen. Da-

durch kann man seinem Umfeld zeigen, dass man es geschafft hat und sich teurere Artikel zu leisten vermag. Aber ist diese Erscheinung wirklich nachhaltig oder kann sie nicht auch zu einem späteren Zeitpunkt in das Gegenteil umschlagen?

Wir erinnern uns an den Mauerfall und die Wiedervereinigung Deutschlands. Für die Bürger aus den Neuen Bundesländern war es erstrebenswert, *westliche* Artikel zu konsumieren. Das war ja jahrzehntelang kaum möglich. Doch es scheint, dass schrittweise wieder traditionelle Marken und Produkte an Beliebtheit gewinnen. Welche Konsequenzen könnte ein solches Umdenken für den Textilmarkt nach sich ziehen? Nun, Modetrends würden sicher in stärkerem Maße auf die asiatische Tradition und Gebräuche abstellen. Das ist nicht verwunderlich, wenn die bedeutendsten Volumina dort nachgefragt werden. Anders stellt es sich jedoch beim Thema Marken dar. Hier hat im Speziellen die chinesische Industrie noch einige Anstrengungen vor sich, um eigenständige Marken mit unverwechselbaren Eigenschaften und Wiedererkennungswert am Markt zu positionieren. Diese Schwachstelle wurde bereits von CNTAC (staatliche Dachorganisation für Textil- und Bekleidung) adressiert, auch um zukünftig auf dem Weg von Differenzierungen höhere Margen erzielen zu können, doch es ist als ein Prozess zu verstehen. Auf die damit verbundenen Entscheidungen, Maßnahmen und Ziele einer Markenpolitik gehen wir nicht weiter ein. Wir wollen lediglich darauf aufmerksam machen, dass der Weg hin zu einer Markenbildung nicht ganz so trivial ist. In Summe können sich hier folglich für die Zukunft ebenfalls Veränderungen einstellen, die aber aus heutiger Sicht nicht zu quantifizieren sind. Vielmehr unterstellen wir, dass das modische Anforderungsprofil heutiger Konsumenten einem Wandel unterzogen wird, der aber nicht seine Variantenvielfalt einbüßen wird.

Innovationen, sowohl im Hinblick auf die Materialien als auch neue Produkte und Anwendungsgebiete, werden auch in der Zukunft eine Triebfeder erhöhter Textilnachfrage darstellen. Auf einer kürzlich besuchten Polyamid-Konferenz in Shanghai wurde

in einer Präsentation darauf hingewiesen, dass sich die Zeitab-
stände bis zum Kauf neuer Autoreifen von früher über drei auf aktuell unter zwei Jahre verkürzt hätten.[37] Die Gründe hierfür wurden nicht genannt, sie können aus erhöhter Mobilität resultieren
oder einfach aus einer kürzeren Lebensdauer. Hier möchte ich natürlich den Reifenherstellern nicht unterstellen, dass sie zum Zwecke der Gewinnmaximierung Rezepturen verändert haben. Das
Beispiel zeigt, dass Neuerungen unser tägliches Leben begleiten
und auch altbekannte Güter einen positiven Effekt auf die textile
Nachfrage ausüben können. Neuerungen, wie eingangs erwähnt
Fasern für die Luft- und Raumfahrt, die Windenergie oder zunehmend für die Automobilindustrie, werden gleichfalls einen positiven Mengeneffekt initiieren. Um nochmals das Beispiel von
Airbags aufzugreifen. Wer hätte bei ihrer Markteinführung eine
aktuelle Marktgröße von 100 000 Tonnen für möglich gehalten?
Aus den geschilderten Gründen wird eine datenbasierte Vorhersage nahezu unmöglich. Wer erinnert sich noch an Christo, der
in den 1990er Jahren den Reichstag in Berlin mit einem feuerfes-
ten Gewebe verhüllte? In der Zukunft wäre vermehrter Einsatz in
der Städteplanung denkbar, um Gebäude vor Umwelteinflüssen
und Einkaufsstraßen vor Regen zu schützen oder Gebäude farblich zu verändern. Funktionstextilien könnten intelligente Aufga-
ben wahrnehmen, wären dann möglicherweise aber in ihrer Haltbarkeit eingeschränkt. Fasermaterialien könnten grundsätzlich
andere Werkstoffe ersetzen oder gänzlich neue Einsatzgebiete ermöglichen. Für das Jahr 2030 gehen wir von einem Anteil heute
noch unbekannter Anwendungen in der Größenordnung von drei
Prozent des Gesamtmarktes aus.

Das würde in Summe für das Jahr 2030 einem Volumen des
Textilmarktes von 146 Millionen entsprechen. Dies trägt dem Umstand Rechnung, dass die einerseits höhere Wachstumsdynamik
in heutigen Entwicklungs- und Schwellenländern einem reduzierten Wachstumstempo in den Industrienationen gegenübersteht.
Auch wäre noch die zuvor angesprochene Alterung der Bevölke-

rung zu behandeln. Diese Entwicklung wird sich in einigen Volkswirtschaften bemerkbar machen, doch wird der Mengeneffekt
nicht gravierend ins Gewicht fallen. Die voraussichtliche Fasernachfrage von 146 Millionen Tonnen im Jahr 2030 entspräche einem durchschnittlichen Pro-Kopf-Verbrauch von 17,5 Kilogramm.
Würden wir großzügig für das Segment der über siebzigjährigen
Menschen, das von 354 (2010) auf 660 Millionen im Jahr 2030 ansteigt, eine Reduzierung des Textilkonsums um ein Drittel pro
Jahr annehmen, so würde sich rechnerisch ein Ausfall von 3,5 Millionen Tonnen ergeben. Allerdings ist nicht davon auszugehen,
dass alle in Ländern mit hohem Textilkonsum wohnen. Vielmehr
wollen wir es lieber als einen zweiprozentigen Unsicherheitsfak-
tor betrachten, was angesichts der Länge der Prognose durchaus
als vertretbar angesehen wird.

Das exakte und von allen anerkannte Zahlenmaterial ist in dieser Branche ohnehin nicht verfügbar. Unterschiedliche Definitionen und Ansätze lassen immer wieder Spielraum für Interpretationen. Gehen wir dazu nochmals auf die aufwendige Recherche
zum nationalen Pro-Kopf-Verbrauch zurück. Eine Vielzahl von
Branchenkennern bezweifelt beispielsweise die offizielle Angabe
(achtzehn Kilogramm) aus Peking. Mag man sich diesen Bedarf
noch recht leicht in den Küstenregionen vorstellen können, so fällt
es für die ländlichen Gebiete schon recht schwer. Diese haben auch
bei weitem nicht so von der Ansiedlung ausländischer Firmen pro-
fitiert und die Einkommensentwicklung hinkt ebenfalls um Jahre
hinterher.

Jedoch kann man Zweifel auch an einer anderen Überlegung
festmachen. Die Chinesische Akademie der Sozialwissenschaften
rechnete jüngst mit voraussichtlich bis zu 140 Millionen einrei-
senden Touristen.[38] Wer schon einmal das Land bereist und einen
der unzähligen Märkte besucht hat, der wird meinen Einwand verstehen. Touristen und ausländische Besucher schleppen prall ge-
füllte Tragetaschen voller Bekleidungsartikel in ihre Hotels. Zuge-
gebenermaßen lässt sich die Größenordnung nicht erfassen, aber

bei strenger Auslegung wäre es nicht der einheimischen Textilnachfrage zuzurechnen. Vielerorts wird auch eine Flut inoffiziel-
ler Importe, vornehmlich mit Ursprung aus China, beklagt. Hier
wäre auch die Frage zu stellen, wie die statistische Erfassung orga-
nisiert ist.

Welche Faktoren beeinflussen das Wachstum der verschiedenen Fasertypen?

Ausgangsthese des Buches waren strukturelle Veränderungen der
textilen Märkte. Daher wollen wir zunächst die hergeleitete Prognose auf die heutigen Marktkräfte anwenden und sehen, welche
Folgerungen sich daraus ergeben. Diese Betrachtung hat zunächst
nichts mit den jeweiligen Eigenschaften der unterschiedlichen Fasern und ihrer ökologischen Umweltbilanz zu tun. Vielmehr wollen wir schauen, ob sich schon daraus erste Indikatoren für den
grundlegenden Wandel erkennen lassen.

Halten wir den Lauf der Entwicklung im Textilmarkt einfach
zunächst einmal an, wohl wissend, dass Chemiefasern ihren heutigen Marktanteil von sechzig Prozent im Jahr 2010 kontinuierlich
erhöht haben. Im Jahr 1980 betrug er erst vierzig Prozent. Eine
dynamische Komponente werden wir später integrieren, doch
werden erste Limitationen auf diese vereinfachte Weise direkt
sichtbar.

Was würde ein zukünftiges Volumen von 146 Millionen Tonnen bei den gegenwärtigen Marktanteilen bedeuten? Ein 31-pro-
zentiger Anteil von Baumwolle wäre gleichbedeutend mit einer
Nachfrage von 45 Millionen Tonnen 2030. Hier erinnern wir uns
an den Terminus *Peak Cotton*. Wir haben an früherer Stelle her-
ausgearbeitet, dass ein Maximum der Baumwollernte bei 31 Millionen Tonnen liegt. Folglich wird Baumwolle nicht in der Lage
sein, den erwarteten Anstieg der Textilnachfrage zu decken. Vielmehr wird sich nachfolgend die Frage stellen, welche Fasern auf-

grund ihrer Eigenschaften, der Verfügbarkeit von Rohstoffen sowie ihrer Umweltbilanz in der Lage sein werden, dieses Defizit zu kompensieren.

Für Chemiefasern würde das zukünftige Niveau der Nachfrage einen Anstieg auf knapp neunzig Millionen Tonnen bedeuten. Wenn wir feiner untergliedern, dann würde das für Synthesefasern eine Größenordnung von mehr als achtzig Millionen Tonnen heißen und für Zellulosefasern von mehr als sieben Millionen Tonnen.

Bleiben wir zunächst bei dieser Aufteilung, dann ist die Frage zu beantworten, welche Fasertypen potenziell am besten geeignet wären, die rund fünfzehn Millionen Tonnen Ausfall an Baumwolle zu kompensieren. Betrachten wir das Segment der anderen Naturfasern, so können wir unterscheiden in Wolle und sonstige Pflanzenfasern. Es ist nicht davon auszugehen, dass diese Sorten zukünftig einen deutlich höheren Anteil einnehmen werden. Die Gründe für diese Einschätzung sind im Wollbereich der vergleichsweise hohe Preis, das komplexe internationale Logistiknetzwerk sowie in der Vergangenheit nur marginale Investitionen in Verarbeitungskapazitäten. Somit operiert die Mehrzahl der Wollverarbeiter auf nicht wettbewerbsfähigen Anlagen, die im Vergleich zur Wertschöpfungskette von Baumwolle höhere Energie- und Betriebskosten, vermehrte Wartung und Ersatzteile sowie geringere Produktivität verursachen. Im Bereich der sonstigen Naturfasern würden sich schon Arten finden lassen, denen eine dynamische Entwicklung vorhergesagt werden könnte. Teilweise befinden sich darunter recht anspruchslose Fasertypen im Sinne eines äußerst eingeschränkten Bedarfs an Pflanzenschutzmitteln, und auch die Anforderungen an die Bodenqualität sind sehr gering. Sie können sogar Böden auflockern und für anspruchsvolleres Saatgut in der Zukunft aufbereiten. Bekleidung aus Hanftextilien würde sogar eine längere Lebensdauer als Baumwolltextilien aufweisen. Doch mit allen Fasermaterialien ist trotz teilweise überragender Eigenschaften ein gravierender Nachteil verbunden.

Sie sind bei weitem nicht so in der textilen Verarbeitungskette etabliert und würden daher signifikante Investitionen in Forschung und Entwicklung sowie Maschinenkapazitäten erfordern. Die heutige Marktstellung von Chemiefasern wird diese Entwicklung aber zu unterbinden wissen.

Also läuft es darauf hinaus, dass Chemiefasern dieses zukünftige Potenzial aus dem natürlichen Engpass bei der Baumwolle zufallen wird. Wir können daher erwarten, dass dieses Segment vor Ablauf des Prognosehorizontes die magische Grenze von hundert Millionen Tonnen überschreiten wird. Das ist wahrlich eine beeindruckende Erfolgsgeschichte innerhalb eines Jahrhunderts. Schließlich waren Synthesefasern 1930 noch nicht erfunden und Zellulosefasern erreichten damals knapp fünf Prozent ihrer heutigen Marktgröße. Unser Leben wäre ohne Chemiefasern um vieles ärmer, weniger komfortabel und abwechslungsreich. Viele Produkte wären ohne Chemiefasern nicht möglich und unsere Ausdrucksmöglichkeiten durch die heute gewohnte Vielfalt an Bekleidung um ein Vielfaches eingeschränkter.

Kann die Substitution eines natürlichen Rohstoffs durch einen anderen nachhaltig sein?

Kann es tatsächlich nachhaltig sein, wenn wir davon sprechen, dass Baumwolle in der Zukunft in stärkerem Maße durch Zellulosefasern ersetzt wird? Schließlich basieren doch zellulosische Fasern ebenfalls auf einem natürlichen Rohstoff.

Das Bevölkerungswachstum wird auch zukünftig anhalten, wenn auch die jährlichen Zuwachsraten weiter kontinuierlich abnehmen. Trotz abflauender Dynamik wird die Weltbevölkerung im Jahr 2030 mehr als 8,3 Milliarden Menschen umfassen. Das entspricht einem Zuwachs seit 2010 von fast 1,5 Milliarden Menschen, eine recht abstrakte Größenordnung. Das ist gleichbedeutend mit der fünfzehnfachen Bevölkerung Deutschlands, Österreichs und der Schweiz. Wenn wir uns das auch nur schwerlich vorstellen können, so werden die Konsequenzen und damit zunehmenden Anforderungen im Hinblick auf Wohnraum sowie Versorgung mit Nahrungsmitteln und Trinkwasser deutlich. Diese Grundbedürfnisse gilt es sicherzustellen, was in steigendem Maße einen sorgsameren Umgang mit den natürlichen Ressourcen erfordert. Landwirtschaftliche Nutzflächen werden für jeden Einzelnen knapper, was ein höheres Maß an Wettbewerb mit Nahrungsmitteln bedeutet.

Das schließt jedoch nicht aus, dass Fasern aus natürlichen Rohstoffen trotzdem an Mengenbedeutung gewinnen werden. Denn Holz, als der wichtigste Ausgangsstoff für Zellulosefasern, ist einerseits unerschöpflich und andererseits eine unerlässliche Lebensgrundlage. Man könnte natürlich auch die Behauptung aufstellen, dass synthetische Materialien ohnehin in der Lage wären, diesen Bedarf zu decken. Also was spricht dafür, den vielseitigen Rohstoff Holz für Bekleidungszwecke zu verwenden? Die Befürworter einer noch rasanteren Ausbreitung synthetischer Stoffe in der Alltagsbekleidung dürfen sich dann aber nicht über ein übermäßiges Schwitzen bei sommerlichen Temperaturen oder leichter sportlicher Anstrengung beklagen. Denn eine überragende Eigenschaft zellulosischer Fasern ist die sehr gute Feuchtigkeitsaufnahme und Saugfähigkeit, die Baumwolle wie auch synthetische Stoffe nicht erreichen. Es sind also notwendigerweise auch bekleidungsphysiologische Merkmale zu berücksichtigen, die den Tragekomfort und das persönliche Wohlbefinden entscheidend prägen.

Da das weitaus größte Einsatzgebiet von Baumwolle im Bekleidungsbereich liegt, dürfen diese Aspekte auf keinen Fall unberücksichtigt bleiben. Schließlich werden wir doch keine Kompromisse einzugehen bereit sein, wenn es um unser eigenes Wohlbefinden geht.

Solange folglich synthetische Chemiefasern eine geringe Feuchtigkeitsaufnahme aufweisen, die jedoch durch zusätzliche

Verfahrensschritte wie beispielsweise das Texturieren verbessert werden kann, spricht vieles dafür, dass zellulosische Fasern im Bekleidungsbereich bevorzugt in die ursprünglich von Baumwolle dominierten Märkte Eingang finden wird. Der Baumwolle Leid ist der Zellulose Freud, können wir also als eine erste Feststellung notieren.

4. Kann Wachstum nachhaltig sein?

»Zwei Drittel der Bevölkerung meinen, dass wir auf eine Umweltkatastrophe zusteuern, wenn wir so weitermachen wie bisher.«[1] Dabei sind Schweizer heute bereits Bio-Weltmeister mit Ausgaben von 215 Franken pro Kopf im Jahr 2010.[2] Das Schaubild (Abbildung 1) zeigt eindeutig auf, dass sich nachhaltige Produkte kontinuierlich größerer Beliebtheit und Nachfrage erfreuen. In dem abgebildeten Zeitraum sind die Umsätze jahresdurchschnittlich um acht Prozent angewachsen. Allerdings darf bei dieser Bewertung nicht außer Acht bleiben, dass Mehrkonsum und höhere Ansprüche an Ernährung, Komfort, Wohnraum, Mobilität und Freizeitgestaltung den positiven Umwelteffekt der nachhaltigen Produkte wieder zunichtemachen.

Auch der jüngste Living Planet Report 2010 mahnt ein rasches Ende der ökologischen Überbelastung an, andernfalls »wird die Menschheit im Jahr 2030 die Kapazität zweier Planeten ausschöpfen«.[3] Klimaerwärmung, hoher Energie-, Boden- und Wasserbedarf, Verschmutzung durch Pestizide und Düngemittel, bedrohte Ökosysteme – der private Konsum ist mitverantwortlich für eine Vielzahl von Umweltbelastungen. Wenn auch nach Angaben der Schweizer Ecointesys AG Bekleidung nur für knapp drei Prozent der Umweltbelastung verantwortlich ist, so kann bewusstes Kaufverhalten einen wichtigen Beitrag zur Schonung der Umwelt und knappen Ressourcen beitragen. Darüber hinaus könnte es aber noch eine Verbesserung in sozialer Hinsicht bewirken. Wie an früherer Stelle ausgeführt, ist die Textil- und Bekleidungsproduktion in den letzten Jahren in starkem Maße in Niedriglohnländer abgewandert. Das hat einen bedeutenden Anstieg der Importe in Industrienationen bewirkt. Beispielsweise betrugen die Einfuhren an Textilien und Bekleidung in die Schweiz im Jahr 2010 mehr als

Abbildung 1
Umsatz Bioprodukte in der Schweiz

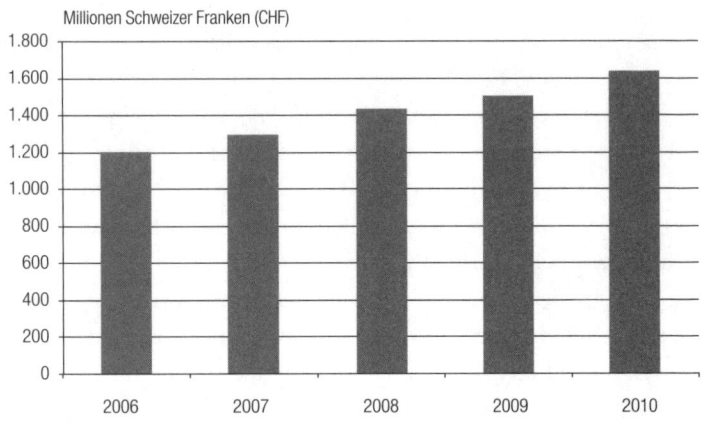

Quelle: Bio Suisse

sieben Milliarden Schweizer Franken.[4] Damit gehört der Import-
wert pro Kopf zu den weltweit höchsten im internationalen Vergleich. Ein bewusstes Kaufverhalten kann zu Verbesserungen der
Arbeitsbedingungen in den Produktionsländern führen. Wir wollen das alle nicht wahrhaben, sind entsetzt über unwürdige oder
gar sklavenähnliche Arbeitsbedingungen in vielen Ländern, und
doch ist es nach wie vor leider alltägliche Routine vielerorts, wie
das jüngste Beispiel eines Zulieferers für das Modelabel Zara in
Brasilien beweist, wofür das spanische Textilunternehmen eine
Millionenstrafe akzeptierte.[5] Einen wichtigen Beitrag auf diesem
Gebiet leistet der in Bonn ansässige Fairtrade Labelling Organizations International e.V. mit seinen weltweit 25 Mitgliedern.[6] Weitere Organisationen, die Arbeitsbedingungen regelmäßig über-
prüfen, sind unter anderem die Fair Wear Foundation (FWF) sowie
die Fairtrade Foundation.[7] Wir könnten an dieser Stelle die Emp-
fehlung aussprechen, Biotextilien sowie fair gehandelte Textilprodukte in den Fokus zukünftiger Kaufentscheidungen zu rücken. Es

beantwortet auch direkt die einführende Frage dieses Kapitels. Ja, wir entscheiden selbst über Nachhaltigkeit!

Jeder Einzelne kann sehr wohl die weiter steigende Nachfrage nach Textilien und Bekleidung zu einem nachhaltigen Wachstum werden lassen. Am Beispiel von Baumwolle haben wir gezeigt, dass die Mengen von Bio-Baumwolle sehr gering sind. Sie machen nur etwa ein Prozent der gesamten Baumwolle aus. Es ist daher utopisch zu glauben, Biotextilien allein wären der Schlüssel zum Erfolg. Dazu sind die verfügbaren Mengen einfach viel zu klein. Betrachten wir es als einen ersten Schritt in die richtige Richtung. Das Angebot wird zweifellos weiter anwachsen, doch in den nächsten Jahrzehnten nicht in der Lage sein, die weltweite Nachfrage zu befriedigen. Allerdings werden wir gleich feststellen, dass bereits ausreichend Optionen an umweltschonenden Fasermaterialien existieren.

Beabsichtigen wir also die Nachhaltigkeit durch unsere eigene Kaufentscheidung weiter voranzutreiben, so bedarf es dazu neben dem festen Vorsatz auch des finanziellen Spielraums, denn ein wenig höher ist der Preis nachhaltiger Textilien schon. Zudem haben Umwelt- und Sozialstandards sowie daraus resultierende Kontrollen und Schulungen ihren Preis. Auch ist die Weiterverarbeitung kostspieliger und zeitaufwendiger, beispielsweise verursacht in der Färberei die Verwendung von Naturfarbstoffen erheblich höhere Kosten als chemische Farbmittel.

Dafür kann sich jeder Konsument nach dem Erwerb des neuen Produktes ein bisschen besser fühlen in dem Sinne, aktiv einen Beitrag zur Nachhaltigkeit geleistet zu haben. Wie verschiedentlich angesprochen, zeichnet sich der Textilbereich durch eine überaus starke Gewichtung des Preises als kaufentscheidendes Kriterium aus. Ökologische und soziale Aspekte werden zwar zunehmend wahrgenommen, doch anscheinend beim Einkauf nur unzureichend berücksichtigt. Vielleicht macht es auch der beschriebene *Dschungel* an Labels, die alle auf ihre Weise nur das Beste wollen, für den Konsumenten zu unübersichtlich. Das ist natürlich die Absicht vieler Produzenten, denn fehlende Transparenz schafft Möglichkeiten für preisliche Gestaltungsräume. Daher sind Aufklärung und Information auch in der Zukunft notwendig. Wenn wir auch unser zur Verfügung stehendes Einkommen überwiegend sinnvoll verwenden, so möchten wir doch wissen, wieso wir für ein vermeintlich gleichartiges Produkt mehr ausgeben sollen. Schließlich sind doch auf den ersten Blick ein Hemd, eine Hose oder ein Rock nicht zu unterscheiden in Bezug auf ihre ökologische und soziale Nachhaltigkeit. Unterschiede im Tragekomfort und der Textilpflege treten erst später zutage. Daher erscheint es zweckmäßig, einen näheren Blick auf die ökologischen Auswirkungen zu richten. Dies kann hilfreich sein, zumindest für die bestmögliche stoffliche Zusammensetzung ein besseres Gefühl zu entwickeln. Die wichtigsten Fasertypen werden im nächsten Abschnitt auf ihre ökologische Bilanz hin einander gegenübergestellt.

Die sozialen Belange einzuschätzen, übersteigt natürlich die individuellen Möglichkeiten. Hier gilt es entsprechenden Labels oder dem guten Image von Modemarken zu vertrauen. Interessant in diesem Zusammenhang erscheint auch ein im Jahr 2001 eingeführter Standard für die exportorientierte Bekleidungsindustrie in Kambodscha. Dieses Programm der Internationalen Arbeitsorganisation (ILO), einer Sonderorganisation der Vereinten Nationen, basiert auf unangekündigten Inspektionen der Fertigungsbetriebe zur kontinuierlichen Verbesserung der Arbeitsbedingungen.[8]

Der ökologische Vergleich macht sicher

Um den überblickartigen Charakter dieses Buches beizubehalten, werden die mengenmäßig führenden Fasertypen wie Baumwolle, Polyester und Zellulose einem ökologischen Vergleich unterzogen. Mit dieser Vereinfachung decken wir aber trotzdem gut achtzig Prozent des heutigen Weltmarktes ab. Würden wir weniger wachstumsdynamische Fasermaterialien oder Spezialitäten in einem ähnlichen Ausmaß vergleichen wollen, ginge sicher der Blick für das Wesentliche verloren.

Dankenswerterweise ermöglicht die österreichische Lenzing Gruppe einen Zugriff auf Ergebnisse einer Lebenszyklusanalyse, die sie als erster Faserhersteller in Zusammenarbeit mit der Universität Utrecht erstellt hat.[9] Darin wird das alle drei Generationen von Zellulosefasern umfassende Angebot von Lenzing mit den großvolumigen Fasertypen wie Baumwolle und Polyester in Beziehung gesetzt.

Zunächst erscheint es ratsam, die Lenzing Gruppe kurz vorzustellen. Dieser internationale Konzern mit Hauptsitz und zwei Fertigungsstandorten in Österreich verfügt über weitere Produktionsstätten für Fasern in den USA, Großbritannien, Indonesien und China. Ein weiteres Werk ist in Indien im Aufbau zur Umsetzung des strategischen Zieles, »bis 2014 eine Million Tonnen Fasern produzieren zu können«.[10] Die weltweiten Faserkapazitäten in der Gruppe belaufen sich zum Jahresende 2011 auf 770 000 Jahrestonnen.[11] Darin sind 140 000 Tonnen Tencel enthalten, die Lenzing industriell weltweit exklusiv herstellt. Die Faserproduktion des Jahres 2010 belief sich auf 653 717 Tonnen, was einem Weltmarktanteil bei zellulosischen Stapelfasern von annähernd sechzehn Prozent entspricht.[12]

Bisher haben wir immer das Marktsegment der zellulosischen Fasern in seiner Gesamtheit adressiert. Für die anschließenden Ausführungen bietet sich eine verfeinerte Betrachtung an, die die verschiedenen Fasergenerationen widerspiegelt. Diese Erweiterung ist der Tatsache geschuldet, dass es sich hierbei um die älteste Chemiefaser mit heute noch kommerzieller Bedeutung handelt.

Der für die Bekleidung, aber auch für Heimtextilien, relevante Teil der zellulosischen Chemiefasern setzt sich bekanntlich aus natürlichen Polymeren zusammen.[13] »Viskose ist die Benennung für Fasern aus Cellulose nach dem Viskoseverfahren.«[14] Wir wollen hier nicht näher auf den Viskose-Prozess eingehen, der im österreichischen Werk Buche und in Asien Eukalyptus verarbeitet. Das europäische Buchenholz wird weder gedüngt noch bewässert und maschinell geerntet. Die Eukalyptus-Plantagen werden beim Anpflanzen in geringem Maße mit Stickstoff und Phosphat angereichert, ebenfalls nicht bewässert und überwiegend nicht maschinell geerntet.

Eine kurze Rückblende erneut auf meine Kindheitstage sei gestattet. Für mich war damals eindeutiges Kennzeichnen dieses Verfahrens der Geruch nach faulen Eiern, wenn wir meine Großeltern in Obernburg am Main besuchten. Im dortigen Viskosewerk der Vereinigten Glanzstoff-Fabriken A.G. war mein Großvater Werksleiter bis in die 1960er Jahre hinein. Die Vorreiterrolle von Viskose, die bereits seit 1924 dort gesponnen wurde, lässt sich auch daran erkennen, dass dort erst Mitte der 1950er Jahre der Bau einer Polyesterproduktion beschlossen wurde.

Geruchsemissionen sind nun aber kein typisches Merkmal der Chemie- oder Textilindustrie, sie sind uns beispielsweise auch aus der Landwirtschaft, der Nahrungsmittel- oder Abfallwirtschaft bekannt. Auch beim Bierbrauen, einem von mir durchaus geschätzten Erfrischungsgetränk, entstehen Geruchsstoffe, die aber vermutlich leichter akzeptiert werden als bei industriellen Anlagen. Insgesamt ist festzustellen, dass die Geruchsbelastung durch Investitionen in Entschwefelungstechnologie, chemische, mechanische oder biologische Reinigung sowie die Rückgewinnung schwefelhaltiger Inhaltsstoffe aus der Abluft drastisch abgenommen hat.

Am Standort in Lenzing, Österreich, erfolgten erste Umbaumaßnahmen zur Umweltschonung bereits in den 1950er Jahren.[15] Integrierte Prozesse und geschlossene Kreisläufe sorgen an dem Standort bereits seit Jahrzehnten für minimale Umweltbelastungen. Bei heutigem Stand der Technologie wird die Abluft überwiegend stofflich zurückgewonnen und zum Teil in Schwefelsäure umgewandelt. Viele andere Unternehmen haben auf restriktivere Umweltauflagen mit der Schließung ihrer Produktion geantwortet. Im Besonderen Anfang der 1990er Jahre war ein überdurchschnittlicher Rückgang von Viskoseproduzenten weltweit zu beobachten.

Fasern der zweiten Generation, sogenannte Modalfasern, werden in einem etwas modifizierten Viskose-Verfahren hergestellt. Als Rohstoff wird Buchenholz verwendet. Charakteristisch sind verbesserte Eigenschaften wie beispielsweise eine höhere Faserfestigkeit. Dadurch können sie besser verarbeitet werden, trocknen schneller und knittern auch weniger. Das Färbeverhalten von Modalfasern ist sehr ähnlich zu Baumwolle, daher lassen sich beide Materialien prima zu Mischgeweben verarbeiten und zeichnen sich durch angenehme Weichheit auf der Haut aus. Das ist eine sehr geschätzte Eigenschaft nicht nur bei Heimtextilien, besonders morgens nach dem Duschen beim Griff zum flauschigen Handtuch, sondern auch bei Bekleidung.

Anfang der 1990er Jahre stellte Lenzing Lyocellfasern vor, die angesichts ihrer umweltfreundlichen Produktion und ihres überragenden Feuchtigkeitstransportes gegenüber synthetischen wie auch natürlichen Fasern üblicherweise der dritten Generation zugeordnet werden. Diese sind unter dem Markennamen Tencel-Faser bekannt. Fasern unter dem gleichen Gattungsnamen werden auch andernorts produziert, erreichen aber nicht die gleichen Eigenschaften.

Nach Auskunft von Lenzing zeichnet sich das Lyocell-Verfahren durch nahezu vollständig geschlossene Kreisläufe des Lösungsmittels aus. Dieses Verfahren nutzt zum Lösen der Zellulose eine wässrige organische Verbindung (NMMO: N-Methylmorpholin-N-oxid) zur physikalischen Lösung der Zellulose ohne chemische Veränderung. Das Lösungsmittel ist ungiftig und biologisch vollständig abbaubar. Zudem wird es fast gänzlich zurückgewonnen, sodass nur winzige Mengen nachgefüllt werden müssen. Die sehr geringen Emissionen lassen sich in biologischen Kläranlagen abbauen. In Summe ist festzustellen, dass die reduzierte Komplexität des Prozesses zu einem verringerten Einsatz chemischer Stoffe führt. Ein ganz praktischer Aspekt mit Blick auf die

Abbildung 2
Natürlicher Bakterienschutz

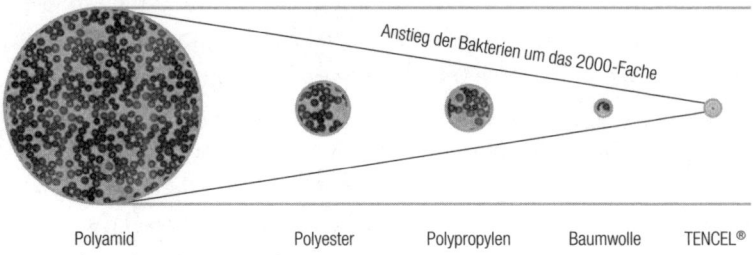

Polyamid   Polyester   Polypropylen   Baumwolle   TENCEL®

Hygiene gewinnt hier zudem an Bedeutung. Nach einer Laborstudie zum Bakterienwachstum auf Textilien von Professor Bernhard Redl von der Medizinuniversität Innsbruck aus dem Jahr 2004 weist diese Faser unerreichte Ergebnisse ohne chemische Zusätze auf. Das bedeutet, dass Lyocellfasern somit zu einer deutlichen Minimierung von Hautirritationen beitragen.

Für den Fall einer etwas zu theoretischen Vorstellung der Entwicklung von zellulosischen Fasern wird die nachfolgende Übersicht von ausgewählten Eigenschaften von Stapelfasern im Vergleich zu Baumwolle und Polyester von größerer Relevanz für zukünftige Kaufentscheidungen sein.

Eigenschaften	Polyester	Baumwolle
Feuchtigkeitsaufnahme	sehr gering	gut
Weichheitsgrad	gering	gut
Elektrische Aufladung	hoch	niedrig
Brillanz	sehr hoch	gering
Gleichmäßigkeit	sehr hoch	niedrig
Glätte	sehr hoch	niedrig

Kriterien zur Beurteilung ihrer Auswirkungen

Die Bandbreite der zu einer Bewertung in Frage kommenden Kriterien ist beliebig vielfältig. Wir wollen uns an den gleichen Grundsatz wie zuvor halten, dass wir lieber ausgewählte Merkmale sorgfältig vorstellen, als den Anspruch auf vermeintliche Vollständigkeit erheben zu wollen, um am Ende dann doch den Überblick und das Essenzielle aus den Augen zu verlieren.

Eingang in die Lebenszyklusanalyse haben umfangreiche Daten für die Zellulosefaserproduktion in Österreich und Indonesien gefunden. Das Werk in China war damals noch im Bau. Entsprechende Daten für Baumwolle aus den USA und China, die in der abgelaufenen Saison 2010/11 rund 42 Prozent der weltweiten Baumwollproduktion auf sich vereinten, sowie für Polyester »wurden aktuellen und zuverlässigen Literaturquellen entnommen«.[16] »Wegen der Vielzahl von Technologien und Produkten entlang der textilen Wertschöpfungskette ist es praktisch unmöglich, Herstellung, Gebrauch und Pflege textiler Produkte in die Lebenszyklusanalyse mit einzubeziehen. Somit beschränkt sich diese Studie auf das Produkt ›Faser‹.«[17] Die Ergebnisse dieser Analyse sind einem Ende 2010 veröffentlichten Artikel entnommen.[18]

Viskose	Modal	Tencel
sehr hoch	sehr hoch	sehr hoch
sehr hoch	überragend	sehr hoch
sehr niedrig	sehr niedrig	sehr niedrig
sehr hoch	sehr hoch	sehr hoch
sehr hoch	sehr hoch	sehr hoch
mittel	mittel	sehr hoch

Wasser

Wasser ist die Grundlage unseres Lebens und kann auf vielfältige Weise genutzt werden, »als Lebensmittel, für die Hygiene, zur Bewässerung, Energiegewinnung, in Gewerbe und Industrie, zum Transport gereinigter Abwässer, für die Schifffahrt, den Sport, die Fischerei oder als Erholungsraum«.[19] Seit dem Bad Wörishofener Pfarrer und Naturheiler Sebastian Kneipp wissen wir auch, dass es als universelles Heilmittel dient.[20]

Ein Blick auf den Globus zeigt uns, dass etwa siebzig Prozent der Erdoberfläche mit Wasser bedeckt sind. Also was ist der Grund, diese Ressource näher betrachten zu wollen? Es ist doch augenscheinlich Wasser im Überfluss vorhanden, wenn auch nur ein kleiner Bruchteil davon trinkbares Süßwasser ist. Dass Niederschläge regional sehr unregelmäßig fallen und Baumwolle einen enormen Wasserbedarf hat, ist ebenfalls nichts Neues. Vielmehr lassen die düsteren Prognosen und Befürchtungen vieler Experten aufhorchen, die beispielsweise vom Netzwerk für internationale Zusammenarbeit und Entwicklungspolitik auf den Punkt gebracht werden: »Wasserknappheit ist ein zentrales Problem des 21. Jahrhunderts.«[21]

Aus der Perspektive eines industrialisierten Landes ist uns das wohl weniger bewusst, umso mehr, als wir in der Schule doch gelernt haben, dass Wasser sich in einem ständigen Kreislauf befindet. Daher ist seine Nutzung grundsätzlich nicht umweltschädigend. Von Bedeutung ist vielmehr die Tatsache, in welchem Zustand es wieder dem Wasserkreislauf zugeführt wird. »Die verfügbare Menge an sauberem Trinkwasser sinkt jedoch durch die Verschmutzung des Wassers mit Dünger, Chemikalien oder Industrieabfällen stetig. Zusätzlich werden naturnahe Gewässer kanalisiert, trockengelegt oder durch Dämme verbaut.«[22]

Ebenfalls aus unserer Sicht kaum vorstellbar ist die Tatsache, dass rund 1,2 Milliarden Menschen ohne Zugang zu sauberem Trinkwasser sind und sogar die doppelte Anzahl ohne sanitäre

Einrichtungen und Abwasserreinigungssysteme leben muss.[23] Zumeist sind es Frauen und Kinder, die täglich lange Fußmärsche unternehmen müssen, um zu häufig verunreinigten Wasserstellen zu gelangen. Dabei wäre es gerade für sie existenziell, anstatt dessen die Schule zu besuchen und eine Ausbildung zu genießen, um später aus dem Teufelskreis der Armut ausbrechen zu können.

Sicher ist es leichter, die Schuld für die abnehmenden Süßwasserreserven der Welt bei anderen zu suchen, doch privater Konsum trägt zweifellos seinen Teil dazu bei. Nach Angaben des Netzwerks für internationale Zusammenarbeit und Entwicklungspolitik ist der maßgebliche Verursacher allerdings in der industriellen Landwirtschaft durch Pestizide, Herbizide und Dünger zu finden. »Die Landwirtschaft verbraucht rund siebzig Prozent des Süßwasserkonsums, die Industrie zwanzig, für Gewerbe und Privatpersonen bleiben zehn Prozent.«[24]

An dieser Stelle wollen wir eine in der Öffentlichkeit bisher nicht so ausgiebig behandelte Kenngröße vorstellen, die nicht nur den einheimischen Wasserverbrauch darstellt, sondern auch die internationalen Handelsverflechtungen einbezieht. Das Konzept des Wasser-Fußabdrucks (engl. water footprint) wurde erst vor rund zehn Jahren von Hoekstra und Hung eingeführt.[25] »Der Wasser-Fußabdruck eines Landes umfasst die Gesamtmenge an Wasser, die für die Produktion der Güter und Dienstleistungen benötigt wird, die die Bevölkerung dieses Landes in Anspruch nimmt. Da nicht alle Güter in diesem Land produziert werden, berücksichtigt der Wasser-Fußabdruck sowohl einheimische Wasservorkommen als auch den Wasserverbrauch außerhalb der Landesgrenzen.«[26] Man verwendet in diesem Zusammenhang den Begriff des *virtuellen Wassers*, den John Anthony Allan in den 1990er Jahren auf der Suche nach Lösungen für regionale Wasserknappheit entwickelte.[27] Dieses kann drei Ausprägungsformen annehmen: a) grünes virtuelles Wasser meint Regenwasser, b) blaues virtuelles Wasser bedeutet in der Landwirtschaft die Wassermenge zur Bewässerung, und c) graues virtuelles Wasser umfasst Schmutzwasser. Man kann die letztgenannte Definition auch so verstehen, dass sie die erforderliche Wassermenge angibt, die zur Verdünnung verschmutzten Wassers notwendig ist, um die gängigen Standardwerte für die Wasserqualität zu erfüllen.[28]

Dem interessierten Leser werden aktuelle Berichte des WWF zum nationalen Wasser-Fußabdruck in der Schweiz und Deutschland empfohlen. Demzufolge weist die Schweiz einen täglichen Wasserbedarf von 6082 Litern pro Einwohner auf, wobei rund zwei Drittel dieser Wassermenge importiert werden als Folge der Herstellung landwirtschaftlicher und industrieller Produkte im Ausland.[29] In Deutschland ergibt sich ein durchschnittlicher Tagesbedarf von 5280 Litern, der zur Hälfte aus eigenen Ressourcen gedeckt wird.[30]

Zusammengefasst liefert diese Konzeption einen neuen Impuls für Diskussionen um und Bewertung von Nachhaltigkeit. Wer bei dem Einstieg in diese Materie auf teilweise abweichende Zahlenangaben für Agrarprodukte trifft, sollte sich davon nicht beirren lassen oder gar die Methodik in Zweifel ziehen. Es gilt zu berücksichtigen, dass weltweite Durchschnittsangaben für derartige Produkte schwer zu definieren sind. Deutliche Unterschiede können aus dem Anbauland, den Anbaubedingungen und den klimatischen Gegebenheiten resultieren.

Das lässt sich eindrucksvoll am Beispiel von Baumwolle belegen. Dieses Agrarprodukt wird auf jedem Kontinent angebaut, findet aber sehr unterschiedliche klimatische Bedingungen vor. Während in Indien, China, den USA und Südamerika überwiegend Regenwasser verwendet wird, zeigt sich ein umgekehrtes Bild mit überwiegend künstlicher Bewässerung in Ägypten, Australien, Pakistan, Syrien sowie Zentralasien. Zudem schwankt der Wasserbedarf pro Kilogramm für fertige Baumwolltextilien zwischen rund 5500 Litern in China und mehr als 20 000 Litern in Indien.[31]

Studien dazu gibt es auch für Anbaupflanzen und ihre Erzeugnisse. Die nachfolgende Grafik (Abbildung 3) zeigt den Wasser-Fußabdruck für Baumwolle und andere natürliche Faserpflanzen.[32]

Abbildung 3
Wasser-Fußabdruck von Kulturen und ihren Produkten

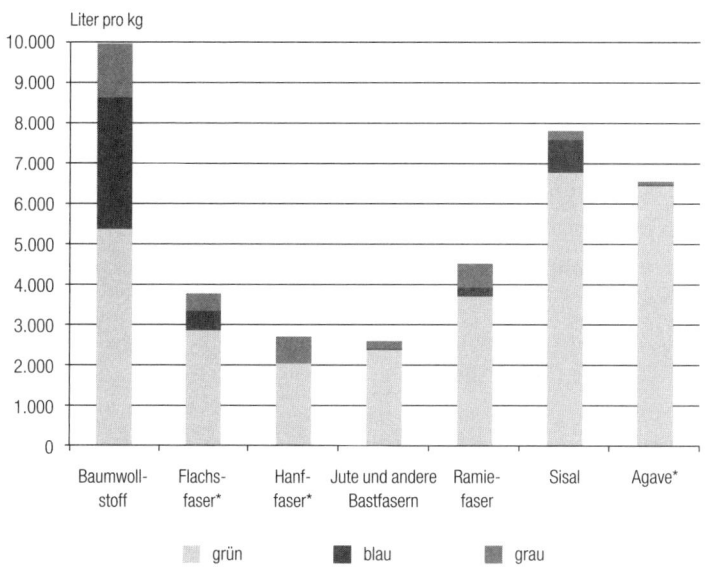

Liter pro kg

Wir erkennen hier deutlich, dass Baumwolle trotz ihrer tief reichenden Wurzeln den absolut höchsten Wasserbedarf hat, übertroffen wird dies noch vom sogenannten Manilahanf (Abaca) mit einem Verbrauch jenseits von 20 000 Litern pro Kilogramm. Allerdings nimmt diese Pflanze am Gesamtmarkt nur einen Anteil von rund 0,1 Prozent ein und ist daher zu vernachlässigen. Weiterhin sehen wir, dass Baumwolle den vergleichsweise geringsten Verbrauch an grünem Wasser und dafür nach Hanffasern den relativ höchsten Verbrauch an grauem Wasser aufweist. Das ist die direkte Folge von Insektiziden, Pestiziden sowie Düngemitteln.

Diese Ausführungen haben zum Ziel, die Selbstverständlichkeit sauberen Trinkwassers aus verschiedenen Perspektiven zu beleuchten. Es liegt im Wesen der Natur, dass wir uns weniger Gedanken zu Ressourcen und Produkten machen, die jederzeit und überall in ausreichendem Maße und bester Qualität verfügbar sind. »Der eigentliche Knackpunkt an der Sache: Durch unseren unreflektierten Konsum an virtuellem Wasser verschärfen wir den Wasserstress ausgerechnet in den Regionen der Erde, in denen Wassermangel herrscht und sich die Wasserkonflikte verschärfen.«[33]

Nach dieser Sensibilisierung wollen wir nun den Wasserverbrauch von Baumwolle in Beziehung setzen zu Polyester und zellulosischen Fasern. Hierbei bedienen wir uns der Resultate der bereits erwähnten Lebenszyklusanalyse, die die niederländische Universität von Utrecht in den Jahren 2006 und 2007 im Auftrag der Lenzing Gruppe durchgeführt hat.

Es ist ersichtlich (Abbildung 4), dass Baumwolle unter diesem Kriterium eine signifikant höhere Umweltbelastung verursacht. Wäre Zahlenmaterial der indischen Baumwollindustrie, die circa ein Drittel der weltweiten Anbauflächen von Baumwolle beherbergt, herangezogen worden, so würde die Diskrepanz noch deutlicher ausfallen. Es würde natürlich zu kurz greifen, wenn man an eine regionale Verlagerung hin zu besseren klimatischen Anbaubedingungen denken würde. Immerhin sind der Anbau und die Verarbeitung von Baumwolle in Indien Lebensgrundlage für Millionen Menschen.

Bei der abschließenden Bewertung des Wasserverbrauchs ist noch ein weiterer Umstand zu beachten. Der weitaus größte Teil des Wasserverbrauchs bei der Herstellung von Chemiefasern dient Kühlzwecken. Spontan möchte man meinen, dass es dem Wasserkreislauf in unbelastetem Zustand wieder zugeführt werden kann. Nicht unterschätzt werden dürfen jedoch die negativen Auswirkungen auf die Oberflächenwassertemperatur bei Wiedereinleitung in Flüsse. Ein Anstieg der Wassertemperatur kann die aquatische Lebensgemeinschaft schädigen sowie die Trinkwasserversorgung gefährden. Dem lässt sich aber vorbeugen durch Kühlwasserrecycling und in kritischen Situationen durch Drosselung der Produktion. Der Einfluss der Wärmebelastung wurde bei der

Abbildung 4
Wasserverbrauch

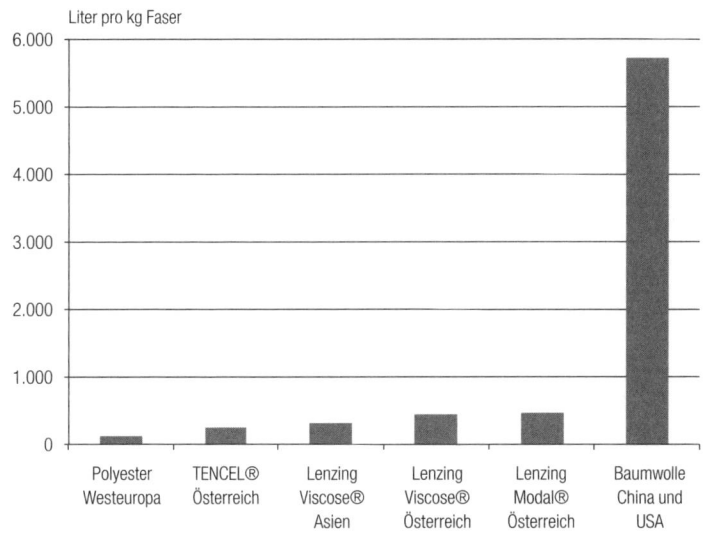

Quelle: Lenzing AG

Lebenszyklusanalyse allerdings ebenso wenig berücksichtigt wie
natürlicher Niederschlag. Auf die ökologischen Auswirkungen
künstlicher Bewässerung haben wir eingangs am Beispiel vom
Aralsee bereits hingewiesen.

Flächenbedarf

Wenn wir täglich mit Bekleidung, aber auch mit vielen anderen
textilen Erzeugnissen, in Berührung kommen, so denken wir bei
der Beurteilung der ökologischen Auswirkungen wahrscheinlich
weniger an die zu ihrer Herstellung erforderlichen Landflächen.

An früherer Stelle haben wir schon dargestellt, dass die landwirtschaftlichen Nutzflächen geringer werden. Natürlich nicht in
absoluter Hinsicht, denn die Erde schrumpft ja nicht, sondern be-

zogen auf jeden Erdenbürger. Eine immer größere Anzahl von Menschen muss mit dieser Ressource auskommen, die zur Nahrungsmittelproduktion, zum Anbau von Nutzpflanzen, der Haltung von Nutztieren, der Herstellung von Rohstoffen für Bekleidung sowie der Produktion von Biosprit Verwendung findet. Nach Angabe der FAO hat sich die durchschnittliche Fläche pro Individuum bereits zwischen 1961 und 2009 auf 2249 Quadratmeter annähernd halbiert. Schreiben wir die langfristige durchschnittliche Zunahme der Landfläche bis 2030 fort, so würde die verfügbare Fläche pro Kopf deutlich unter 2000 Quadratmeter sinken. Ein Fußballfeld mit der üblichen Spielfeldgröße von 68 × 105 Metern müsste folglich für fast vier Menschen diese Funktionen erfüllen.

Neben der zunehmenden Bevölkerung sind die Gründe dafür, wie schon angeführt, auch in der fortschreitenden Industrialisierung und Urbanisierung sowie Umweltzerstörung zu finden. Infolgedessen ist dieses Kriterium von entscheidender Bedeutung, zumal der zunehmend intensiver werdende Wettbewerb zur Nahrungsmittelproduktion Anbauflächen immer knapper und damit begehrter werden lässt.

Das hat in den letzten Jahren mehr und mehr dazu geführt, dass Investoren weltweit Ackerflächen kaufen oder langfristig pachten. Diese Form der ausländischen Landnutzung ist auch unter dem englischen Begriff *Land Grabbing* bekannt. Transparenz ist bei derartigen Verhandlungen und Verträgen aus unterschiedlichen Gründen kaum gegeben. Daher ist das wirkliche Ausmaß der Landnahme schwer einzuschätzen. Selbst ein Bericht der Weltbank liefert wenig Erhellendes zu diesem Thema.[34] Nach Angabe der Organisation GRAIN kann die Investitionssumme für internationale Landkäufe bereits auf gut hundert Milliarden Dollar angewachsen sein.[35] »Sicherheit für die eigene Nahrungs- und Energieversorgung sind die Antriebskräfte in diesem Geschäft. Lebensmittel oder Biokraftstoffe sollen die Flächen in fremden Ländern liefern. Doch es gibt noch ein weiteres Motiv: Die Renditemöglichkeiten sind verlockend.«[36] Auch die Sicherung von

Trinkwasser und Bodenschätzen spielt eine wichtige Rolle. Ob diese Landkäufe in unterentwickelten Ländern Segen oder Fluch sind, bleibt abzuwarten. Ob den Projekten jeweils eine Umweltverträglichkeitsprüfung vorausgeht, erscheint in höchstem Maße zweifelhaft. Zu häufig wurde schon von nachträglichen Korrekturen berichtet, nachdem einzigartige Landstriche bereits vernichtet waren und das regionale Gleichgewicht verlorenzugehen drohte. Länder, »die eher sehr wenig Agrarland, aber viel Geld haben, leiten eine neue Form des Kolonialismus ein«.[37] Dabei mutet es schon eigenartig an, wenn ausländische Investoren frische Lebensmittel für den Heimmarkt in Ländern ernten, die selbst an Hunger und Unterernährung leiden. Doch »diesmal spielen die Afrikaner freiwillig beim großen Monopoly mit, genauer gesagt die herrschenden Eliten des Kontinents«.[38] Allerdings bringen Ausländer auch Wissen und Kapital in die unterentwickelten Länder, das zum beiderseitigen Vorteil gereichen könnte.

Schlussendlich kann und soll hier keine abschließende Bewertung vorgenommen werden. Wir wollen uns weiterführend nur auf das Ausmaß der Landnutzung beschränken und gehen auch nicht der Frage der notwendigen Qualität der Bodenbeschaffenheit nach, obwohl hier bei den Naturfasern durchaus erhebliche Unterschiede festzustellen sind. Ziel der kurzen Ausführungen ist es, die strategische Bedeutung fruchtbaren Bodens hervorzuheben. Trotzdem löst dieser Trend merkwürdige Gefühle aus, wenn man sich nach Auskunft von GRAIN vor Augen führt, dass zwei Drittel des Ackerbodens in Liberia von ausländischen Investoren kontrolliert werden, in Laos bereits 41 Prozent oder beispielsweise in Paraguay und Uruguay jeweils ein Viertel.[39]

Die Erzeugung von synthetischen Fasern benötigt keine landwirtschaftliche Fläche, und auch die Herstellung zellulosischer Fasern ist weitaus nachhaltiger als Naturfasern. Denn das Holz entstammt grundsätzlich Grenzertragsland, welches nicht im Wettbewerb zu Nahrungsmitteln steht. Weiterhin ist der Flächenertrag für die verschiedenen Fasergenerationen zu unterscheiden.

Abbildung 5
Flächenbedarf

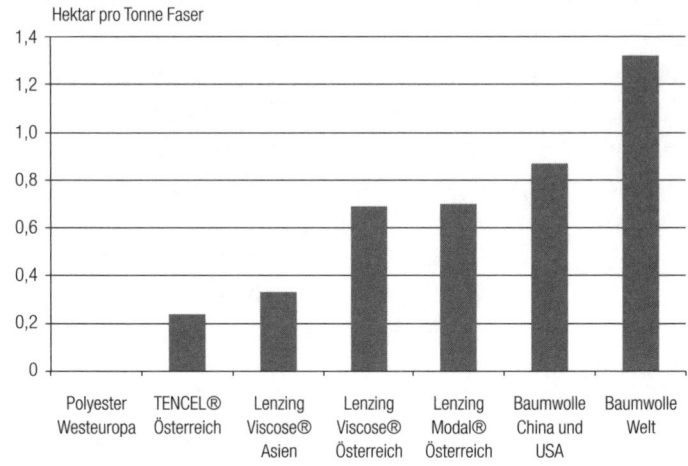

Quelle: Lenzing AG und ICAC

In der Grafik (Abbildung 5) erkennen wir, dass Fasern aus Buchenholz schon deutlich höhere Erträge pro Hektar aufweisen. Hingegen erzielen Fasern aus schnellwüchsigem Eukalyptusholz einen vielfach höheren Flächenertrag als Baumwolle.[40] In diesem Sinne »stellen Chemiefasern eine Entlastung der Agrarflächen dar und leisten einen Beitrag zur Nachhaltigkeit, ohne die Ernährungssituation zu verschärfen«.[41] Nach Auskunft des ICAC beläuft sich der Ertrag pro Hektar bei Baumwolle in der Saison 2010/11 auf 753 Kilogramm.[42] Anders ausgedrückt, für eine Tonne Baumwolle werden im weltweiten Durchschnitt rund 1,32 Hektar benötigt. Der Durchschnittswert für die USA und China erreicht einen vergleichsweise günstigen Flächenbedarf von 0,87 Hektar pro Tonne. An früherer Stelle haben wir bereits Indien als das Land mit der weltgrößten Anbaufläche für Baumwolle genannt. Diese entspricht ungefähr der Summe von den USA und China, ist aber weitaus weniger produktiv, da der indische Flächenbedarf

Abbildung 6
Flächenbedarf 2010

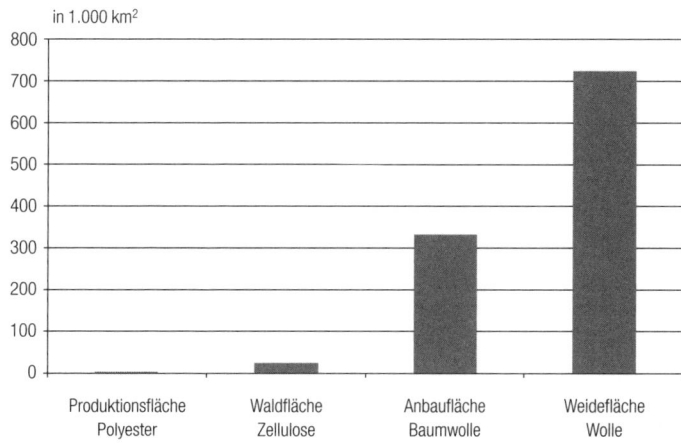

in 1.000 km²

| | Produktionsfläche Polyester | Waldfläche Zellulose | Anbaufläche Baumwolle | Weidefläche Wolle |

pro Tonne etwa 1,94 Hektar erfordert. Die Gruppe der Bastfasern aus beispielsweise Jute, Flachs, Ramie und Hanf ist hier im Durchschnitt der Baumwolle klar überlegen. Der Wollproduktion wird nach Information des IVC ein Flächenbedarf von 67 Hektar zugesprochen.[43]

Das Schaubild (Abbildung 5) zeigt recht eindrücklich die Überlegenheit von Chemiefasern gegenüber Naturfasern im Hinblick auf die erforderliche Fläche. Wenn wir diese Angaben auf die aktuelle Situation des Textilmarktes des Jahres 2010 überführen, so wird der Vorteil von Chemiefasern bei diesem Aspekt der Nachhaltigkeit noch deutlicher.

Im ersten Kapitel haben wir das Volumen und die Anteile der wichtigsten Fasertypen aufgeführt. Trotz der Beschränkung auf die Materialien Polyester, Zellulosefasern, Baumwolle und Wolle decken wir mehr als achtzig Prozent des Weltmarktes von gut achtzig Millionen Tonnen ab. Abbildung 6 zeigt den Flächenbedarf für diese vier Materialien. Infolge nicht veröffentlicher Produktionsmengen von Lenzing in den verschiedenen Regionen werden wir

einen Durchschnittswert von 0,6 Hektar pro Tonne für den zellulosischen Markt annehmen. Hierbei kann es sich selbstverständlich nur um Richtgrößen
handeln. Um es plastischer auszudrücken, der Flächenbedarf für
die globale Polyesterproduktion wäre vergleichbar mit der Größe
der Seychellen, für zellulosische Fasern würde es in etwa Ruanda,
einem Binnenstaat in Ostafrika, entsprechen, die Anbaufläche
für Baumwolle ist ähnlich der Größe Vietnams, und die Weide-
fläche für Wolle würde rein mathematisch fast ganz Chile bede-
cken. Wenn wir grob den Bedarf für die übrigen Fasermaterialien
überschlagen, so dürfte die gegenwärtige Textilnachfrage eine Fläche von rund 1,2 Millionen Quadratkilometer benötigen. Das wäre
recht vergleichbar mit der Größe Südafrikas, in der Nationenwer-
tung nach der Staatengröße immerhin an 25. Stelle. Wir könnten
es auch anders ausdrücken, dass im Durchschnitt für jeden und
jede Einzelne eine Fläche von 175 Quadratmetern für den textilen Konsum erforderlich ist. Unangefochten ist in diesem Zusammenhang die ökologische Bilanz von Chemiefasern, die bei rund
2,2 Prozent Flächenverbrauch 62 Prozent der weltweiten Faserproduktion abdecken.

Diese Kalkulation unterstreicht erneut die anfängliche These,
dass es zu strukturellen Veränderungen im textilen Markt kommen wird und muss. Halten wir abermals die Zeit an und über-
prüfen, welche Fläche zur Verfügung stehen müsste, um den pro-
gnostizierten Textilbedarf des Jahres 2030 bei unveränderten
Marktanteilen der Fasermaterialien decken zu können.

Wir gehen von einer Zunahme der Nachfrage von gegenwärtig achtzig Millionen Tonnen auf dann etwa 146 Millionen Tonnen aus. Daraus würde sich für den Textilmarkt ein Flächenbedarf von 2,2 Millionen Quadratkilometern ableiten, die Differenz
entspricht der Größe Ägyptens. Dargestellt als durchschnittlicher
Pro-Kopf-Verbrauch, würde die textile Nachfrage eine Fläche von
265 Quadratmetern konsumieren. Zweifel erscheinen angebracht,
ob die zukünftige Ernährungssituation diesen Zuwachs tatsächlich

ermöglichen wird. Eher wird sich die Entwicklung bei abnehmenden Nutzflächen für jeden Menschen dergestalt darstellen, dass
vorhandene Alternativmaterialien stärker gefördert werden, um
Konflikte mit der Nahrungsmittelproduktion zu vermeiden. Abschließend bleibt eindeutig festzuhalten, dass Chemiefasern unverzichtbar sind. Landwirtschaftliche Nutzflächen sind bei weitem
nicht in ausreichendem Maße vorhanden, was im Übrigen auch für
die Wasservorräte zutrifft.

Energie

Wieso Gedanken machen zur Energie? Der Strom kommt doch bei
uns aus der Steckdose! Ein altbekannter Witz, der weder zeitgemäß noch mehrheitsfähig in der heutigen Zeit erscheint. Vielmehr
hat in weiten Teilen der Welt ein Umdenken stattgefunden, das unter dem direkten Einfluss der Nuklearkatastrophe von Fukushima
eine ungeahnte Dynamik erfahren hat. Uns war vorher schon bekannt, dass klimatische Veränderungen vornehmlich auf den Ausstoß ungeheurer Mengen von Kohlendioxid (CO_2) zurückzuführen sind als Folge des Verbrauchs fossiler Brennstoffe – Öl, Gas
und Kohle. So traurig es natürlich in der Situation ist, aber vielleicht braucht es manchmal ein einschneidendes Erlebnis für Veränderungen. Auf die Errungenschaften der Industrialisierung der
letzten 150 Jahren wollen wir selbstverständlich nicht verzichten,
auch Industrie, Haushalte und Verkehr sollen nicht beeinträchtigt
werden.

Daher ist es wohl eher an der Zeit, von der bevorstehenden
Energiewende zu sprechen. In zunehmendem Maße wird schrittweise auf erneuerbare Energien umgestellt, wohl wissend um die
wirtschaftlichen wie auch technologischen Herausforderungen
zum Schutz unserer Umwelt. Die Textilindustrie wird hierzu ge-
wiss auch ihren Beitrag leisten, denn Bekleidung kommt nicht aus
der Mode. Ein zunehmend sensibilisiertes Bewusstsein der Kon-

Abbildung 7
Energiebedarf

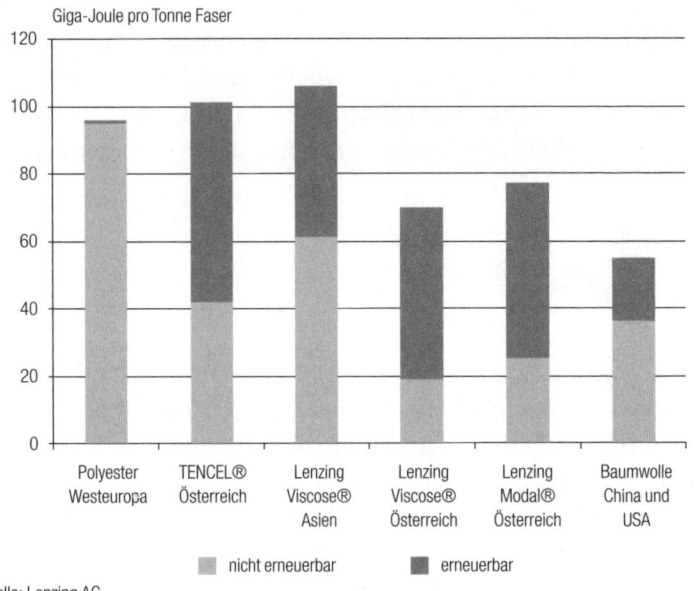

Quelle: Lenzing AG

sumenten kann diesen Prozess noch unterstützen. Doch dazu ist es notwendig, einen Überblick über die Energiebilanz der führenden Faserstoffe zu haben.

Wir erkennen (Abbildung 7), dass Baumwolle die beste Wahl in Bezug auf den gesamten Energiebedarf darstellt. Die Spitzenposition kann aber durchaus in Gefahr geraten, wenn bereits angedachte Planungen umgesetzt werden können. Neben einer fortgesetzten Anlagenoptimierung bestehen konkrete Überlegungen, die Tencel-Produktion vollständig auf wiedergewonnene Bioenergie umzustellen. Dieser Schritt würde nach Berechnungen von Lenzing eine Halbierung des nicht erneuerbaren Energiebedarfs ausmachen sowie erneuerbare Energien um ein Viertel reduzieren. In Summe würde dann der gesamte Energieverbrauch nur knapp zwanzig Prozent höher als bei Baumwolle ausfallen.

Trotzdem ist der Herstellungsprozess von Tencel-Fasern nach dem Lyocell-Prozess, wie zuvor beschrieben, äußerst umweltfreundlich und durch einen nahezu geschlossenen Lösungsmittelkreislauf wie auch geringen Wasserverbrauch charakterisiert. Vor diesem Hintergrund ist es nicht überraschend, dass »Lenzing beabsichtigt, seine globale Tencel-Produktionskapazität von aktuell rund 140 000 Tonnen bis zum Jahr 2015 auf rund 275 000 Tonnen fast zu verdoppeln«.[44] Kann das Energiekonzept in Zukunft verwirklicht werden, ergeben sich gegenüber der bisherigen Energiebilanz von Tencel-Fasern Energieeinsparungen von gut einem Drittel. Das verdeutlicht die ausgesprochene Attraktivität dieses Fasermaterials aus ökologischer Sicht.

Die nach dem Viskose-Prozess in Österreich erzeugten Fasern benötigen einen um 27 beziehungsweise 41 Prozent höheren Energiebedarf als Baumwolle, sind aber deutlich effizienter als Polyester. Die schlechtere Bilanz in Asien ist das Ergebnis einer relativ unwirtschaftlichen Energieerzeugung auf Kohle basierend in Verbindung mit einem höheren Bedarf für die Bereitstellung von Chemikalien.

Betrachten wir den jeweiligen Energiebedarf unter dem Aspekt der Verwendung erneuerbarer Energieträger, die in Zukunft einen größeren Anteil am globalen Energiemix einnehmen werden, so erkennen wir eine deutliche Überlegenheit zellulosischer Fasern. In den österreichischen Werken werden überwiegend Fasern mittels erneuerbarer Energien produziert. Demgegenüber verwendet die hier zum Vergleich herangezogene Baumwollindustrie in den USA und China nur zu einem Drittel erneuerbare Energien. Der verschwindend kleine Anteil bei Polyester, einer synthetischen Chemiefaser, liegt nicht nur in dem Energiebedarf seiner Vormaterialien begründet.

Vom jetzigen Standpunkt aus betrachtet wäre Baumwolle unzweifelhaft der beste Fasertyp, da ihr gesamter Energiebedarf am niedrigsten ist. Man könnte fast die doppelte Menge an Baumwollfasern herstellen, verglichen mit Polyesterfasern oder den energie-

intensivsten Zellulosefasern. Aber es ist wohl nicht sinnvoll, den
Status quo einfach in die Zukunft zu übertragen. Der Ausbau erneuerbarer Energien wird mit zunehmender Geschwindigkeit
Realität. Bei dynamischer und zukunftsorientierter Bewertung ist
daher heute bereits allen Generationen zellulosischer Fasern ein
signifikanter Vorteil einzuräumen, da sie den weitaus größten Anteil erneuerbarer Energien verwenden.

Globale Erderwärmung

Die globale Erderwärmung, die auch als Klimawandel bezeichnet
wird, ist ein allgegenwärtiges Thema in den Medien unserer Zeit.
Durch menschliches Handeln wird die zunehmende Freisetzung
von Treibhausgasen ausgelöst, die als wahrscheinlichste Ursache
für steigende Temperaturen angesehen wird. Zum bekanntesten
Treibhausgas zählt Kohlendioxid (CO_2). Es wird mathematisch be-
rechnet und als CO_2-Äquivalent ausgedrückt.

Die kontroverse Diskussion ist mittlerweile ermüdend und
vielleicht auch ein wenig zu abstrakt. Das große Problem ist, dass
wir dieses offensichtlich so schädliche Kohlendioxid weder sehen
noch riechen oder greifen können. Gibt es nicht die Redewendung
»Begreifen kommt von greifen«? Das kann vielleicht einen Grund
dafür liefern, dass wir diesen Ursache-Wirkung-Zusammenhang
zwar wahrnehmen, aber doch lieber vor uns herschieben. Würde
es dagegen die Sonne verdecken und am besten auch noch übel
riechen, hätten wir sicher ein vielfach größeres Interesse an einer
raschen Lösung.

Infolge der fast ausschließlichen Verwendung nicht erneuerbarer Energien bei der Produktion von Synthesefasern weist Polyester die höchsten Emissionen an Treibhausgasen auf. Das vergleichsweise unbefriedigende Resultat asiatischer Produktion
hängt mit der bereits erwähnten unwirtschaftlichen und auf Kohle
basierenden Energiegewinnung zusammen. Ansonsten haben alle

Abbildung 8
Globale Erderwärmung

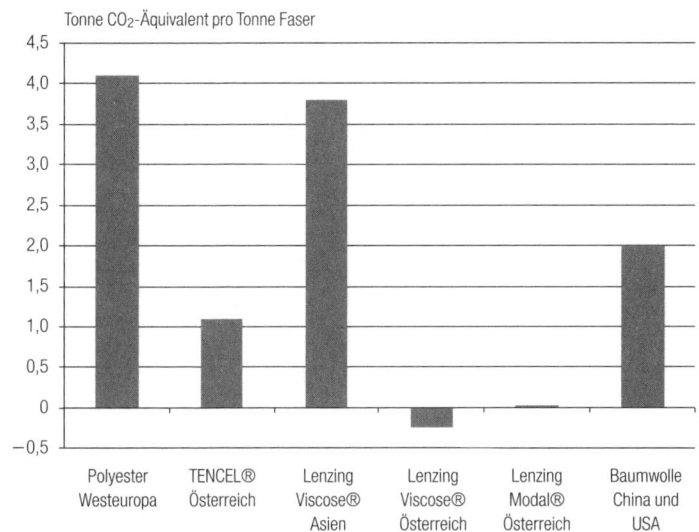

Quelle: Lenzing AG

Zellulosefasern sowohl gegenüber Polyester als auch Baumwolle einen erheblich geringeren CO_2-Fußabdruck. Ihr Beitrag zur globalen Erderwärmung ist folglich am geringsten. Modalfasern haben sogar einen quasi neutralen Einfluss, wohingegen Viskosefasern aus österreichischer Fertigung mehr CO_2 in sich zu binden vermögen, als bei ihrer Herstellung freigesetzt wird (Abbildung 8). Bei zukünftiger Umsetzung des zuvor vorgestellten Energiekonzeptes für Tencel-Fasern wäre ihr Einfluss vergleichbar zu Modalfasern gleichfalls fast null.

Relative Umweltbelastung

Das zuvor genannte Beispiel von Lenzing Viscose®-Fasern österreichischen Ursprungs sowie auch die Nichtbeanspruchung landwirtschaftlicher Nutzflächen bei der Herstellung von Chemiefasern sind zwei erfreuliche Ausnahmen. Ansonsten wird die
Umwelt in unterschiedlichem Maße beansprucht, belastet, ver-
schmutzt oder geschädigt.

Einen bereits häufiger genannten Sachverhalt mit besonderem
Bezug zur Baumwolle wollen wir an dieser Stelle ausführlicher
würdigen. Vielfach wurde der nicht unerhebliche Bedarf an Düngemitteln für den Anbau dieser Kulturpflanze schon aufgeführt.
In zahlreichen Veröffentlichungen wurde dies auch schon thematisiert.

»Unter Düngung versteht man die Zufuhr von mineralischen
oder organischen Stoffen zu Boden und Pflanzen über das natürliche Angebot hinaus.«[45] Pflanzen benötigen neben Sonnenlicht
und Wasser auch Mineralien für ihr Wachstum. Diese Erkenntnis widerlegte den Glauben an die sogenannte Humustheorie und
geht zurück auf den deutschen Agrarwissenschaftler Philipp Carl
Sprengel, der 1828 erstmals zwölf Stoffe als Nährstoffe identifi-
zierte. Dieses Wissen diente später Justus von Liebig, der als Weg-
bereiter der Lehre von der Mineralstoffernährung der Pflanzen
gilt, zur Formulierung seines Minimumgesetzes. Seine Kernaus-
sage ist, dass das Wachstum von Pflanzen durch die knappste Ressource eingeschränkt wird.[46]

Schon damals, zu Beginn der Industrialisierung, beschäftigte
die Frage, wie man der stetig zunehmenden Bevölkerung ausreichend Nahrung bereitstellen könnte. So vertrat der englische Ökonom Thomas Robert Malthus 1798 die Ansicht, dass nicht genügend Lebensmittel für eine Milliarde Menschen angebaut werden
könne.[47]

Heute beträgt die Bevölkerungszahl sieben Milliarden Menschen. Er konnte ja nicht ahnen, dass die Agrochemie Ernteerträge

Abbildung 9
Produktion von Düngemitteln

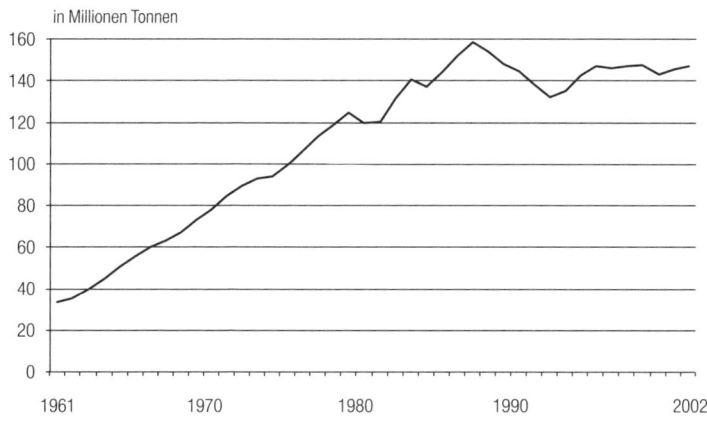

in Millionen Tonnen

Quelle: FAO

vervielfachen würde. Die rasante Produktion von Düngemitteln ist anhand der Daten der FAO dargestellt (Abbildung 9).[48]

Diese Entwicklung mag auf den ersten Blick etwas überraschen, hat doch in den letzten Jahrzehnten das Umweltbewusstsein an Bedeutung gewonnen. Zumindest lässt uns die mediale Kommunikation diesen Wandel in der Einstellung wahrnehmen. Schließlich ist uns doch bewusst, dass der Einsatz von Pflanzenschutz- und Düngemitteln unsere Umwelt und Gewässer belastet.

Daher schauen wir näher auf den Verbrauch von Düngemitteln in Deutschland, Österreich und der Schweiz. Tatsächlich, wie im nachfolgenden Schaubild (Abbildung 10) zu erkennen, sind die Verbrauchsmengen seit dem Beginn der 1980er Jahre spürbar reduziert worden.[49] Das könnte natürlich auch, in Anlehnung an die Ausführungen zum virtuellen Wasser, Folge der fortschreitenden Globalisierung sein.

Im Grundsatz bleibt festzuhalten, dass die dosierte Zufuhr von Nährstoffen es ermöglicht hat, die kontinuierlich steigenden Anforderungen an die Nahrungsmittelproduktion zu gewährleisten. Wird jedoch mehr hinzugegeben, als Pflanzen benötigen, so kann dies zu negativen Folgen für die Umwelt führen und Grundwasser wie auch Oberflächenwasser verunreinigen. Auch sind Belastungen für Luft und Boden nicht auszuschließen. Hier kommt es eben auf eine bedarfsspezifische Zuführung an, um Überschüsse zu vermeiden. Bekanntlich ist Stickstoff für das Pflanzenwachstum unentbehrlich, doch »im Boden wandeln Bakterien Stickstoffverbindungen in Lachgas (N_2O) um – ein 300-mal potenteres Treibhausgas als Kohlendioxid (CO_2)«.[50]

Der Gebrauch von Düngemitteln kann auch durch nachhaltige landwirtschaftliche Bewirtschaftungsmethoden wie beispielsweise durch Fruchtwechsel oder regelmäßige Perioden als Brachland reduziert werden. Doch »der konventionelle Landbau ist gekennzeichnet durch intensive, stark mechanisierte und spezialisierte Bodennutzung sowie hohe Zufuhr von betriebsfremden Hilfsstoffen (Dünger, Pflanzenschutzmittel, Futtermittel, Energie) und stößt dadurch an die Grenzen der Belastbarkeit der Agrarökosysteme«.[51] Monokulturen, das heißt der Anbau gleicher Pflanzen auf den gleichen Flächen, sind bei der Baumwolle überwiegend vorzufinden. Hinzu kommt durch die feuchtwarmen Erfordernisse an das Klima ein erhöhter Schädlings- und Insektenbefall, dem durch beträchtliche Mengen an Pestiziden und Insektiziden entgegenzuwirken versucht wird. Ferner wird zumeist maschinell geerntet, um Kosten zu senken und gleichzeitig die Produktivität zu erhöhen. Zu diesem Zweck ist zuvor der Einsatz von Entlaubungsmitteln notwendig. Eine qualitativ höherwertige Ernte ist bei diesem Vorgehen jedoch nicht zu erwarten. Vielmehr führt diese Praxis im globalen Wettlauf um höhere Margen zu einer zusätzlichen Umweltbelastung.

Wir wollen aber an dieser Stelle nicht verschweigen, dass es auch zunehmend andere Ansätze gibt. Eingangs haben wir schon kurz die Bio-Baumwolle thematisiert. »Hier bedeutet biologischer Anbau weit mehr als nur der Verzicht auf chemische Pestizide und

Abbildung 10
Verbrauch von Düngemitteln in Deutschland, Österreich und der Schweiz

Quelle: FAO

Mineraldünger. Es geht vielmehr darum, ein sich selbst regulierendes Agrar-Ökosystem zu schaffen.«[52] Die Erhaltung von Ressourcen, umweltschonende Bewirtschaftungsformen und Nachhaltigkeit verfolgen das Ziel der Verbesserung der Bodenfruchtbarkeit.

»Seit 2002 fördert Helvetas im Rahmen ihrer Entwicklungsprojekte in Westafrika und Zentralasien den biologischen Anbau von Baumwolle.«[53] Setzen wir das mengenmäßige Angebot in Bezug zum gesamten Markt für Baumwolle, so nimmt organische Baumwolle derzeit einen Anteil von rund einem Prozent ein. Auf absehbare Zeit erscheint dieses umweltfreundliche Material daher realistischerweise nicht in der Lage zu sein, den konventionellen Landbau zu ersetzen.

Zusammenfassend wollen wir die relativen Umweltbelastungen schematisch darstellen. Bei allen Zahlenangaben handelt es sich um Relativwerte, die auf den Summenwert von Baumwolle normiert wurden. Alle faserspezifischen Umweltbelastungen in der jeweiligen Kategorie wurden dabei ins Verhältnis gesetzt zu den gesamten weltweiten Belastungen in der gleichen Kategorie. Dazu zählen neben den bereits beschriebenen Belastungen beispielsweise auch die Auswirkung auf die menschliche Gesundheit, Schädigung der Ozonschicht wie auch Übersäuerung der Gewässer. Diese Relativzahlen werden dann aufsummiert, um zu einer einzigen Kennzahl für jeden Fasertyp zu gelangen. Zur Veranschaulichung haben wir alle Umweltbelastungen zusammengefasst, da sie in ihrer einzelnen Ausprägung teilweise für alle Fasern vernachlässigbar und damit grafisch kaum darstellbar sind. Die beiden prägnanten Umweltbelastungen der Baumwolle, Wasser- und Bodenverschmutzung, sind separat ausgewiesen. Diese Umweltbelastung ist natürlich auch bei Chemiefasern vorhanden, würde jedoch in Abbildung 11 bei Einzelausweis kaum ersichtlich werden. Dafür weist Polyester den vergleichsweise höchsten Bedarf an nicht erneuerbaren Brennstoffen und die höchsten Treibhausgasemissionen auf. Die von Lenzing erzeugten Fasern haben den weitaus geringsten Einfluss auf die Erderwärmung.

»Das Gesamtbild der LCA zeigt einen klaren Vorteil von Zellulosefasern aus dem Haus Lenzing. Besonders interessant sind die Vorteile der Man-made-Zellulosefasern hinsichtlich der beiden Faktoren Landnutzung und Wasserverbrauch. In der Detailanalyse erweisen sich die am Standort Lenzing hergestellten Viskose- und Modalfasern als besonders nachhaltig. Dies ist durch den Synergieeffekt der integrierten Produktion von Zellstoff, Energie und Fasern am Standort Lenzing begründet und repräsentiert die ›best available technology‹ in der gesamten Faserindustrie. Die Rahmenbedingungen für die Viskosefaserproduktion in Asien sind zwar in Hinblick auf die Rohstoff- und Energieversorgung weniger vorteilhaft, doch ist das Ergebnis noch immer bedeutend besser als bei Baumwolle. Die gute Ökobilanz der Tencel-Faser schließlich ist der als umweltfreundlich bekannten und mehrfach ausgezeichneten Lyocell-Technologie zuzuschreiben. Bei der Lyocellfaser Tencel

Abbildung 11
Relative Umweltbelastung je Tonne Faser

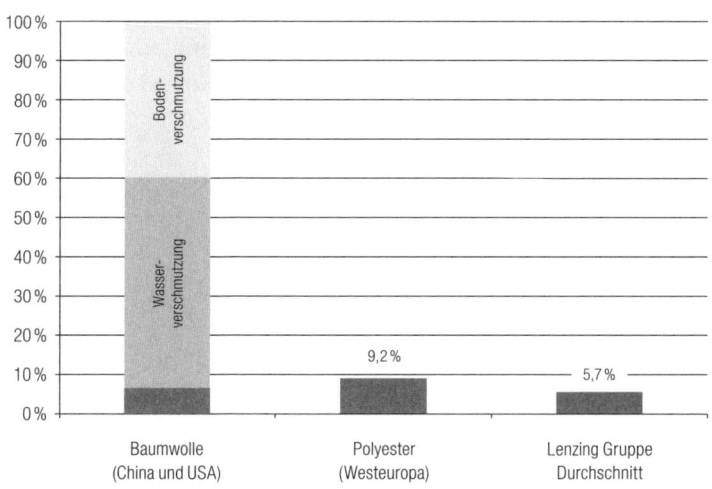

Quelle: Li Shen, Martin Patel; Copernicus Institute, Utrecht University

beträgt die Rückgewinnungsrate des verwendeten Lösungsmittels NMMO 99,6 Prozent. Generell hat Lenzing durch seine Technologiearbeit der letzten Jahrzehnte einen großen Entwicklungsvorsprung, der sich auch in extrem hohen Rückgewinnungsraten bei der Viskosefaserproduktion oder bei Modal niederschlägt.«[54]

Eine Reihe weiterer Kriterien, die in der umfassenden Lebenszyklusanalyse im Auftrag von Lenzing behandelt worden sind, könnten noch thematisiert werden. Doch wir wollen uns nicht bei komplexen Einzelheiten aufhalten und dadurch das Ziel aus den Augen verlieren. Wir haben Gründe für einen zukünftigen Wandel des Textilmarktes beschrieben. Dieser Wandel ergibt sich zunächst aus der begrenzten Verfügbarkeit von Ressourcen. Nachdem wir die ökologischen Auswirkungen der bedeutendsten Faserarten beleuchtet haben, und hier zeigten sich teilweise gravierende Differenzen in ihrer Umweltbelastung, ist wünschenswerterweise eine

Sensibilisierung für die aus unserem Konsumverhalten resultierenden Konsequenzen für die Umwelt der nächste Schritt. Erinnern wir uns beim nächsten Einkauf an diese Zusammenhänge und treffen Kaufentscheidungen bewusster, dann sind wir nicht nur aktiver Teil des notwendigen Wandels, sondern können ihn sogar weiter forcieren zum Wohle der Umwelt.

5. Was erwartet uns auf dem Weg ins Jahr 2030?

Wir haben gesehen, dass der Textilmarkt nicht nur etwas mit Mode, Schnitt und Farben zu tun hat. Es ist ein durchaus komplexer Industriezweig, der Berührungspunkte zu vielen Bereichen aufweist. Das war in der ersten Überlegung vielleicht nicht so zu erwarten. Wollten wir nachgelagerte Verarbeitungsstufen auch noch integrieren, würde es allein aufgrund der zahlreichen Alternativen in der Weiterverarbeitung wahrscheinlich ziemlich unübersichtlich. Trotzdem sei daran erinnert, dass verschiedene Eigenschaften (zum Beispiel Feuchtigkeitstransport und UV-Schutz) nicht nur vom Fasermaterial abhängen. Hier spielen die Textilkonstruktion und Ausrüstungen auch eine wichtige Rolle.

Als bisherige Ergebnisse können wir festhalten, dass die Anforderungen an ein Textilprodukt sehr umfangreich und vielschichtig sind. Daher gibt es nicht *den* einen Fasertyp, der allen Anforderungen gerecht werden kann. Ebenfalls hat die vorangegangene Lebenszyklusanalyse aufgezeigt, dass die Fasern unterschiedliche Stärken und Schwächen aufweisen. Es gibt also auch nicht *den* einen Fasertyp mit den besten ökologischen Auswirkungen in allen Kriterien.

Denken wir zurück an bekleidungsphysiologische Aspekte, und in diesem Zusammenhang wurde Thermoregulierung als wichtige Funktion genannt, so ist beispielsweise auch genauer nach den Anforderungen zu fragen, das heißt, in welchem klimatischen Umfeld wird die Textilie zu welchem Zweck eingesetzt? Wir erinnern uns, dass die Feuchtigkeitsaufnahme von Naturfasern wie auch Zellulosefasern deutlich höher ist als diese Fähigkeit bei allen synthetischen Fasern. Daraus abzuleiten, dass Synthesefasern immer die schlechtere Wahl wären, erweist sich wiederum als falsch.

Ein Beispiel möge das verdeutlichen: Sportliche Aktivitäten bei sommerlichen Temperaturen führen bekanntlich zum Schwitzen. Über einen längeren Zeitraum gesehen stoßen Natur- und Zellulosefasern an ihre Grenzen. Sie können dann keine Feuchtigkeit mehr aufnehmen und das Bekleidungsstück klebt auf der Haut. Jeder hat das sicher schon einmal erlebt, ein recht unangenehmes Gefühl, umso mehr, wenn Wind aufkommt oder in Ruhephasen. Hier wäre es von Vorteil, wenn die Bekleidung keine Feuchtigkeit aufnimmt, sondern sie weg vom Körper auf die Außenseite transportieren würde. Dafür wiederum sind Chemiefasern bestens geeignet, Polypropylen oder auch andere texturierte Synthesefaseranwendungen. Folglich gibt es auch nicht *den* einen Fasertyp, der bekleidungsphysiologischen Anforderungen in allen Situationen gerecht zu werden verspricht.

Wenn wir über den Bekleidungsbereich hinausblicken und an das Beispiel vom Airbag denken, so leiten sich aus technischen Textilien spezifische Anforderungen an das Fasermaterial ab. Es wäre undenkbar, einen solchen Luftsack aus Natur- oder Zellulosefasern fertigen zu wollen. Hierfür werden Festigkeiten des Garns benötigt, die eben nur ausgewählte Synthesefasern zu liefern imstande sind.

Die Vielfalt an Materialien hat also durchaus ihre Berechtigung und Sinnhaftigkeit. Im täglichen Leben erfreuen wir uns ja auch an Wahlmöglichkeiten, frei nach Cicero und meinen noch verbliebenen bescheidenen Lateinkenntnissen: Variatio delectat (Abwechslung erfreut). Diese Freude über ein breites Angebot dürfte jedoch in erster Linie auf die eingangs erwähnten modischen Ausprägungen zurückzuführen sein. Vielleicht liefert dieses Buch einen Beitrag, die Materialzusammensetzung zukünftig beim Einkaufen ein wenig mehr in den Mittelpunkt zu stellen.

Die Vielfältigkeit hat in der Vergangenheit ohnehin schon abgenommen. Durch Kostenvorteile in der Herstellung, Betriebsgrößeneffekte, günstige Rohstoffe und internationales Lobbying ist Polyester bereits in viele Marktsegmente erfolgreich vorgedrungen, die ursprünglich von anderen Fasermaterialien besetzt wurden. Dieser Trend zugunsten von Polyester wird sich auch in der Zukunft fortsetzen.

Verschiedentlich wird in den Medien berichtet, dass Polyester aus Biomasse ein zukünftiges Wachstumspotenzial beigemessen wird. Hierbei handelt es sich um einen recht neuen Trend, der Bestandteile von Polyester aus nachwachsenden Rohstoffen, zum Beispiel aus Getreide oder Rohrzucker, beinhaltet. Eine Reihe von Unternehmen aus aller Welt ist hier in der Forschung und Entwicklung tätig. Die kommerzielle Verfügbarkeit von Polyester mit einem Anteil von rund einem Drittel natürlicher Rohstoffe wurde von einem japanischen Unternehmen für das Jahr 2012 angekündigt. Andere Veröffentlichungen aus Japan sprechen sogar von einer Polyesterfaser, die vollständig aus nachwachsenden Materialien im Labor hergestellt worden ist.[1] Hier bleibt sicherlich abzuwarten, wie die Wirtschaftlichkeit der neuen Rohstoffe in der kontinuierlichen Fertigung sein wird, ebenso, wie sich Fasereigenschaften und Anforderungen an die Weiterverarbeitung darstellen werden. Am Ende der Nutzungsphase können die Materialien ebenso wie konventionelles Polyester rezykliert werden, im Übrigen natürlich auch Polyesterflaschen, und für neue textile Produkte Verwendung finden. So verheißungsvoll diese Ankündigungen im Hinblick auf eine umweltschonende Herstellung und den Ersatz von Erdöl auch klingen mögen, so bleibt doch zu berücksichtigen, dass auf diese Weise ein weiterer Konkurrent für die knapper werdenden landwirtschaftlichen Nutzflächen entsteht.

Andererseits sind aber schon heute Engpässe in der zukünftigen Verfügbarkeit von Rohstoffen erkennbar, die auf Einschränkungen des zukünftigen Faserwachstums hinweisen. Das wird vornehmlich Baumwolle betreffen. Daraus werden sich Gestaltungsspielräume für andere Fasern eröffnen, die um die Ausschöpfung dieser zusätzlichen Potenziale bemüht sein werden. Wenn wir im Folgenden die Ergebnisse zum Markt mit den ökologischen Auswirkungen in Einklang zu bringen versuchen, gehen wir von dem heutigen Stand der Technologie aus. Wir lassen uns nicht leiten von der Vorstellung, es gäbe in absehbarer Zeit einen omnipotenten Fasertyp. Als Leitplanken für zukünftiges Wachstum betrachten wir die Rohstoffsituation sowie die Umweltverträglichkeit der führenden Fasertypen.

Dies führt zu der Frage, wie sich die zukünftige Marktentwicklung voraussichtlich gestalten wird. Allerdings sollten wir hierzu noch einen weiteren Aspekt beachten, nämlich wer diese Entwicklungen beeinflussen kann.

Unzweifelhaft wird auch zukünftig der Preis ein eminent wichtiges Kaufkriterium sein. Doch es ist gut möglich, dass andere Einflussgrößen an Bedeutung gewinnen werden. Wenn man sich bisher keine Vorstellung von der Auswirkung auf die Umwelt hat machen können, so hat zumindest dieses Buch erste Anhaltspunkte zu liefern versucht. Konsequenterweise könnte jedem einzelnen Verbraucher ein höheres Wissen um die Gestaltung textiler Produkte zugeordnet werden. Treffen umweltschonende Aspekte seitens der Käufer zunehmend massiver auf vornehmlich Renditeüberlegungen großer Modelabels oder des Handels, entsteht zunächst in gewisser Weise ein Zielkonflikt. Wir haben schon darauf hingewiesen, dass ökologische und fair gehandelte Produkte mit einem höheren Preis verbunden sind. Hilfreich ist in diesem Zusammenhang der Umstand, dass sich eine stetig wachsende Anzahl von Herstellern den Grundsätzen ökologischer Nachhaltigkeit verpflichtet.

Nicht zu vergessen ist darüber hinaus die Politik, hier im Sinne des Gesetzgebers, der ebenfalls Nachfrage auslösen kann. Wäre aus dem bloßen Verantwortungsbewusstsein der Automobilindustrie zum Beispiel die Einführung von Sicherheitsgurten und Airbags in der gleichen Geschwindigkeit erfolgt? Diese Frage kann jeder für sich beantworten. Das ist zudem mit Ausstrahlungseffekten verbunden, die weit über den Geltungsbereich derartiger Gesetzesentwürfe hinausgehen. Um bei dem Beispiel der Automobilindustrie zu bleiben, Vorschriften in der westlichen Welt haben mittelbar auch Produzenten im asiatischen Ausland beeinflusst. Zur

Wahrung ihrer Absatzchancen waren sie gleichermaßen gezwungen, passive Sicherheitseinrichtungen in ihrer Fahrzeugflotte anzubieten.

Wie kann man nun eine Brücke zur Textilindustrie schlagen? Wäre es so abwegig, dass der Gesetzgeber in Anlehnung an die Automobilbranche eine vergleichbare Abstufung für das Bekleidungssegment einführt? In Deutschland gibt es seit Ende 2011 eine neue Energieverbrauchskennzeichnung für Pkws. Darin »werden alle Fahrzeuge am Markt unter Einbeziehung ihres Gewichtes in CO_2-Effizienzklassen eingeteilt und mit einer Farbpalette gekennzeichnet«.[2] Mitte 2007 trat zum Beispiel die Verordnung (EG) Nr. 1907/2006 in Kraft, eine EU-Chemikalienverordnung mit Gültigkeit für die gesamte Europäische Union. Ohne vorherige Registrierung dürfen keine chemischen Stoffe innerhalb der EU durch Hersteller oder Importeure in Verkehr gebracht werden. Das ist insofern von Bedeutung für die Textilindustrie, da sie »etwa ein Viertel aller produzierten Chemikalien [...] verbraucht«.[3] Eine möglicherweise stärkere Einflussnahme seitens der Politik im Hinblick auf umweltschonende Produkte ist also nicht gänzlich von der Hand zu weisen.

Jedoch ist auch zu erwähnen, dass angebotsseitig hier eine zunehmende Aktivität zu erkennen ist. So hat sich im Jahr 2011 eine Arbeitsgruppe bestehend aus adidas, C&A, H&M, Li Ning, Nike und Puma zusammengefunden, um gefährliche Chemikalien in ihrer Lieferkette bis 2020 zu eliminieren. Mitte November 2011 wurde ein gemeinsamer Fahrplan veröffentlicht.[4] Ebenfalls im Jahr 2011 wurde die Sustainable Apparel Coalition gegründet. Sie haben noch nie etwas davon gehört? Das verwundert nicht, obwohl sich hier die weltweit führenden Unternehmen der Bekleidungsbranche zusammengeschlossen haben, unterstützt durch NGOs, wissenschaftliche Experten und die US-Umweltschutzbehörde. Das Ziel dieser Allianz besteht darin, ökologisch und sozial belastende Einflüsse zu verringern. Die Koalitionspartner lesen sich wirklich wie das Who's Who. Da wir uns auf die Verarbeitungsstufe der Garn- und Faserherstellung beschränken, seien hier nur diese entsprechenden Mitglieder namentlich aufgeführt: Arvind Mills (Indien), DuPont (USA), Lenzing (Österreich), Pratibha Syntex (Indien), Teijin Fibers (Japan) und WL Gore & Associates (USA).[5]

Was gilt es für die Zukunft zu beachten?

Eine Vorhersage ist naturgemäß immer mit Unsicherheiten verbunden. Diese haben wir zu reduzieren versucht, indem wir Stand und zukünftige Aussichten für Wirtschaftskraft, Bevölkerungswachstum und Textilverbrauch sorgfältig auf Länderebene analysiert haben. Für die beiden erstgenannten Kriterien haben wir weltweites Zahlenmaterial verwendet. Diese beiden Faktoren haben entscheidenden Einfluss auf die textile Konsumnachfrage. Als Folge dessen, verstärkt durch klimatische Gegebenheiten, ist der textile Pro-Kopf-Verbrauch bei nationaler Betrachtung vom weltweiten Durchschnitt stark abweichend. Daher wurde zusätzlich für mehr als hundert Länder der aktuelle Textilbedarf ermittelt (vgl. Abbildung 6 in Kapitel 3). Diese Ländergruppe deckt immerhin 95 Prozent der Weltbevölkerung ab. Auf eine nähere Untersuchung bevölkerungsarmer Länder haben wir verzichtet, da ihr Einfluss auf globaler Ebene ohnehin zu vernachlässigen wäre. Anstelle dessen wäre vielfach sowieso eine Recherche über die Textilgewohnheiten vor Ort wesentlich reizvoller, stellvertretend seien hier Aruba, die Malediven oder Samoa genannt.

Unter Berücksichtigung weiterführender Einflussgrößen kamen wir zu dem Ergebnis, dass in den nächsten beiden Jahrzehnten der textile Weltmarkt von achtzig auf etwa 146 Millionen Tonnen ansteigen wird. Das entspricht einer jahresdurchschnittlichen Wachstumsrate von rund drei Prozent, oder anders ausgedrückt, der individuelle Bedarf wird von zwölf auf dann annähernd achtzehn Kilogramm zunehmen. Das bedeutet natürlich nicht im Umkehrschluss, die Kapazitäten für den heimischen Kleiderschrank um fünfzig Prozent erhöhen zu müssen. Es sei daran erinnert, dass dieses Volumen auch technische Textilien, Teppiche und Heimtextilien umfasst.

Dieses prognostizierte Mengenwachstum bedeutet nicht nur erhebliche Investitionen entlang der textilen Wertschöpfungskette, sondern auch weiter zunehmende Anforderungen an die dafür benötigten Rohstoffe. Wie wir gesehen haben, ist von Engpässen bei Polyester und Zellulosefasern nicht auszugehen. Dafür wird für Baumwolle nicht genügend Ackerboden zur Verfügung stehen, um die heutige Marktposition behaupten zu können. Entwicklungstrends der Vergangenheit können also offensichtlich nicht ohne weiteres auf die Zukunft übertragen werden.

Die auf fossilem Brennstoff basierenden Polyesterfasern sowie Zellulosefasern aus dem Naturprodukt Holz werden überproportional von dem erwarteten Nachfragezuwachs profitieren. Keinerlei Beschränkungen im Ausgangsmaterial ermöglichen auch die zusätzliche Bedienung der ehemals von Baumwolle besetzten Marktsegmente. Diese Aussage besitzt grundsätzlich auch für die anderen Synthesefasern Gültigkeit. Doch der schon aus der Vergangenheit bekannte Wettbewerbsdruck seitens Polyester wird ihnen wenig Raum für Entfaltungsmöglichkeiten lassen. Entweder weisen derartige Fasern überragende und für die spezifischen Einsatzgebiete unverzichtbare Eigenschaften auf oder sie werden weiter substituiert. Erinnert sei hier an das Beispiel Airbags.

Ist es nicht etwas zu eng gedacht, wenn wir nur von Marktanteilsgewinnen von Polyester zulasten von anderen Synthesefasern sprechen? Kann nicht auch die preislich günstigere Polyesterfaser in die von Zellulosefasern dominierten Anwendungsbereiche einbrechen? Davon ist weniger auszugehen, denn die jeweiligen Stärken der Fasermaterialien sind, wie in der Tabelle in Kapitel 4 aufgeführt, komplementär verteilt.

Zu der preislichen Bewertung, die derzeit für Polyester spricht, wäre hingegen noch anzufügen, dass sich erwartungsgemäß eher nachteilige Veränderungen im Preis bei Erdöl einstellen können.

Wir haben bereits darauf hingewiesen, dass für die nächsten Jahrzehnte weniger die Verfügbarkeit von Öl kritisch erscheint als vielmehr seine Bezahlbarkeit.

Eine kurze Bemerkung noch zu Wolle und den anderen Naturfasern, denn häufig wird die Ansicht vertreten, dass Kleidung aus Naturfaser per se umweltfreundlicher sei. Zugegeben, die Ergebnisse der vorgestellten Lebenszyklusanalyse für Baumwolle lassen uns zumindest ein wenig daran zweifeln. Jedoch benötigt die Mehrzahl der übrigen Naturfasern tatsächlich weniger Wasser sowie weniger wie teilweise keinen Dünger und keine Pflanzenschutzmittel. Die Kenafpflanze bindet sogar während ihres Wachstums mehr CO_2, als sie eigenes Gewicht hat.[6] Diesen Materialien wird durchaus ein Wachstumspotenzial zugesprochen, allerdings nur in überschaubarem Maße. Zudem ist zu berücksichtigen, dass mehrere Materialien nicht für Bekleidungszwecke geeignet sind und eher zu Seilen, Tauen, Teppichen und Verpackungsmaterialien verarbeitet oder als Füllstoff verwendet werden.

Die geringere Dynamik ist bei hochwertiger Wolle für Bekleidung vielfach höheren Preis geschuldet. Bei den übrigen Naturfasern werden die zum Teil nicht vollständig automatisierbare Verarbeitung und die fehlende Etablierung in der Verarbeitungskette als nachteilig angesehen. Damit verbunden sind negative Auswirkungen in wirtschaftlicher Hinsicht.

Bevor wir nun mögliche Strukturen des Textilmarktes im Jahr 2030 aufzeichnen, erscheint zunächst die Einbeziehung des ökologischen Aspektes angeraten. Wirtschaftliche Interessen mit ökologischer Sinnhaftigkeit in Einklang zu bringen, ist nicht nur möglich, es erscheint vielmehr zwingend notwendig. Bereits vor vierzig Jahren ist im Auftrag des Club of Rome eine Studie zur Zukunft der Weltwirtschaft erschienen. Einer der Kernaussagen zufolge würden die Wachstumsgrenzen bei unveränderter Ausbeutung unserer Ressourcen sowie einer weiteren Zunahme von Weltbevölkerung, Industrialisierung, Umweltverschmutzung und Nah rungsmittelproduktion in den nächsten hundert Jahren erreicht.[7] Wir haben erlebt, dass die Bevölkerung in der Zeitspanne um etwa drei Milliarden Menschen angewachsen ist. Gleichzeitig ist nicht nur die Industrialisierung vorangeschritten, sondern hat durch ihre kontinuierliche Verlagerung nach Asien auch noch zu höheren Umweltbelastungen geführt. Im Jahr 2004 haben die Autoren dieser Studie eine Aktualisierung vorgenommen mit der dramatischen Schlussfolgerung, dass die Fortführung wie bisher zum Kollaps ab dem Jahr 2030 führt.[8] Das lässt uns an der Zukunftsfähigkeit unseres Wachstumsmodells doch recht zweifeln, umso mehr, als diese Zeitspanne ziemlich übersichtlich ist.

Wäre die Forderung nach Verzicht auf Wachstum eine zukunftsfähige Lösung? Absolut nicht! Einerseits können wir für die Zukunft von einem weiteren Anstieg der Bevölkerung ausgehen, wenn sich auch die Wachstumsraten abschwächen. Andererseits ist die Mehrheit der Menschen bemüht, ihren Traum von einem besseren Leben zu verwirklichen. Wieso sollten sie darauf verzichten, wenn die westliche Welt es jahrzehntelang vorgelebt hat? Im Besonderen aus den heutigen Schwellenländern wird ein enormer Schub an Nachfrage immer sichtbarer. Wenn wir nur allein China und Indien hervorheben mit ihren insgesamt mehr als 2,5 Milliarden Einwohnern, adressieren wir bereits mehr als ein Drittel der Weltbevölkerung.

Die jüngsten Entwicklungen entlang der chinesischen Küstenregion sind schon als atemberaubend zu bezeichnen. Shanghai mit seinen unzähligen Einkaufszentren und Wolkenkratzern, die abends im Lichtermeer glänzen, ist sicherlich das Symbol des modernen China. Steigender Wohlstand lässt Träume wahr werden wie beispielsweise ein eigenes Auto, wenn man auch heutzutage in Peking oder Shanghai ohnehin permanent im Stau festhängt. Trotz der von den Stadtregierungen umgesetzten Maßnahmen, die Neuzulassungen zu reduzieren, erfreut sich die deutsche Automobilindustrie an Rekordabsätzen. Für das Jahr 2011 berichten beispielsweise Audi, BMW und Mercedes von Zuwächsen jenseits der Dreißig-Prozent-Marke, bei Porsche ist das Wachstum gar doppelt so hoch. Ist das Ziel mal erreicht, dann sollte es nachfolgend ein größeres Auto sein. Wie schon zuvor am Beispiel des Schweizer Konsumverhaltens dargelegt, werden Mehrkonsum und höhere Ansprüche an Ernährung, Bekleidung, Komfort, Wohnraum, Mobilität und Freizeitgestaltung zu einem gewaltigen Nachfrageanstieg führen. Ein Einwand, um dieses Szenario nach westlichem Vorbild zu relativieren, wäre durchaus die weitaus geringere Kaufkraft. Das stimmt sicherlich, doch dafür geht es auch nicht *nur* um 500 Millionen Verbraucher wie beispielsweise in der Europäischen Union, sondern um ein Mehrfaches an Konsumenten. Es stellt sich somit als vollkommen unrealistisch dar, ein Ende des Wachstums als befriedigende Antwort auf die vielfältigen Probleme zu geben.

Obwohl sich diese Argumentation bereits als stringent erweist, wollen wir noch auf einen durchaus kontrovers diskutierten Ansatz hinweisen. Der russische Ökonom Nikolai Kondratieff hat langfristige Wirtschaftszyklen bis das 18. Jahrhundert zurückverfolgt. Seiner Theorie zufolge stehen am Anfang einer jeden Wachstumsperiode bahnbrechende Erfindungen. Seit der Industriellen Revolution mit der Basisinnovation der Dampfmaschine und wegweisenden Innovationen in der Textilindustrie, dem sogenannten ersten Kondratieffzyklus, werden vier weitere Zyklen unterschieden. Diese beruhen im Weiteren auf der Erfindung der Eisenbahn, Elektrotechnik und Chemie, Automobil und Petrochemie sowie der Informationstechnik in Form von Computer und Internet. Den Zyklen gingen jeweils Umbruchphasen voraus, sei es die Weltwirtschaftskrise in den 1930er Jahren oder die beiden Ölkrisen 1974 und 1980, mit ähnlichen Kennzeichen als Signal einer Trendwende. Die den jeweiligen Zyklus auslösenden Erfindungen waren etabliert und konnten keinen signifikanten Nutzenzuwachs erbringen. Computer werden zwar ständig noch schneller, leistungsfähiger, kompakter und preiswerter, jedoch werden Arbeitsprozesse nur noch marginal produktiver. Auch eine langsamer wachsende Kreditnachfrage und gegen null tendierende Realzinsen waren zu beobachten. Charakteristika, die auch für die aktuelle Finanz- und Wirtschaftskrise festzustellen sind. Folglich hat der sechste Kondratieffzyklus vermutlich bereits begonnen. Wenn er auch noch nicht klar bestimmbar ist, so kann er die Überschriften *Gesundheit, Umwelt* und *Biotechnologie* tragen.[9]

Unser Bestreben zielt sicherlich auf eine Vermehrung unseres Wohlstandes ab. Doch dazu scheinen wir gezwungen, in stärkerem Maße auf nachwachsende Rohstoffe und regenerative Energien zu setzen. Auch die Steigerung der Ressourceneffizienz, das heißt, mit gleichbleibendem Einsatz mehr zu produzieren, ist eine zielführende Option. Nach Ansicht des Landwirtschaftsexperten der FAO, Robert van Otterdijk, wäre unterstützend ebenfalls eine Verringerung der Verluste in der gesamten Wertschöpfungskette hilfreich.

Zukünftige Situation des Textilmarktes

Der Schlüssel zum Erfolg kann der Konsument sein, also jeder Einzelne von uns! Wenn wir das nächste Mal bewusster einkaufen und beginnen, uns immer ein bisschen mehr mit den Materialien unserer Bekleidung auseinanderzusetzen. Trends sind klar erkennbar, dass der Absatz von Textilien mit vergleichsweise geringer Umweltbelastung ansteigt. So berichtet zum Beispiel C&A von einer deutlichen Zunahme seiner Absatzzahlen von Bekleidung aus Bio-Baumwolle von 15,3 Millionen Stück im Jahr 2008 auf 26 Millionen im Jahr 2010.[10] Hersteller und Handel werden ihr entsprechendes Sortiment definitiv weiter ausweiten.

Ein anderer Weg läge im Vertrauen auf die Politik, dass sie sich der Steuerung knapper Ressourcen annimmt. Wie wir alle wissen, lassen sich knappe Güter über den Preis steuern oder in diesem Fall besteuern. Die erwartungsgemäß ohnehin steigenden Kosten für knappe Rohstoffe und nicht erneuerbare Energien müssten aber nicht unbedingt noch durch zusätzliche Steuern angehoben werden, weil die Politik ihre Lenkungsfunktion in Rechnung stellt. Folglich kann die Nachfrage durchaus die mengenmäßige Zusammensetzung des Angebotes beeinflussen, umso mehr, wenn ökologische Fragestellungen stärker in den Vordergrund treten. Vor dem Hintergrund der beschriebenen Herausforderungen, den Ressourcenverbrauch zu reduzieren und die Umwelt zu entlasten, wollen wir nun die möglichen Konsequenzen für den Textilmarkt des Jahres 2030 zusammenfassen. Zweifellos werden natürlich alle Marktsegmente weiterhin befleißigt sein, ihren Teil dazu beizutragen. Doch wie wir in dem vorangegangenen Kapitel gesehen haben, gibt es bereits heute Materialien mit überragend umweltschonenden Eigenschaften, die es zukünftig vermehrt zu berücksichtigen gilt. Zusätzlich sind auf der Angebotsseite Engpässe in der Verfügbarkeit von Ackerflächen für Baumwolle zu beachten. Dieser Umstand ist der wesentliche Grund für strukturelle Veränderungen im Textilmarkt. Diese Sichtweise wird auch vom Sateri-Management unterstützt, die als weiterführende Gründe für eine dynamische Entwicklung zellulosischer Fasern die zunehmende Verfügbarkeit von Rohstoffen, stetige Qualitätsverbesserungen und neue Einsatzgebiete anführen. Zu den für Zellulose neuen Anwendungen wird auf Vliesstoffe, Hygieneartikel, medizinische Produkte sowie hochwertige Güter im Bekleidungsbereich wie beispielsweise Unterwäsche, Leggings und Sportartikel verwiesen.[11]

Wie die Formulierung *hochwertige Güter* vermuten lässt und wir schon verschiedentlich angesprochen haben, sind zellulosische Fasern infolge ihrer konkurrenzlosen Umweltschonung durch weniger Bedarf an Wasser, Land und Chemikalien gegenüber Baumwolle sowie ihrer biologischen Abbaubarkeit und nachwachsender Rohstoffe gegenüber synthetischen Materialien mit einem höheren Preis verbunden. Uns allen sind die zahlreichen Preiszuschläge bewusst, bis ein Bekleidungsstück letztlich im Regal zum Verkauf angeboten wird. Das lässt folglich nichts Gutes erahnen für eine

Abbildung 1
Zellulosefaser-Produktion von den Anfängen bis 2030

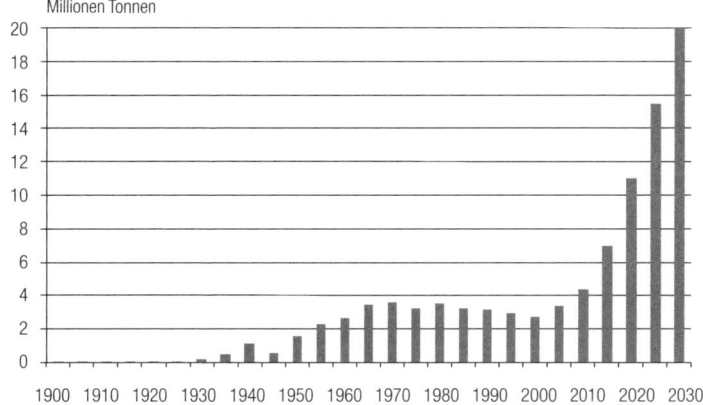

voraussichtliche Entwicklung hin zu mehr Zelluloseanwendungen. Oder?

In Kapitel 1 haben wir auf ein recht neues Verfahren in der Spinntechnologie (Luftspinnen) hingewiesen. Es eignet sich nicht für Baumwolle, aber sehr wohl für Zellulosefasern. Diese Anlagen, die derzeit von der japanischen Murata und der schweizerischen Rieter angeboten werden, erlauben signifikant höhere Spinngeschwindigkeiten. Gegenüber Ringspinnen beträgt der Faktor zwanzig, im Vergleich zum Rotorspinnen immerhin noch zehn. Weitere Skaleneffekte werden sich mit zunehmender Größe des zellulosischen Marktsegmentes einstellen.

Getragen von dem möglicherweise bereits begonnenen sechsten Kondratieffzyklus mit dem Schwerpunkt auf Gesundheit, Umwelt und Biotechnologie sowie den Limitationen bei Baumwolle, könnte die zukünftige Herstellung von Zellulosefasern den folgenden Verlauf nehmen (Abbildung 1).

Die ersten Jahrzehnte des 20. Jahrhunderts standen ganz deutlich im Zeichen der Naturfasern, und nach der Erfindung synthetischer Fasern haben diese infolge ihrer kostengünstigen Erzeugung rasch Marktanteile gewonnen. Ein wenig begünstigt war diese Entwicklung auch durch das wenig umweltfreundliche Image zellulosischer Fasern. Erinnern wir uns an meine Erlebnisse aus der Kindheit – der Geruch nach faulen Eiern als Folge schwefelhaltiger Emissionen. Seither wurden allerdings erhebliche Anstrengungen zum Umweltschutz unternommen und neue Fasergenerationen zur Marktreife gebracht. Es mag sein, dass diese Errungenschaften noch nicht bis zum Endverbraucher durchgedrungen sind. Die Lebenszyklusanalyse ist aber ein eindeutiger Beweis für die Fortschritte. Wenn auch Lenzing als der Branchenprimus eine Vorreiterrolle in der Hinsicht eingenommen zu haben scheint, so finden sich Nachahmer dieser erfolgreichen Unternehmensstrategie weltweit. Nicht nur Lenzing, sondern auch Birla und Sateri verfügen beispielsweise über integrierte Kapazitäten von Holzplantagen bis hin zur Faser. Auf diese Weise sind sie in der Lage, die Wertschöpfungskette bis hin zur Faserproduktion nicht nur zu kontrollieren, sondern die umweltschonende Verarbeitung auch sicherzustellen.

Seit Beginn des 21. Jahrhunderts ist bei der Herstellung von Zellulosefasern eine Trendwende zu erkennen. Der langfristige Rückgang seit den frühen 1970er Jahren wurde nicht nur gestoppt, sondern in einen bemerkenswerten Aufschwung umgekehrt. Ihre Wachstumsdynamik ist mit denen der Synthesefasern sogar identisch. Nach der Börsenweisheit »The trend is your friend« spricht also nichts gegen eine Fortsetzung dieser Entwicklung. Wie Friedrich Weninger im Gespräch ausführt, »erwartet Lenzing in zehn Jahren nahezu eine Verdoppelung der Kapazitäten für Man-made-Zellulosefasern. In zwanzig Jahren werden Tencel- und Lyocellfasern die bedeutendsten industriell gefertigten Zellulosefasern sein.«[12] Die Ansicht einer dynamischen Entwicklung wird unterstützt, wie wir in diesem Buch kennengelernt haben, durch möglicherweise *verstaubtes* Wissen oder *angegraute* Erfahrung der Vergangenheit, die nicht mehr dem heutigen Stand der Technik

Abbildung 2
Faserarten und Marktbedeutung

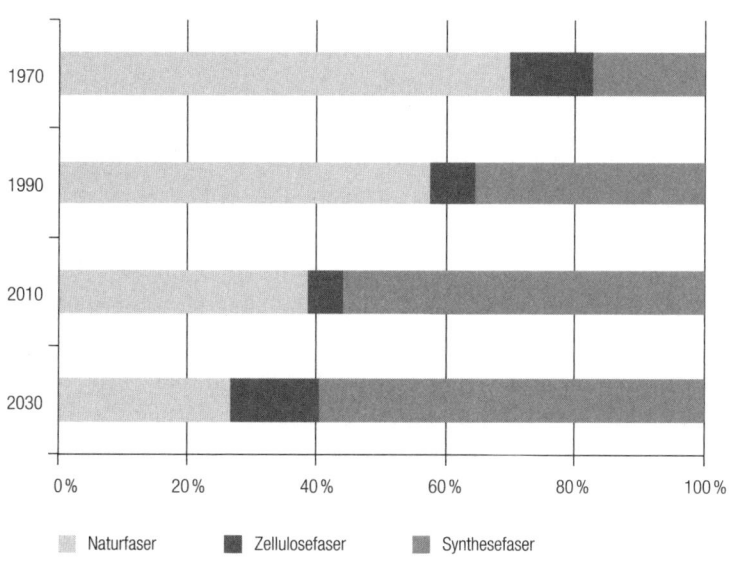

Naturfaser   Zellulosefaser   Synthesefaser

entsprechen. Daher werden wir zukünftig nicht überrascht sein, wenn wir in den kleinen Etiketten der Bekleidung zunehmend häufiger Viskose als einen Bestandteil lesen, oder vielleicht auch Markennamen wie Bailu®, Birla Excel®, Birla Modal®, Birla Viscose®, Danufil®, Enka®, Hai Yan®, Jade®, Jin Ling®, Lenzing FR®, Lenzing Modal®, Lenzing Viscose®, Panacea®, Paramos®, Ray One®, Snialon®, Sniater®, Snow Willow®, Swan®, Tairylan®, Tencel®, Viloft®, Viscont®, White Golden Horse®, White Mountain®, Yi Fa® und andere.

Diese noch nicht einmal vollständige Auflistung von Handelsmarken im Bereich zellulosischer Fasern macht deutlich, ähnlich wie der schon angeführte Dschungel an Labels, dass es dem unerfahrenen Konsumenten nicht unbedingt leichtgemacht wird. Mal ehrlich, wer denkt denn bei dem Markennamen »Weißer Berg« (engl. White Mountain®) des chinesischen Produzenten Hebei

Jigao Chemical Fibre Co., Ltd. an eine Faser? Dazu würde doch eher ein Skiurlaub passen.

Für Baumwolle haben wir an früherer Stelle ein Maximum in der Größenordnung von 31 Millionen Tonnen hergeleitet. Für Wolle wie auch die Gruppe anderer Naturfasern, und hier sei besonders Hanf hervorgehoben, erscheint ein moderates Wachstum auf insgesamt acht Millionen Tonnen möglich. Das bedeutet, dass Natur- und Zellulosefasern etwa vierzig Prozent der Konsumnachfrage des Jahres 2030 abdecken werden. Der verbleibende Teil, immerhin noch ein Volumen von fast neunzig Millionen Tonnen, wird erwartungsgemäß von synthetischen Fasern bedient werden (Abbildung 2). Der Siegeszug von Polyester wird nicht aufzuhalten sein, aus vielerlei Gründen wird dieses Material weiter seinen Marktanteil kontinuierlich ausbauen.

Hindernisse der Nachhaltigkeit

Der recht optimistisch anmutende Ausblick für Zellulosefasern mag vielleicht ein wenig überraschen. Wird die Industrie auch entsprechend investieren? Die überproportionalen Investitionen der jüngeren Vergangenheit sowie die konkreten Projekte mit Umsetzungszeitraum innerhalb der nächsten fünf Jahre rechtfertigen diesen Optimismus. So geht auch das Sateri-Management von einer anhaltenden Dynamik aus.[13] Die ehrgeizigen Expansionspläne der beiden führenden Anbieter – Lenzing und Birla – unterstützen diese Sichtweise gleichfalls wie ebenso zahlreiche chinesische Hersteller. Also ist aus Sicht des Angebots durchaus von einer internationalen Ausweitung umweltschonender Fasermaterialien auszugehen. Dass dabei zukünftige Engpässe bei Baumwolle gleichfalls eine erhebliche Rolle spielen dürften, ist für das Ziel der Nachhaltigkeit von untergeordneter Bedeutung.

Wie sieht es aber nun auf der Seite der Nachfrage aus? Vielfach ist zu hören, dass der Kauf nachhaltiger Kleidung schwierig sei. Die Gründe hierfür mögen in einer unzureichenden Beratung beim Kauf liegen. Vielleicht sind auch diese Themen vorwiegend nur in Fachmedien behandelt worden? Das Hauptaugenmerk auf Preis, Design und trendiges Modelabel hat bisher wenig Zeit und Raum gelassen für nachhaltige Aspekte. Selbst wenn der gute Wille vorhanden ist, ökologische und soziale Umstände der Modeherstellung zu berücksichtigen, wie kommt man an die notwendigen Informationen? Einen ersten Überblick dürfte dieses Buch geliefert haben. Wir sind also nun darüber informiert, dass Zellulosefasern die Umwelt am wenigsten belasten und gleichzeitig überragende Eigenschaften bei der Thermoregulierung bieten. Seit einiger Zeit gibt es auch ein deutschsprachiges Modeportal im Internet zu diesem Thema unter dem Namen »World of Eco Fashion« (www.world-of-eco-fashion.de). Es umfasst Einzelheiten zu mittlerweile über 770 Eco-Fashion-Designern.

Hat das Buch auch zum Teil überraschende Erkenntnisse zutage gefördert und mag die Forderung nach umweltschonender Bekleidung auch berechtigt sein, so sollten wir uns fragen, wie die aktuelle Situation sich darstellt. Eine erstmals im Jahr 2011 veröffentlichte Nachhaltigkeitsstudie in Deutschland kommt zu dem Ergebnis, dass Textil- und Modeanbieter neben der Ölbranche das schlechteste Image haben. Hierfür wurden mehr als 2500 repräsentativ ausgewählte Konsumenten von der Münchner Agenturgruppe Serviceplan und dem Marktforschungsunternehmen Facit Research befragt.[14]

Neben den bereits erwähnten Gründen kann noch ein weiterer Aspekt zu dieser Beurteilung beitragen. Wir haben auf die kontinuierliche Verlagerung der Textilindustrie im Zuge der Globalisierung aufmerksam gemacht. Die Mehrzahl von uns, die eben nicht geschäftlich nach Asien oder Südamerika reist, kann sich aber nicht vorstellen, wie es in weniger industrialisierten Ländern zugeht. Unser Bild wird durch die Medien recht einseitig geprägt, die uns im Falle gravierender Verstöße gegen Arbeitsbedingungen diese Zustände vor Augen führen. Dann lesen wir

zumeist etwas über bis zu sechzehnstündige Arbeitstage, unbe-
zahlte Überstunden, kaum Freizeit, Unterschreitung von Mindest-
löhnen, Kinderarbeit, Verbot von Gewerkschaften sowie fragwür-
dige Arbeitsbedingungen und Sicherheitsvorkehrungen. Auf den
aufschlussreichen Bestseller der Kanadierin Naomi Klein –»No
Logo!« – sei in diesem Zusammenhang nur verwiesen.[15] Hierbei
handelt es sich um Beispiele der arbeitsintensiven Bekleidungsbranche. Diese Wertschöpfungsstufe haben wir bewusst aus dem
Fokus des Buches ausgeklammert. Ihre vielfältigen Optionen in
der Weiterverarbeitung von Fasern würden die Komplexität drastisch erhöhen. Es mag aber als ein weiterer Erklärungsversuch für
das derzeit schlechte Image dienen.

Wir haben das heikle Thema sozialer Missstände nur verschiedentlich kurz angesprochen, da es nicht zum Schwerpunkt dieses
Buches gehört. Trotzdem ist es als integrativer Teil der Nachhaltigkeit durchaus zu betrachten. Derartige Veröffentlichungen erscheinen – Gott sei Dank – nur gelegentlich, wir erinnern uns an
das Beispiel aus Brasilien, doch das ist trügerisch.

Ein Ende 2010 publizierter Bericht des US-amerikanischen Ar-
beitsministeriums gibt Anlass zur Sorge.[16] Hierin wurden mehr
als hundert Länder auf Kinder- und Zwangsarbeit untersucht. Für
unseren Zusammenhang von Relevanz ist die mehrfache Nen-
nung von zumeist Kinderarbeit bei Baumwolle sowie in der Be-
kleidungs- und Teppichfertigung.

Trotzdem setzt sich weltumspannend, also nicht nur in den Industrienationen, sondern auch in Schwellenländern wie China und
Indien sowie Entwicklungsländern, zunehmend die Erkenntnis
durch, dass Nachhaltigkeit unverzichtbar ist. Das grundlegende
Problem ist, wie jüngst in der *Harvard Business Review* so treffend
formuliert:»It's generally cheaper to buy the product that has a
worse impact on its environment than the equivalent product that
does less harm.«[17] Da macht doch das Ergebnis einer im Dezember
2010 vorgestellten Nachhaltigkeitsstudie in Deutschland Mut.[18]
»So geben bei über tausend repräsentativ befragten Verbrauchern

in ganz Deutschland insgesamt sechzig Prozent der Konsumenten an, dass sie in der letzten Zeit ihr Einkaufsverhalten in Bezug auf den Aspekt der Nachhaltigkeit geändert haben.«[19] Die Berichterstattung in Medien wie auch sozialen Netzwerken kann diese Entwicklung noch weiter fördern, damit tatsächlich in Zukunft der Erfolg eines Unternehmens erst aus dem verantwortungsvollen und nachhaltigen Handeln und Wirtschaften resultiert.

Ein Gedanke ist bisher noch nicht angesprochen worden, nämlich die Transportwege. Also die Strecke, die ein Faserrohstoff bis zu seinem bestimmten Verwendungszweck zurücklegt. An früherer Stelle haben wir das Buch von Professor Pietra Rivoli (»Reisebericht eines T-Shirts: Ein Alltagsprodukt erklärt die Weltwirtschaft«) empfohlen. Darin wird anschaulich beschrieben, wie Baumwolle aus den USA den Weg nach China zur Herstellung eines T-Shirts findet, das später in US-amerikanischen Regalen zum Verkauf steht. Eine Reise um den Erdball, damit aus Baumwolle ein T-Shirt wird, kann nicht sonderlich nachhaltig und umweltschonend sein. Vielmehr wäre hier eine lokale Produktion für den lokalen Verbrauch angeraten. Wie mir Professor Rivoli in einer E-Mail aus dem Jahr 2007 mitteilte, war sie gerade zu diesem Thema unterwegs nach Florenz zu einer Konferenz mit diesem Themenschwerpunkt. Schließlich bevorzugen wir mittlerweile auch Lebensmittel aus der heimischen Region. Doch die Realität bei Textilien sieht anders aus, die Verlagerung nach Fernost hat sich unvermindert fortgesetzt.

Was so einfach klingt, ließe sich aber nicht ohne Kompromisse umsetzen. Denken wir an die natürlichen Rohstoffe. Diese wachsen dort, wo sie die notwendigen klimatischen Gegebenheiten finden. Sicher könnte sich die Weiterverarbeitung ihr regional annähern, doch besteht wirklich politisches Interesse in Europa oder den USA, die Schaffung neuer Beschäftigungsmöglichkeiten zu unterstützen? Die Textil- oder Bekleidungsindustrie verkörpert ja nicht unbedingt die Anforderungen an einen Arbeitsplatz, die wir in der hochentwickelten westlichen Welt als gerade noch akzeptabel ansehen. Technisch anspruchsvoll und komplex, sauber, leise, körperlich nicht zu sehr fordernd, dafür abwechslungsreich, spannend und innovativ sind die bevorzugten Merkmale einer Stellenbeschreibung. Das ist sexy!

Eigene Recherchen vor Jahren zu diesem Aspekt haben aber noch ein zweites Hindernis zutage gefördert. Die *Nähstube der Welt* ist bekanntermaßen China. Dier dortige Industrie wäre der große Verlierer. Ihr ginge nicht nur ein gewaltiges Exportvolumen verloren. Enorme Einbußen bei den Beschäftigtenzahlen könnten soziale Spannungen erhöhen, und nun wären nicht nur die Wanderarbeiter betroffen. Folglich ist davon auszugehen, dass alle erforderlichen Maßnahmen getroffen werden, um den strategisch wichtigen Industriezweig eher noch zu stärken.

Für die internationale Textil- und Bekleidungsindustrie stellt die Lebenszyklusanalyse, die sich auf den Bereich vom Rohstoff bis zur Faser bezieht, einen ersten bedeutenden Beitrag zu diesem Thema der Zukunft dar. Darauf aufbauend können für daran anschließende Wertschöpfungsstufen entsprechende Analysen angefertigt werden. Soweit es die Produktanforderungen erlauben, wäre die Kombination aus der jeweils umweltschonendsten Verarbeitung in Verbindung mit umweltfreundlichen Fasermaterialien die erstrebenswerte Umsetzung für ein nachhaltiges Bekleidungstextil. Ohne auf die Vielfalt, Brillanz und Raffinesse modischer Bekleidungsstücke in Zukunft verzichten zu müssen, gibt es ausreichend Alternativen zum Schutz der Umwelt.

Wir müssen den Wandel nur wirklich wollen und am besten zunächst unser Kaufverhalten ändern, wenn wir diesen Wandel in großem Stil herbeiführen wollen.

Anmerkungen

1. Textil- und Bekleidungsindustrie heute – zum aktuellen Stand

1   Eine umfassende Übersicht aller Fasern findet sich in: Günter Schnegelsberg: Handbuch der Faser. Theorie und Systematik der Faser, Band 1, Frankfurt am Main, 1999, S. 461ff.

2   Vgl. Carus et al.: Studie zur Markt- und Konkurrenzsituation bei Naturfasern und Naturfaser-Werkstoffen (Deutschland und EU), Gülzower Fachgespräche, Band 26, herausgegeben von der Fachagentur Nachwachsende Rohstoffe e. V. (FNR), nova-Institut, Hürth, 2008, S. 16ff. und allgemein: I. Bócsa, M. Karus, D. Lohmeyer: Der Hanfanbau – Botanik, Sorten, Anbau und Ernte, Märkte und Produktlinien; vollständig überarbeitete und ergänzte 2. Auflage, Landwirtschaftsverlag GmbH, Oktober 2000.

3   Der US-amerikanische Chemiekonzern E. I. du Pont de Nemours and Company wurde 1802 gegründet und erzielte im Geschäftsjahr 2010 einen Umsatz von 32,7 Milliarden Dollar. In den 1930er Jahren synthetisierte die Firma im Forschungslabor unter der Leitung von Wallace Carothers als Erste Polyester und entwickelte 1935 die Polyamidfaser. 2003 wurde der Faserbereich in das neu gegründete Tochterunternehmen Invista ausgegliedert und im darauffolgenden Jahr an Koch Industries verkauft. (www.dupont.com)

4   Oliver Wellmann: Zurück ins Gedächtnis – Nutzpflanze Hanf, The Intelligence – Das Informationsportal, 13. 12. 2010, http://theintelligence.de/index.php/wirtschaft/international/1886-zurueck-ins-gedaechtnisnutzpflanze-hanf.html

5   Tetrahydrocannabinol, Hauptwirkstoff der Hanfpflanze, unterliegt den Bestimmungen des Betäubungsmittelgesetzes. Ein THC-Gehalt von bis zu zwanzig Prozent ist bei unbefruchteten weiblichen Blütenständen messbar, für die übrigen Pflanzenteile beträgt er knapp ein Prozent.

6   Verordnung (EG) Nr. 2860/2000 der Kommission vom 27. Dezember 2000 zur Änderung der Verordnung (EG) Nr. 2316/1999 mit Durchführungsbestimmungen zur Verordnung (EG) Nr. 1251/1999 des Rates zur Einführung einer Stützungsregelung für Erzeuger bestimmter landwirtschaftlicher Kulturpflanzen zur Einbeziehung von Faserflachs und -hanf, zur Festlegung der Vorschriften für Stilllegungsflächen sowie zur Änderung der Grundflächen für Griechenland und Portugal

7 Interview mit Daniel Kruse, Geschäftsführer Hempro International
   GmbH & Co. KG, Düsseldorf, 24.06.2011

8 Der Spiegel 50/2008

9 World Health Organization, Asbestos: elimination of asbestos-related
   diseases, Fact sheet N°343, July 2010

10 Hans-J. Koslowski: Chemiefaser Lexikon, Deutscher Fachverlag, 12. Auf-
    lage, Frankfurt am Main, 2008, S. 9ff.

11 Vgl. Dr. Kurt Götze: Chemiefasern nach dem Viskoseverfahren, 3. Auf-
    lage, Band 1, Berlin/Heidelberg/New York, 1967; S. 7ff.; S. 37ff.; S. 143ff.;
    S. 779ff.

12 Vgl. Dr. Heimo Pfeifferin: Synthesefasern: Grundlagen, Technologie,
    Verarbeitung und Anwendung, hrsg. von Dr. Béla von Falkai, Wein-
    heim, 1981; Franz Fourné: Synthetische Fasern, München/Wien, 1995,
    S. 33ff.

13 Andreas Weber; Director Sales & Marketing, Senior Vice President,
    Member of the Executive Board, SwissTex Winterthur AG, 02.01.2012;
    die Firma SwissTex Winterthur AG, Schweiz, entwickelt, baut und ver-
    treibt weltweit solche hochwertigen Anlagen für die Herstellung von
    Endlosgarnen für technische und industrielle Anwendungen sowie für
    Teppiche

14 Weiterführende Informationen unter www.airbus.com sowie www.
    boeing.com

15 Global Wind Report 2010, Global Wind Energy Council

16 Spiegel Online, 11. Juni 2007

17 Federal Motor Vehicle Safety Standards and Regulations, U.S. Depart-
    ment of Transportation – National Highway Traffic Safety Administra-
    tion, Federal Motor Vehicle Safety Standard 208 (FMVSS 208), www.
    nhtsa.gov/cars/rules/import/fmvss/index.html#SN208

18 K. Satoh: Die Entwicklung von Polyester Airbags, Teijin Ltd., 36. Inter-
    nationale Chemiefasertagung Dornbirn, 1997

19 Hans-Bernd Lüchtefeld, Market Research & Market Communication,
    Polyamide High Performance GmbH, Wuppertal, Interview am
    25.10.2011

20 Marianne Bongartz, Technical Marketing & Development Manager
    Automotive Safety, Polyamide High Performance GmbH, Interview am
    04.11.2011

21 Vgl. Hans-J. Koslowski: Chemiefaser Lexikon, Deutscher Fachverlag,
    12. Auflage, Frankfurt am Main, 2008, S. 66f.: Eigenschaften von Chemie-
    fasern, S. 81f. und S. 253ff.: Fasereigenschaften; vgl. Hannelore Eberle:
    Fachwissen Bekleidung, Verlag Europa-Lehrmittel, 9. Auflage, Haan-
    Gruiten, 2007, S. 41ff.

22 Hannelore Eberle: Fachwissen Bekleidung, Verlag Europa-Lehrmittel,
    9. Auflage, Haan-Gruiten, 2007, S. 42
23 Vgl. Prof. Dr. K. H. Umbach: Bekleidungsphysiologische Aspekte zur
    Entwicklung von Funktionstextilien – Grundlagen, Funktionsprinzipien,
    Anforderungsprofile, Produktbeispiele, hrsg. v. Hohenstein Institute,
    1999, S. 2
24 Vgl. die Homepage unter: www.hohenstein.de/de/home/home.xhtml
25 Vgl. Kleidung beeinflusst unsere Arbeit, hrsg. von Hohenstein Institute,
    20.12.2011
26 Presseinformation: Eine Note für den Komfort, hrsg. von Hohenstein
    Institute, 17.05.2011
27 Ebenda
28 Schluss mit »anhänglichen« Schweißgeruch-Molekülen, hrsg. von
    Hohenstein Institute, 22.11.2011
29 Vgl. Pressenotiz: UV-Schutzkleidung im Test, hrsg. von Hohenstein
    Institute, 01.08.2011
30 Pressenotiz: Qualität sichtbar gemacht und erklärt – Hangtag informiert
    Verbraucher über textilen UV-Schutz, hrsg. von Hohenstein Institute,
    30.11.2011
31 Entliehen dem Titel der Novelle des Schweizer Dichters Gottfried Keller,
    erstmals erschienen 1874
32 TV-Sendung in ProSieben zum Thema »Kleidung« in der Reihe Galileo,
    1. August 2006
33 www.manchester2002-uk.com/celebs/engineers1.html (englisch)
34 Verschiedentlich wird als Erfinder Thomas Highs genannt, vgl. www.
    cottontimes.co.uk/hargreaveso.htm
35 www.manchester2002-uk.com/celebs/engineers1.html (englisch)
36 www.guelcher-chronik.de/Stichworter/Johann_Gottfried_Brugelmann/
    johann_gottfried_brugelmann.html
37 Eckhard Bolenz: Vom Ende des Ancien régime bis zum Ende des Deut-
    schen Bundes (ca. 1780–1870), in: Bolenz et al.: Ratingen. Geschichte
    1780 bis 1975, Klartext Verlag, Essen, 2000
38 Bill Bryson: Made in America: an Informal History of the English
    Language in the United States, Black Swan, 1998
39 ITMF, International Textile Machinery Shipment Statistics, Volume
    33/2010, Mai 2011
40 Internationale Textilmaschinen-Ausstellung, fand 1951 in Lille, Frank-
    reich, erstmals statt und seitdem in vierjährigem Rhythmus in Europa,
    im September 2011 in Barcelona; www.itma.com
41 Interview mit Julius Meimberg in: Melliand Textilberichte, 7–8/1997,
    S. 483

42 ITMF, International Textile Machinery Shipment Statistics, Volume 33/2010, Mai 2011

43 www.museums-spinnerei.ch

44 Quelle: Rieter, Juni 2011; der 1795 gegründete Industriekonzern ist ein führender Anbieter von Kurzstapelspinnereimaschinen mit Hauptsitz in Winterthur, Schweiz. www.rieter.com

45 U.S. Census Bureau, Population Division; United Nations – Department of Economic and Social Affairs (UN/DESA)

46 Vgl. Reiko Koga, Professorin an der Bunka Women's University, in: Die Sammlung des Kyoto Costume Institue, Fashion: Eine Modegeschichte vom 18. bis 20. Jahrhundert, Band II: 20. Jahrhundert, S. 326–331

47 Akzo Fibers Group, Übersicht über weltweite Produktion und Kapazität von Chemiefasern, Okt./Nov. 1993, S. 1

48 Andreas Engelhardt: The Fiber Year 2011 – World Survey on Textiles & Nonwovens, Speicher, Schweiz, Mai, S. 110

49 Rie Nii, Assoziierte Kuratorin am Kyoto Costume Institute, in: Die Sammlung des Kyoto Costume Institue, Fashion: Eine Modegeschichte vom 18. bis 20. Jahrhundert, Band II: 20. Jahrhundert, S. 501ff.

50 Das im Jahr 2005 in Kraft getretene Abkommen definiert verbindliche Zielwerte für den Ausstoß von Treibhausgasen in Industrieländern. Es wurde bis Anfang 2011 von 192 Staaten ratifiziert, jedoch nicht von den USA. Weiterführende Informationen: a) Das Protokoll von Kyoto, http://unfccc.int/resource/docs/convkp/kpger.pdf; b) Agenda 21: Kyoto-Protokoll, www.agenda21-treffpunkt.de/thema/kyoto-protokoll.htm; c) Status der Ratifizierung des Kyoto-Protokolls, http://unfccc.int/kyoto_protocol/status_of_ratification/items/2613.php

51 Andreas Engelhardt: The Fiber Year 2011 – World Survey on Textiles & Nonwovens, Speicher, Schweiz, Mai 2011

52 WWF: Textilien-Label, www.wwf.ch/de/tun/tipps_fur_den_alltag/oekolabels/nonfoodlabels/nonfoodlabeltextilienlabel.cfm, abgerufen am 23.12.2011

53 Fragen und Antworten – Bekleidung – Baumwollbekleidung, http://umweltinstitut.org/fragen--antworten/bekleidung/konventionelle_bekleidung-678.html

54 EJF, 2007, The Deadly Chemicals in Cotton, Environmental Justice Foundation in collaboration with Pesticide Action Network UK, London, UK

55 Pestizid Aktions-Netzwerk e.V., Konventioneller Baumwollanbau – Problematisch für Mensch und Umwelt, Hamburg, www.pan-germany.org

56 Eva Kogler, Dominik Gumpenberger, Gernot Glas: Der Aralsee als ökologische Katastrophe, Fachgeographische Übung bei Mmag. Peter Atzmanstorfer, 2003; www.eduhi.at/gegenstand/geographie/data/N-Aralsee.pdf

57 The Study on Water Supply System in Six Cities of the Aral Sea Region
    in Uzbekistan, Main Report, Japan International Cooperation Agency,
    Tokyo, Dezember 1996, S. 2–17

58 Fragen und Antworten – Bekleidung – Biobaumwollbekleidung, http://
    umweltinstitut.org/fragen--antworten/bekleidung/biobekleidung-680.
    html

59 Vgl. Textile Exchange, 2010 Farm & Fiber Report

60 International Service for the Acquisition of Agri-biotech Applications
    (ISAAA), Clive James: Global Status of Commercialized Biotech/GM
    Crops: 2010 (englisch)

61 Food and Agriculture Organization of the United Nations (FAO), Italien,
    FAOSTAT Statistische Datenbank, letztes Update 09. 09. 2010, mit
    Bezugnahme der Angabe von 1,53 Milliarden Hektar auf das Jahr 2008

62 Vgl. Science, Yield Effects of Genetically Modified Crops in Developing
    Countries, 07. 02. 2003, Vol. 299, Nr. 5608, S. 900–902

63 Vgl. Bruce E. Tabashnik, Aaron J. Gassmann, David W. Crowder, Yves
    Carriére: Insect resistance to Bt crops: evidence versus theory, Nature
    Biotechnology 26, 07. 02. 2008, S. 199–202

64 transparenz Gentechnik, Gentechnisch veränderte Baumwolle:
    Anbauflächen weltweit, 30. 06. 2011, Herausgeber: Forum Bio- und
    Gentechnologie – Verein zur Förderung der gesellschaftlichen Diskus-
    sionskultur e.V.

65 Das Geschäft mit falscher Biowolle, Financial Times Deutschland,
    22. 01. 2010

66 Täglicher Index von Cotlook Limited, CH42 2AE Merseyside, England,
    www.cotlook.com

67 FAO Food Price Index misst monatliche Veränderungen der internationa-
    len Preise für fünf Lebensmittel, und der Index im Mai 2011 ist 37 Prozent
    höher als im gleichen Vorjahresmonat und erheblich über dem Niveau der
    vergangenen zwei Jahrzehnte

68 Vgl. USDA Foreign Agricultural Service, India – Cotton and Products
    Annual 2011, 31. 03. 2011, S. 3 und S. 8

69 Vgl. USDA Foreign Agricultural Service, VR China – Cotton and Products
    Annual 2011, 04. 01. 2011, S. 11ff.

70 Vgl. L. Grose: Sustainable Cotton production, in: R. Blackburn (Hrsg.) :
    Sustainable textiles. Life Cycle and environmental impact, Woodhead,
    2009, S. 35

71 Vgl. D. Chapman, K. Foskett, M. Clarke: How your tax dollars prop up big
    growers and squeeze the little guy, The Atlanta Journal, Oktober 2006

72 Vgl. auch zu den weiterführenden Aussagen: www.cotton-made-in-africa.
    com

73 David Ricardo: Über die Grundsätze der politischen Ökonomie und der
    Besteuerung, Marburg, 2006

74 Fragen und Antworten – Bekleidung – konventionelle Bekleidung,
    http://umweltinstitut.org/fragen--antworten/bekleidung/konventio-
    nelle_bekleidung-678.html

75 NZZ Online, 28.07.2010, www.nzz.ch/nachrichten/panorama/wasser_
    ist_ein_menschenrecht_1.6957435.html

76 Informationsplattform humanrights.ch, Anerkennung des Menschen-
    rechts auf Wasser durch UNO Generalversammlung, letztes Update:
    02.08.2010

77 IWTO, International Wool Textile Organisation, ist ein unabhängiger
    Verband, der die Interessen der gesamten Wollindustrie, angefangen von
    den Schaf-Farmern über die Händler bis hin zu den Herstellern von Woll-
    garnen, Geweben und Produkten, vertritt. Die IWTO unterstützt ihre
    Mitglieder durch ihre internationale Lobbyarbeit und bietet eine Platt-
    form zum Networking und zur Entwicklung zukünftiger Industriestrate-
    gien

78 Hausinfo> Gebäude & Energie> Gesundes Bauen und Wohnen> Natür-
    liche Stoffe> Ökologische Dämmstoffe auf der Homepage www.hausinfo.
    ch/home/de.html; letzte Aktualisierung: 02.02.2011; abgerufen am
    20.12.2011

79 Vgl. Trevira GmbH, Schwer entflammbare Textilien – Trevira CS,
    www.trevira.de

80 Vgl. G.H. Crawshaw, W.S. Simpson: Wool: Science and Technology,
    Textiles Institute Manchester, Cambridge, Woodhead, 2002

81 Vgl. Barbara Schäder: Teure Wolle bringt Anzugträger ins Schwitzen,
    Financial Times Deutschland, 07.06.2011

82 Mikron (Mikrometer entspricht 0,001 mm) ist das Maß zur Feinheit der
    Wolle von in der Regel 13 bis 50 Mikron, verglichen mit dem mensch-
    lichen Haar von 40 bis 120 Mikron

83 Australian Wool Exchange Ltd. (AWEX), Eastern Market Indicator

84 ITMF, International Textile Machinery Shipment Statistics, Volume
    33/2010, Mai 2011

85 AWI Market Intelligence – December 2011 report, hrsg. von Australian
    Wool Innovation Ltd. (AWI), Dezember 2011

86 Vgl. PETA Deutschland e.V., Gerlingen, Ein Blick hinter die Kulissen der
    Wollindustrie, www.peta.de/web/fakten.577.html

87 Sue Ellis: Australian wool in animal rights row, BBC News, 20.07.2005

88 Model Code of Practice for the Welfare of Animals: The Sheep, 2. Auflage,
    Primary Industries Report Series 89, CSIRO Publishing PDF – 2006

89 Lorna Edwards: Wool industry granted reprieve, The Age, 20.03.2008

90   Tara De Landgrafft: New Zealand farmers on the ball with bare breech
     breeding, ABC, 24.04.2007
91   Animals Australia, 28.07.2009, www.animalsaustralia.org/media/
     press_releases.php?release=121 und Simon Lauder, Mulesing decision
     means more pain for wool industry, ABC News, 28.07.2009
92   www.itfits.de, Startseite (Home), abgerufen am 19.10.2011
93   Vgl. Grafik, Katharina Schaus, it fits – Organic Textile Partner, Konstanz,
     2011, www.itfits.de; sowie den neuen Leitfaden Öko-Textillabel, voraus-
     sichtliche Erscheinung im August/September 2012
94   Soil Association/Großbritannien, Organic Trade Association (OTA)/
     USA, Japan Overseas Cooperative Association (JOCA)/Japan und Inter-
     nationaler Verband der Naturtextilwirtschaft e.V. (IVN)/Deutschland
95   Vgl. Ansprache von Justizminister Eric Holder zur Kampagne »Intellec-
     tual Property Theft Campaign«, Washington, D.C., 29.11.2011
96   Vgl. adidas Group, Nachhaltigkeit, www.adidas-group.com/de/
     sustainability/welcome.aspx
97   Mode.net, Das Netz-Magazin für Mode & Style, adidas stellt Produktion
     schrittweise auf nachhaltige Wolle um, 25.03.2011, www.mode.
     net/18714-adidas-stellt-produktion-schrittweise-auf-nachhaltige-
     wolle-um
98   Vgl. Prof. Joachim Radkau: Holz – Wie ein Naturstoff Geschichte schreibt,
     München, 2007
99   Vgl. Frank Hamilton, Bengt Leopold: Secondary Fibers and Non-Wood
     Pulping. Pulp and Paper Manufacture, Volume 3, veröffentlicht von Joint
     Textbook Committee of the Paper Industry, 1987, S. 11ff.
100 Dr. Kurt Götze: Chemiefasern nach dem Viskoseverfahren, 3. Auflage,
     Erster Band, Berlin/Heidelberg/New York, 1967, S. 143ff.
101 Vgl. ebenda, S. 779ff.
102 Vgl. Dr. Kurt Götze: Chemiefasern nach dem Viskoseverfahren, 3. Auf-
     lage, Erster Band, Berlin/Heidelberg/New York, 1967, S. 81ff.
103 Zur Geschichte von Viskose: Hans Dominik: Vistra, das weiße Gold
     Deutschlands. Die Geschichte einer weltbewegenden Erfindung, Leipzig,
     1936; und auch Kurt Götze: Kunstseide und Zellwolle nach dem Viskose-
     Verfahren, Berlin, 1940
104 Dr. Ernst Hellmut Vits, Vorsitzender des Vorstandes (1939–1964), Dank
     und Besinnung – Tradition und Aufgabe, in der Festgabe für die Mitarbei-
     ter zur Feier des 50-jährigen Gründungstages, Vereinigte Glanzstoff,
     19.09.1949, S. 5f.
105 Dr. Jürgen Lenz, Chemiefaser Lenzing AG, Herstellung, Eigenschaften
     und Einsatzgebiete der Viskose-Modalfasern (Type HWM), Lenzinger
     Berichte, Heft 53, August 1982, S. 19ff.

106 M. Walker, R. L. Zimmerman, G. P. Whitcombe, H. H. Humbert: N-Methylmorpholinoxid (NMMO) – Die Entwicklung eines Lösemittels zur industriellen Produktion von Zellulosefasern, in: Lenzinger Berichte 76/97, S. 76 ff.

107 Bundeszentrale für politische Bildung, Jährliche Änderung der Waldbestände, 2010, www.bpb.de

108 Interview mit DI Friedrich Weninger, Lenzing AG, im Januar 2012

109 Ebenda; TENCEL® ist eine eingetragene, internationale Marke der Lenzing AG, Österreich

110 www.lenzing.com

111 www.adityabirla.com

112 Marion King Hubbert: Nuclear Energy and the Fossil Fuels, präsentiert beim Spring Meeting of the Southern District Divison of Production, American Petroleum Institute, San Antonio, Texas, März 1956

113 OPEC World Oil Outlook 2010, OPEC Upstream Investment Plans, www.opec.org

114 Vgl. u. a. Neuer Ölfund in Brasilien, Rohstoff-Welt.de, 17.11.2007 und Ölfeld vor Brasilien mit acht Milliarden Barrel entdeckt, DiePresse.com, 14.09.2010

115 BP Statistical Review of World Energy, Juni 2011, S. 6, www.bp.com/ statisticalreview, und ältere Publikationen

116 Pressenotiz: Toray Succeeds in Production of the World's First Fully Renewable, Biobased Polyethylene Terephthalate (PET) Fiber, 15.11.2011, www.toray.com/news/fiber/nr111115.html

117 A. H. Maslow: A Theory of Human Motivation, Psychological Review 50 (1943), S. 370–396

118 Fiber Economics Bureau, Fiber Organon, Volume 82, März 2011, S. 42

119 »As early as 1954, Barmag developed the first false-twist texturing machine, today Oerlikon Barmag is the market leader in this segment with over 1.5 million spindles supplied in more than 7,000 draw-texturing machines.« Oerlikon Barmag, www.oerlikon.com, abgerufen am 03.07.2011

120 Vgl. Hans-J. Koslowski: Chemiefaser Lexikon, Deutscher Fachverlag, 12. Auflage, Frankfurt am Main, 2008, S. 173 ff.

121 Andreas Engelhardt: The Fiber Year 2011 – World Survey on Textiles & Nonwovens, Speicher, Schweiz, Mai 2011, S. 62

122 Brian Toyne et al.: The Global Textile Industry (World Industry Studies), No. 2, London, 1984, S. 20 ff; Kitty G. Dickerson: Textiles and Apparel in the International Economy, New York, 1991

123 Allgemeines Zoll- und Handelsabkommen (GATT), Bundesministerium für wirtschaftliche Zusammenarbeit und Entwicklung (BMZ), 2010, ab-

gerufen am 03.07.2011; World Trade Organization, The General Agreement on Tariffs and Trade (GATT 1947), www.wto.org/english/docs_e/legal_e/gatt47_01_e.htm, abgerufen am 03.07.2011

124 Vgl. Understanding the WTO – The GATT years: from Havana to Marrakesh. WTO; Understanding the WTO – The Uruguay Round. WTO; General Agreement on Tariffs and Trade 1994. WTO; www.wto.org/english/thewto_e/whatis_e/tif_e/fact4_e.htm, abgerufen am 03.07.2011

125 Ausnahmen vom Freihandel in den WTO-Bestimmungen, www.wiwi.uni-muenster.de/09/download/lehre/iwb_handel_integration/ss04/intern_Handel_SoSe04_Ausnahmen_vom_Freihandel_in_WTO.pdf, abgerufen am 03.07.2011

126 National Bureau of Statistics of VR China, www.stats.gov.cn/english/statisticaldata/yearlydata

127 U.S. Bureau of Labor Statistics, Employment trends in textiles and apparel, 1973–2005, Monthly Labor Review, August 1997, S. 24–35 und National Council of Textile Organizations, Key Facts about the U.S. Textile Industry, www.ncto.org/ustextiles/KeyFacts--Revised_May2011.pdf, abgerufen am 03.07.2011

128 Alfred Rappaport: Shareholder Value, Stuttgart, 1999

129 Cornelia Krause: Saturn findet: Schweiz ist geil, Tages Anzeiger, 24.09.2009

130 Pietra Rivoli: Reisebericht eines T-Shirts, Berlin, 2006

131 World Trade Organization (WTO), International Trade Statistics 2011: Merchandise trade, Tables in pdf format, S. 125 und 131, www.wto.org/english/res_e/statis_e/its2011_e/its11_merch_trade_product_e.pdf, abgerufen am 23.01.2012

132 Vgl. www.simakon.info

133 Ein anderer Ansatz wird beispielsweise von dem Beratungsunternehmen David Rigby Associates verfolgt, die alle Fasern ungeachtet ihrer Festigkeit in einem technischen Produkt wie beispielsweise ein Auto dem Marktsegment zuordnen. Diese nicht auf das Herstellungsverfahren von Garnen abzielende Definition führt naturgemäß zu einem deutlich größeren Marktvolumen. Vgl. hierzu: www.davidrigbyassociates.co.uk

134 Andreas Eule, Chief Executive Officer (CEO), CORDENKA GmbH, Obernburg, 19. Oktober 2011; die Firma CORDENKA GmbH ist der weltweit führende Hersteller von industriellem Rayon-Garn mit Beginn der Produktion im Jahre 1937

2. Strukturelle Veränderungen im Textilmarkt

1 Food and Agriculture Organization of the United Nations (FAO), Italien, FAOSTAT Statistische Datenbank, ResourceSTAT – Land, »Arable land and Permanent crops«, letztes Update 21.07.2011, abgerufen am 30.12.2011

2 Ebenda

3 United States Department of Agriculture (USDA), Foreign Agricultural Service, World Agricultural Production, Juni 2011

4 Vgl. Sigma-Aldrich, Datenblatt zu Gossypol from cotton seeds, abgerufen am 07.07.2011

5 Wissenschaftler machen Baumwolle essbar, Welt Online, 01.12.2009

6 motorlexikon.de, Definition Biokraftstoff E85, abgerufen am 07.07.2011; Bundesverband der deutschen Bioethanolwirtschaft e.V., Biokraftstoff-Glossar, Stichwort: Biokraftstoffe, abgerufen am 07.07.2011; Richtlinie 2003/30/EG des europäischen Parlaments und des Rates vom 8. Mai 2003 zur Förderung der Verwendung von Biokraftstoffen oder anderen erneuerbaren Kraftstoffen im Verkehrssektor, erschienen im Amtsblatt der Europäischen Union, 17.05.2003; Dr. Norbert Schmitz: Bioethanol als Kraftstoff – Stand und Perspektiven, Meó Consulting Team, Köln, in: Technikfolgenabschätzung Theorie und Praxis, Nr. 1, 15. Jahrgang, April 2006, S. 16–26

7 Vgl. Bundesverband der deutschen Bioethanolwirtschaft e.V., Bioethanol-Fakten, Statistik 2010 und 2006

8 Vgl. Bloomberg, Brazil's Sugar, Ethanol Business Needs $80 Billion, Unica Says, 22.06.2011; allgemeine Informationen unter: Environmental News Network (ENN), Sugarcane ethanol: Brazil's biofuel success, 03.01.2008; Iowa State University, Don Hofstrand, Brazil's ethanol industry, Newsletter Januar 2009

9 Inae Riveras, Brian Winter: Brazil seeks to boost stagnant ethanol industry, Reuters, 06.06.2011; Biofuels Digest, Brazil to invest $22B in ethanol expansion, as GM CEO says ethanol has not much future in US, 08.06.2011

10 Vgl. zu subventionierte Produktion: Ethanol-Subventionen in den USA unter Druck, Neue Zürcher Zeitung Online, 18.06.2011

11 Charlotte Theile: Die Ethanol-Weltmacht, www.sueddeutsche.de, 08.03.2011

12 BP Energy Outlook 2030, London, Januar 2011, S. 40f.

13 Food and Agriculture Organization of the United Nations (FAO), Italien, FAOSTAT Statistische Datenbank, Produktion von Zuckerrohr, letztes Update 21.07.2011, abgerufen am 28.12.2011

14 Vgl. Institut für Energie- und Umweltforschung Heidelberg GmbH
    (IFEU), Synopse aktueller Modelle und Methoden zu indirekten Land-
    nutzungsänderungen ILUC, im Auftrag des Bundesverbands der deut-
    schen Bioethanolwirtschaft e.v., Oktober 2009

15 Jörg Mühlenhoff: Biokraftstoffe: Marktentwicklung, Klima- und Umwelt-
    bilanz und Nutzungskonkurrenzen, August 2010, in: Renews Special,
    Ausgabe 38, herausgegeben von der Agentur für Erneuerbare Energien
    e.v., Berlin

16 motorlexikon.de, Biokraftstoff, abgerufen am 09.07.2011

17 Vgl. Kurt Döhmel: Biokraftstoffe zweiter Generation – eine nachhaltige
    Kraftstoff-Option für die Zukunft, Vortrag, 20.06.2006, S. 7f.

18 Stefanie Müller: Aus Algen wird Kraftstoff, Handelsblatt, 20.06.2007;
    Umweltbundesamt (UBA), Mikroalgen – Wie lassen sie sich zur CO_2-
    Fixierung, Biomasse- und Biotreibstoffproduktion oder Wasserstoff-
    produktion nutzen?, 26.08.2010

19 Vgl. www.exxonmobil.com, News, Algae biofuels, abgerufen am
    09.07.2011

20 Vgl. Jérôme Cholet: Die schleichende Katastrophe, Das Parlament, Jahr-
    gang 2010, Ausgabe 32–33, 2010

21 Ebenda, Zitat von Luc Gnacadja, Exekutivsekretär der UN-Konvention
    zum Kampf gegen die Desertifikation (UNCCD)

22 Vgl. United Nations Population Fund, Linking Population, Poverty and
    Development, May 2007

23 Frauke Kraas: Urbanisierungsprozesse in den Entwicklungsländern,
    Institut für Tropentechnologie, S. 100ff.; Jörg Aschendorff: Urbanisierung
    in Entwicklungsländern – Eine problemorientierte Perspektive, West-
    fälische Wilhelms-Universität Münster (Institut für Soziologie), 2004;
    Prof. Dr. Peter Herrle, Beitrag zur öffentlichen Anhörung des Ausschusses
    für wirtschaftliche Zusammenarbeit und Entwicklung der Bundesregie-
    rung am 15.11.2000, Technische Universität Berlin

24 Reimut Jochimsen: Theorie der Infrastruktur. Grundlagen der marktwirt-
    schaftlichen Entwicklung, Tübingen, 1966

25 Asian Development Bank (ADB), Investing in sustainable infrastructure,
    2009, Mitteilung des Direktors, S. 3

26 Next five year plan to aim at double-digit growth, Thaindian News,
    19.04.2011

27 Vgl. dazu die Homepage des IPPC unter www.ipcc.ch und auch den vier-
    ten Sachstandsbericht auf der deutschen IPCC-Koordinierungsstelle als
    deutschsprachiger Gesamtbericht oder Zusammenfassung unter www.
    de-ipcc.de/de/128.php

28 Claudia Kemfert, Barbara Praetorius: Die ökonomischen Kosten des

Klimawandels und der Klimapolitik, in: DIW, Vierteljahreshefte zur Wirtschaftsforschung 74, 2/2005, S. 133–136

29 Vollständiger Bericht in englischer Sprache abrufbar unter: http:// webarchive.nationalarchives.gov.uk und www.hm-treasury.gov.uk/stern_ review_report.htm, deutschsprachige Zusammenfassung beim Deutschen Naturschutzring unter: www.dnr.de/publikationen/eur/archiv/Stern_ Review_148906b_LONG_Executive_Summary_GERMAN.pdf

30 Food and Agriculture Organization of the United Nations (FAO), Italien, FAOSTAT Statistische Datenbank, Produktion von Fleisch, letztes Update 21.12.2011, abgerufen am 23.01.2012

31 US Department of Agriculture Economic Research Service, veröffentlicht in: Mark Gold, Jonathon Porritt: The Global Benefits of Eating Less Meat, 2004, S. 22

32 Helmut Schmidt: Globalisierung, München, 2006, S. 19

33 Vgl. Tina Goethe: Gentechnologie gibt keine Antwort auf den Hunger, Fact Sheet, Januar 2004, Schweizerische Arbeitsgruppe Gentechnologie SAG

34 Interview mit DI Friedrich Weninger, Lenzing AG, im Januar 2012

35 Vgl. Shrinking arable land threatens grain security, China Daily, 18.10.2010

36 Vgl. Govt to invest $15b in farmland, China Daily, 20.12.2010

37 European Center for Constitutional and Human Rights, ECCHR Hinter- grundbericht, Baumwolle aus Kinderhand?, Berlin, Deutschland, Oktober 2010

38 United States Department of Agriculture (USDA), Foreign Agricultural Service, Cotton: World Markets and Trade Monthly Circular, Juli 2011

39 Vgl. Armelle Gruere, Andrei Guitchounts, Alejandro Plastina, Terry Townsend: World Cotton Production, Consumption and Trade in the 21st Century, in: Cotton: Technology for the 21st Century, International Cotton Advisory Committee, Washington, USA, 2010, S. 413

40 Vgl. ebenda

41 Vgl. Armelle Gruere, Andrei Guitchounts, Alejandro Plastina, Terry Townsend: World Cotton Production, Consumption and Trade in the 21st Century, in: Cotton: Technology for the 21st Century, International Cotton Advisory Committee, Washington, USA, 2010, S. 413

42 Vgl. United States Department of Agriculture (USDA), Foreign Agricul- tural Service, Cotton: World Markets and Trade Monthly Circular, Juli 2011

43 Vgl. Bundesministerium für Ernährung, Landwirtschaft und Verbraucher- schutz (BMELV), Ergebnisse der Waldzustandserhebung 2010, Februar 2011, S. 7f.

44 Bundesministerium für Ernährung, Landwirtschaft und Verbraucher-
schutz (BMELV), Ergebnisse der Waldzustandserhebung 2010, als
Zusammenfassung im Internet, www.bmelv.de/SharedDocs/
Standardartikel/Landwirtschaft/Wald-Jagd/WaldBodenZustand/
Waldzustand2010.html, abgerufen am 11.07.2011

45 Nachhaltige Waldwirtschaft in Österreich – Österreichischer Waldbericht
2008, herausgegeben vom Bundesministerium für Land- und Forstwirt-
schaft, Umwelt und Wasserwirtschaft, Wien 2008, S. 13f.

46 Jahrbuch Wald und Holz 2010, herausgegeben vom Bundesamt für
Umwelt BAFU, Bern, 2010, S. 18

47 Waldbericht 2005: Zahlen und Fakten zum Zustand des Schweizer
Waldes, www.waldwissen.net, abgerufen am 11.07.2011

48 Food and Agriculture Organization of the United Nations (FAO), State
of the World's Forests, Italien, Rom, Februar 2011

49 Ebenda, S. 113

50 Kustarjono Prodjolalito: Forest Resources and Related Industry Development in Indonesia, Indonesian Synthetic Fiber Makers Association, Vortrag bei 16. China International Man-Made Fiber Conference, Wujiang,
September 2010

51 Michael Odenwald: Feuerrodung für Plantagen, Focus Magazin, Nr. 15,
07.04.2007

52 Warum mit Holz heizen? www.energieschweiz.ch/de-ch/
energieerzeugung/holzenergie.aspx

53 Interview mit DI Friedrich Weninger, Lenzing AG, im Januar 2012

54 World Energy Outlook 2010, Zusammenfassung, International Energy
Agency, Frankreich, S. 5

55 Ebenda, S. 15

56 Ebenda, S. 7

57 BP Energy Outlook 2030, London, Januar 2011, S. 36f.

58 OPEC, www.opec.org/opec_web/en/data_graphs/645.htm, abgerufen
am 28.07.2011

59 Zukunft der weltweiten Erdölversorgung, Energy Watch Group, Mai
2008

60 Exxon Mobil, The Outlook for Energy: A View to 2030, Irving, Texas,
2010; BP Energy Outlook 2030, London, England, Januar 2011

61 Ebenda, S. 2

62 Ebenda, S. 8

63 Vgl. www.oecd.org

64 Hermann Heilmeier: Der globale CO_2-Kreislauf aus ökologischer Sicht.
Zeitschrift für Freunde und Förderer der TU Bergakademie Freiberg,
14. Jahrgang 2007, S. 16–22; L. B. Guo, R. M. Gifford: Soil carbon stocks

and land use change: a meta analysis, Global Change Biology, Nr. 8, 2002, S. 345–360

65 Prof. Dr. Wolfgang Spethmann, Maike Wilstermann: Wuchsdepressionen von Gehölzarten im Baumschulbereich, Universität Hannover, Abt. Baumschule, Projektzeitraum: 01.12.2002 bis 30.10.2003, gefördert vom Bundesministerium für Ernährung, Landwirtschaft und Verbraucherschutz im Rahmen des Bundesprogramms Ökologischer Landbau (BÖL)

66 Vgl. William F. Engdahl: Sind Öl und Gas »regenerative« Energien?, www.erdoelquelle.com/media/Engdahl$20Gas$20und20C3$96l$20 regenerative$20Energien.pdf

67 Ebenda

68 Öl und Erdgas ohne Ende? Forscher findet Hinweise für abiotische Entstehung von Erdöl und Erdgas!, EIKE – Europäisches Institut für Klima und Energie, 08.02.2010, www.eike-klima-energie.eu/news-anzeige/ oel-und-erdgas-ohne-ende-forscher-findet-hinweise-fuer-abiotische-entstehung-von-erdoel-und-erdgas

69 BP Statistical Review of World Energy, Juni 2011, S. 8, www.bp.com/ statisticalreview

70 Vgl. Homepage von ASPO unter www.peakoil.net

71 www.energiekrise.de/e/aspo_news/aspo.html

3. Textil- und Bekleidungsindustrie im Jahr 2030

1 William D. Nordhaus, Paul A. Samuelson: Volkswirtschaftslehre: Das internationale Standardwerk der Makro- und Mikroökonomie, 3. Auflage, Landsberg am Lech, 2007, S. 498f.

2 Dieser Begriff erlangte erstmals Popularität anhand seiner Beschreibung für die Automobilindustrie durch John Naisbitt: Megatrends. Ten New Directions Transforming Our Lives. Warner Books, 1982; weitere empfehlenswerte Literatur dazu: Ulrich Beck: Was ist Globalisierung?, 9. Auflage, Frankfurt am Main, 2004; Jürgen Osterhammel, Niels P. Petersson: Geschichte der Globalisierung: Dimensionen, Prozesse, Epochen, 4. Auflage, München, 2007; Helmut Schmidt: Globalisierung, München, 2006

3 U.S. Census Bureau, Advance Monthly Retail Trade Report

4 Vgl. OECD-Umweltausblick 2030, Juli 2008

5 Vgl. Prof. Dr. Eckhart Ribbeck: Prognose der städtischen Bevölkerung – Nach entwickelten und weniger entwickelten Ländern, 2005 und 2030, in: Bundeszentrale für politische Bildung, www.bpb.de/themen/ WL9MSS,0,Staedtische_Bevoelkerung.html

6 Vgl. Gerhard Angerer et al.: Rohstoffe für Zukunftstechnologien, 2. Auflage, Karlsruhe, 2009

7 Vgl. hierzu für den internationalen Luftverkehr: Airbus, Global Market
   Forecast 2011–2030, September 2011, www.airbus.com/company/
   market/forecast und Boeing, Current Market Outlook 2011–2030,
   www.boeing.com/commercial/cmo/index.html; für Containerschiffe
   die drei Szenarien für 2030 des finnischen Schiffsbauers Wärtsilä:
   www.shippingscenarios.wartsila.com

8 Vgl. Shell Pkw-Szenarien bis 2030, www.shell.de/home/content/deu/
   aboutshell/our_strategy/mobility_scenarios

9 Vgl. www.chinability.com/Reserves.htm

10 Vgl. Min Zhu, Sonderberater des IWF-Chefs: Asia's Economy and More,
   Finance & Development, hrsg. vom International Monetary Fund, Juni
   2010, Volume 47, Number 2, S. 12–13

11 Vgl. Anoop Singh, Direktor der IWF-Abteilung Asien/Pazifik: Asia
   Leading the Way, Finance & Development, hrsg. vom International
   Monetary Fund, Juni 2010, Volume 47, Number 2, S. 5–7

12 OECD: Perspectives on Global Development 2010: Shifting Wealth;
   deutsche Zusammenfassung unter www.oecd.org/dataoecd/30/20/
   45452549.pdf

13 Vgl. PricewaterhouseCoopers: Future of world trade, März 2011,
   www.pwc.de/de/transport-und-logistik/der-welthandel-der-zukunft.
   jhtml

14 Vgl. PricewaterhouseCoopers: The Future of Manufacturing – Taking
   a Global Perspective, 2009, www.pwc.com/ar/es/publicaciones-por-
   industria/assets/global-perspective.pdf

15 Vgl. Real Projected GDP for Baseline Countries and Regions, 2000–
   2030, letzte Überarbeitung 26.08.11, unter Verwendung der Quellen:
   World Development Indicators (Weltbank), International Financial
   Statistics (Internationaler Währungsfonds), IHS Global Insight, Oxford
   Economic Forecasting und Schätzungen sowie Projektionen seitens des
   Economic Research Service (Landwirtschaftministerium der Vereinigten
   Staaten); wird auch für weitere Ausführungen zum Bruttoinlandsprodukt
   im folgenden Kapitel als Quelle verwendet

16 Vgl. IMF Members' Quotas and Voting Power, and IMF Board of
   Governors, letzte Aktualisierung am 26.10.2011, www.imf.org/external/
   np/sec/memdir/members.aspx; International Monetary Fund – Factsheet, letzte Aktualisierung September 2011, www.imf.org/external/np/
   exr/facts/pdf/glance.pdf; beides abgerufen am 26.10.2011

17 Vgl. Aufbau und Funktionsweise der Weltbankgruppe, http://
   go.worldbank.org/0AQNPI7NT0; abgerufen am 26.10.2011

18 Die Kapverdischen Inseln wurden 2008 das 153. Mitglied, siehe hierzu: www.wto.org/english/news_e/news08_e/acc_capverde_june08_e.htm

19 Interessante Schilderungen in: Bruno Baumann: Abenteuer Seiden-straße – Auf den Spuren alter Karawanenwege, 3. Auflage, 2005; Frances Wood: Entlang der Seidenstraße. Mythos und Geschichte, Stuttgart, 2007

20 Vgl. 10 benefits of the WTO trading system, www.wto.org/english/thewto_e/whatis_e/10ben_e/10b00_e.htm

21 Vgl. http://english.mofcom.gov.cn

22 Vgl. U.S. Census Bureau: Data – International Data Base (IDB), www.census.gov/population/international/data/idb/informationGateway.php, abgerufen am 27.10.2011

23 Vgl. ebenda

24 Bundesamt für Umwelt BAFU, Klimawandel, www.bafu.admin.ch/klima/00469/index.html?lang=de, abgerufen am 07.11.2011

25 Vgl. V. Petoukhov, V. A. Semenov: A link between reduced Barents-Kara sea ice and cold winter extremes over northern continents, Journal of Geophysical Research, 2010, 115, D21111

26 Vgl. www.colormarketing.org

27 Im wirtschaftswissenschaftlichen Sprachgebrauch wurde dieser Begriff von Schumpeter eingeführt. Joseph A. Schumpeter: Konjunkturzyklen. Eine theoretische, historische und statistische Analyse des kapitalis-tischen Prozesses, Band I, Göttingen, 1961

28 www.loeffler.at

29 http://outdoor-messe.mountain-people.de/044.html

30 Verband der Automobilindustrie, Zahlen & Fakten: Jahreszahlen: Automobilproduktion, www.vda.de/de/zahlen/jahreszahlen/automobilproduktion, abgerufen am 08.11.2011

31 Vgl. Airbus: Global Market Forecast 2011–2030, www.airbus.com/company/market/forecast und Boeing: Current Market Outlook 2011–2030, www.boeing.com/commercial/cmo

32 Sun Ruizhe, China National Textile & Apparel Council (CNTAC), Sustainable Development: Transformation & Upgrading of Textile Industry, Oktober 2011

33 Fiber Organon, U.S. PER CAPITA FIBER APPARENT CONSUMPTION, Volume 82, Nr. 3, März 2011, S. 43

34 Darin enthalten sind bereits die genannten Länder Angola, Äthiopien und Nigeria

35 The World Bank, International Finance Corporation: Doing Business 2012, www.doingbusiness.org, abgerufen am 11.11.2011

36 Vgl. International Trade Centre: Trade Statistics, www.intracen.org/trade-support/trade-statistics, abgerufen am 11.11.2011

37 Vgl. Michael Zhan, SZ Consulting Co. Ltd. im Rahmen seines Vortrages
    »Analysis on Polyamide 66 Chain and Perspektive on 2012«, Shanghai,
    1. Dezember 2011

38 Vgl. Botschaft der Volksrepublik China in der Bundesrepublik Deutsch-
    land: China erwartet in diesem Jahr deutlichen Anstieg im Tourismus-
    bereich, 29.04.2011

4. Kann Wachstum nachhaltig sein?

 1 Konsum Report Schweiz: Wie nachhaltig leben wir? Hrsg. v. Center for
    Corporate Responsibility and Sustainability, Zürich, Februar 2008, S. 5

 2 Vgl. Bio Suisse, Jahresbericht 2010, S. 4

 3 Living Planet Report 2010, hrsg. v. WWF in Zusammenarbeit mit Global
    Footprint Network und Zoological Society of London, S. 9

 4 Vgl. Importstatistik der Schweiz für die Zollpositionen 50–63, veröffent-
    licht bei International Trade Centre

 5 Vgl. Sebastian Schoepp, Marlene Weiss: Arbeitsbedingungen in Brasilien:
    Zaras Sklaven, in: Süddeutsche Zeitung, 22.12.2011

 6 Vgl. www.fairtrade.net

 7 Vgl. www.fairwear.org und www.fairtrade.org.uk

 8 Vgl. www.betterfactories.org

 9 Vgl. L. Shen, M. K. Patel: Lebenszyklusanalyse zellulosischer Chemie-
    fasern, Lenzinger Berichte 88 (2010), hrsg. v. Lenzing AG, S. 1–59; soweit
    nicht explizit verwiesen, wird im Weiteren jeweils auf die Ergebnisse
    dieser Untersuchung Bezug genommen

10 Presseinformation: Lenzing stellt Weichen für weiteren dynamischen
    Ausbau der Faserkapazitäten, 13.12.2010

11 Vgl. Lenzing: Investor Center – Factsheet, www.lenzing.com/konzern/
    investor-center/factsheet.html, abgerufen am 24.01.2012

12 Vgl. Die Lenzing Gruppe unter www.lenzing.com/konzern/lenzing-
    gruppe/ueber-uns.html

13 Vgl. DIN60001, TL.3, 10.88: Textile Faserstoffe, Chemiefasern. Deutsches
    Institut für Normung e.V., Berlin

14 Faserstoff-Tabellen nach P.-A. Koch: Celluloseregeneratfasern, 1. Ausgabe
    1990, Institut für Textiltechnik der Rheinisch-Westfälischen Technischen
    Hochschule Aachen, Direktor: Prof. Dr.-Ing. Burkhard Wulfhorst, S. 3

15 Vgl. Medienübergreifende Umweltkontrolle in ausgewählten Gebie-
    ten – Lenzing, 2004, S. 261ff.

16 Lebenszyklusanalyse, in: Nachhaltigkeit in der Lenzing Gruppe 2008,
    hrsg. v. Lenzing AG, S. 47

17 Ebenda, S. 47

18 Vgl. L. Shen, E. Worrell, M. K. Patel: Environmental impact assessment of
    man-made cellulose fibres, Resources, Conservation and Recycling 55
    (2010), S. 260–274

19 Bundesamt für Umwelt (BAFU): Thema Wasser, www.bafu.admin.ch/
    wasser/index.html, zuletzt aktualisiert am 23. 05. 2011, abgerufen am
    23. 12. 2011

20 Vgl. Homepage der Stadt Bad Wörishofen, www.bad-woerishofen.de,
    abgerufen am 27. 12. 2011

21 Homepage zum Thema Wasser: www.interportal.ch/de/themen/
    dossiers/wasser, abgerufen am 27. 12. 2011

22 Pandaction – Action für junge Umweltschützer: Umweltwissen –
    Umweltthemen – Wasser, www.pandaction.ch/de/umweltwissen/
    umweltthemen/wasser, abgerufen am 27. 12. 2011

23 Vgl. Homepage zum Thema Wasser: www.interportal.ch/de/themen/
    dossiers/wasser, abgerufen am 27. 12. 2011

24 Ebenda

25 Vgl. A. Y. Hoekstra, P. Q. Hung: Virtual water trade, a quantification of
    virtual water flows between nations in relation to international crop trade,
    Value of Water Research Report Series, Nr. 11, 2002, UNESCO-IHE, Delft,
    Niederlande

26 Deutsche Website von Water Footprint Network, www.wasserfussab-
    druck.org, abgerufen am 27. 12. 2011

27 Vgl. J. A. Allan: Virtual water: a strategic resource, global solutions to
    regional deficits, Groundwater 36 (4), 1998, S. 545–546

28 Vgl. Water Footprint Network , www.waterfootprint.org/?page=files/
    Glossary

29 Vgl. A. Sonnenberg, A. Chapagain, M. Geiger, D. August, W. Wagner:
    Der Wasser-Fussabdruck der Schweiz, hrsg.v. WWF Schweiz, Februar
    2010, S. 11

30 Vgl. A. Sonnenberg, A. Chapagain, M. Geiger, D. August: Der Wasser-
    Fussabdruck Deutschlands, hrsg. v. WWF Deutschland, August 2009,
    S. 11

31 Vgl. A. K. Chapagain, A. Y. Hoekstra, H. H. G. Savenije, R. Gautam:
    The water footprint of cotton consumption: An assessment of the impact
    of worldwide consumption of cotton products on the water resources
    in the cotton producing countries, Ecological Economics 60, 2006,
    S. 192

32 Vgl. M. M. Mekonnen, A. Y. Hoekstra: The green, blue and grey water
    footprint of crops and derived products, Value of Water Research Report
    Series, Nr. 47, 2010, UNESCO-IHE, Delft, Niederlande

33 N. Geiler: »Virtuelles Wasser« – Referat anlässlich einer Tagung der
    Ev. Akad. Tutzing, Oktober 2008, S. 5

34 Vgl. World Bank, »Rising global interest in farmland: can it yield sustain-
    able and equitable benefits?«, Washington DC, September 2010

35 Vgl. www.grain.org; gemeinnützige, 1990 gegründete Organisation mit
    Sitz in Barcelona, die den Kleinbauernsektor in Entwicklungsländern und
    Biodiversität unterstützt

36 M. Bange: Investoren sind auf der Jagd nach Ackerland, Welt Online,
    25.08.2009

37 Bizarre Jagd auf Ackerland, www.bauernportal.eu, 21.06.2011

38 ZEIT, 11.03.2010

39 Vgl. Land grabbing and the global food crisis, Presentation von GRAIN,
    16.12.2011, S. 12

40 Vgl. Lebenszyklusanalyse, in: Nachhaltigkeit in der Lenzing Gruppe
    2008, hrsg. v. Lenzing AG, S. 49 f.

41 IVC: Chemiefasern und Ökologie – Ressourcen, www.ivc-ev.de,
    abgerufen am 03.01.2012

42 Vgl. Cotton: World Statistics, hrsg. v. ICAC, Washington DC, September
    2010, S. 2

43 IVC: Chemiefasern und Ökologie – Ressourcen, www.ivc-ev.de,
    abgerufen am 03.01.2012

44 Presseinformation der Lenzing Gruppe: Kapazitätsausbau am Standort
    Heiligenkreuz/Burgenland abgeschlossen, 07.09.2011

45 U. Gisi, R. Schenker, R. Schulin, F. X. Stadelmann, H. Sticher: Boden-
    ökologie, 2. Aufl., Stuttgart, New York, 1997, S. 260

46 Vgl. ebenda, S. 260 ff.

47 Vgl. T. R. Malthus: An essay on the principle of population, London, 1798

48 FAO: FAOSTAT – Resources – ResourceSTAT – Fertilizers Archive, Pro-
    duction Quantity, http://faostat.fao.org/site/422/default.aspx#ancor,
    abgerufen am 04.01.2012

49 Vgl. ebenda, Consumption, abgerufen am 04.01.2012

50 Dünger für den Klimawandel, in: Medienmitteilung vom 04.02.2010 der
    Forschungsanstalt Agroscope Reckenholz-Tänikon (ART), Eidgenös-
    sisches Volkswirtschaftsdepartement EVD, www.evd.admin.ch/aktuell/
    00120/index.html?lang=de&msg-id=31502, S. 1, abgerufen am
    04.01.2012

51 U. Gisi, R. Schenker, R. Schulin, F. X. Stadelmann, H. Sticher: Boden-
    ökologie, 2. Aufl., Stuttgart, New York, 1997, S. 256

52 Migros: www.migros.ch/de/supermarkt/marken-labels/bio/richtlinien.
    html, Startseite – Supermarkt – Nachhaltige Labels – Bio Cotton – Richt-
    linien, abgerufen am 04.01.2012

53 Helvetas: Schwerpunktthema Bio-Baumwolle, www.helvetas.org/ wDeutsch/topic_themes/biobaumwolle/Neue_Startseite.asp, abgerufen am 04.01.2012; HELVETAS Swiss Intercooperation ist eine der erfahrensten und größten Entwicklungsorganisation der Schweiz

54 Interview mit DI Friedrich Weninger, Lenzing AG, im Januar 2012

5. Was erwartet uns auf dem Weg ins Jahr 2030?

1 Vgl. hierzu Presseinformationen der japanischen Unternehmen Teijin Fibers Ltd. und Toray Industries, Inc.

2 Vgl. Leitfaden über Kraftstoffverbrauch, die CO_2-Emissionen und den Stromverbrauch neuer Personenkraftwagen, hrsg. v. DAT, Deutsche Automobil Treuhand GmbH, Ausgabe 2012, 1. Quartal, S. 1; im Internet unter: www.dat.de/leitfaden/LeitfadenCO2.pdf

3 Dr. Cornelia Voss: Chemie in der zweiten Haut – Kann Kleidung krank machen?, hrsg. v. Wissenschaftsladen Bonn e.V., Juli 2001, S. 1

4 Unter dem Begriff »Joint Roadmap: Toward Zero Discharge of Hazardous Chemicals« finden sich Einzelheiten zum Beispiel bei adidas unter Nachhaltigkeit, News vom 18. November 2011

5 Vgl. www.apparelcoalition.org

6 Amar K. Mohanty, Manjusri Misra, Lawrence T. Drzal: »Natural fibers, biopolymers, and biocomposites«, Taylor & Francis Group, Boca Raton, Florida, 2005, S. 77

7 Vgl. Donella H. Meadows, Dennis L. Meadows, Jørgen Randers, William W. Behrens III: The Limits to Growth. Universe Books, 1972, deutsche Übersetzung von Hans-Dieter Heck, Stuttgart 1972, S. 17

8 Vgl. Donella H. Meadows, Dennis L. Meadows, Jørgen Randers: Limits to Growth: The 30-Year Update, Chelsea Green, 2004

9 Vgl. Leo A. Nefiodow: Der sechste Kondratieff. Wege zur Produktivität und Vollbeschäftigung im Zeitalter der Information, 6. aktualisierte Auflage, Sankt Augustin, 2006

10 Vgl. C&A: Bio Cotton Highlights, www.c-and-a.com/ch/de/corporate/ fashion/highlights/bio-cotton, abgerufen am 25.01.2012

11 Vgl. Interview mit Sateri-Management, Hongkong, 20.01.2012; Sateri gehört zu den größten Herstellern von Zellulosefasern mit Fertigungsstätten in der VR China und Brasilien, www.sateri.com

12 Interview mit DI Friedrich Weninger, Lenzing AG, im Januar 2012

13 Vgl. Interview mit Sateri-Management, Hongkong, 20.01.2012

14 Vgl. Pressemitteilung: HiPP, ADAC und dm sind aus Sicht der Verbraucher die am nachhaltigsten handelnden Unternehmen, Serviceplan

Gruppe, 06.06.2011, www.serviceplan.com/newsroom/
pressemitteilungen/detail.html?tx_sppresse_pi1%5BpressID%5D=1450

15 Vgl. N. Klein: No Logo! Der Kampf der Global Players um Marktmacht –
Ein Spiel mit vielen Verlierern und wenigen Gewinnern, deutsche Übersetzung, München, 2005

16 Vgl. List of Goods Produced by Child Labor or Forced Labor, U.S. Department of Labor's, Washington DC, 2010

17 Y. Chouinard, J. Ellison, R. Ridgeway: The Big Idea: The Sustainable
Economy, Harvard Business Review, Oktober 2011

18 Vgl. Nachhaltigkeit: Vom Trend zum strategischen Erfolgsfaktor,
Dezember 2010, online unter: www.ibhkoeln.de/publikationen/detail/
branchenreport_spezial_nachhaltigkeit_jahrgang_2010_2011

19 Pressemitteilung: Nachhaltigkeitsstudie: Gute Umsätze mit gutem
Gewissen, veröffentlicht von one sustainability und IBH RETAIL CON-
SULTANTS, Köln, 07.12.2010

Abbildungsverzeichnis

1. Textil- und Bekleidungsindustrie heute – zum aktuellen Stand

Faserarten und Marktbedeutung	12
Baumwoll-Anbaufläche	36
Baumwollanbau	37
Labels und Standards	46
Zellulosefaser-Produktion von den Anfängen bis heute	51
Weltmarkt Chemiefasern 2010	57
Gesicherte Ölreserven	57
Durchschnittlicher Pro-Kopf-Verbrauch an Textilien	59
Jahresbezogene Dynamik im Textilverbrauch	60
Weltweiter Textilmarkt 2010	60
Produktion von Stapelfasern und Endlosgarnen	63
Produktion von Natur- und Chemiefasern	63
Führende Nationen der Chemiefaser-Produktion 2010	64
US-amerikanische Textil- und Bekleidungsexporte	68
Ausgewählte Exportnationen für Textil und Bekleidung	69

2. Strukturelle Veränderungen im Textilmarkt

Weltweite landwirtschaftliche Flächen	75
Landwirtschaftliche Nutzfläche pro Kopf	76
Anbauflächen führender Landwirtschaftsprodukte 2011/12	76
Brasiliens Zuckerrohr-Anbaufläche im nationalen Kontext	79
Führende Baumwollproduzenten und Hektarerträge 2010/11	89
Globale Hektarerträge von Baumwolle	89
Globale Anbaufläche für Baumwolle	92
Die zehn größten Waldflächen 2010	95

3. Textil- und Bekleidungsindustrie im Jahr 2030

Pro-Kopf-Ausgaben für Bekleidung in den USA	112
Welt-Bruttoinlandsprodukt 2000–2030	114

Welt-Bruttoinlandsprodukt 2000 vs. 2030   115
Die zehn größten Wirtschaftsmächte 2010   116
Weltweites Exportvolumen   118
Korrelation zwischen Textilverbrauch und Einkommen   131
Pro-Kopf-BIP 2030   133

4. Kann Wachstum nachhaltig sein?

Umsatz Bioprodukte in der Schweiz   148
Natürlicher Bakterienschutz   154
Wasser-Fußabdruck von Kulturen und ihren Produkten   159
Wasserverbrauch   161
Flächenbedarf   164
Flächenbedarf 2010   165
Energiebedarf   168
Globale Erderwärmung   171
Produktion von Düngemitteln   173
Verbrauch von Düngemitteln in Deutschland, Österreich und der Schweiz 175
Relative Umweltbelastung je Tonne Faser   177

5. Was erwartet uns auf dem Weg ins Jahr 2030?

Zellulosefaser-Produktion von den Anfängen bis 2030   191
Faserarten und Marktbedeutung   193

Brigitte Reisenberger / Thomas Seifert
Schwarzbuch Gold
Gewinner und Verlierer im neuen Goldrausch
240 Seiten. Deuticke 2011

Der Goldpreis jagt von einem Rekordhoch zum nächsten. Doch schützt Gold tatsächlich vor der nächsten Krise?

Immer mehr Menschen bezahlen die wachsende Gier nach Gold mit dem Leben. Über Jahre hat sich der Goldpreis kaum bewegt, doch nach dem Beinahe-Zusammenbruch des Weltfinanzsystems stieg die Nachfrage nach Goldbarren weltweit enorm und der Preis auf mehr als das Doppelte. Experten warnen schon vor der ultimativen Goldblase.
Und auf die Goldminen in aller Welt wirken sich der hohe Preis und die steigende Nachfrage massiv aus: Neue Gebiete werden erschlossen, die Goldgewinnung wird immer schwieriger und aufwendiger. Ausbeutung, Umweltzerstörung, Menschenrechtsverletzungen, Vertreibung und Gewalt sind die Folgen.
Kann dieser Fluch der Ressourcen gebrochen werden? Wie wird sich der Goldpreis entwickeln? Wer sind die Käufer und Produzenten der Zukunft? Die Autoren wagen zielsichere Prognosen, haben mit Analysten und Experten gesprochen und sind in eindrucksvollen Reportagen von Rumänien über Ghana, Südafrika und Kambodscha bis nach Indien, China und Dubai all den brisanten Fragen rund um den neuen alten Mythos Gold nachgegangen.

»Wer in diesen Wochen darüber nachdenkt, Gold zu kaufen, sollte dieses *Schwarzbuch* kaufen.« Wolfgang Uchatius, *Die Zeit*